MISSION PAVIE

INDO-CHINE

1879 - 1895

GÉOGRAPHIE ET VOYAGES

VI

PASSAGE DU MÉ-KHONG AU TONKIN

(1887 ET 1891)

CHARTRES. — IMPRIMERIE DURAND, RUE FULBERT.

MISSION PAVIE
INDO-CHINE
1879-1895

GÉOGRAPHIE ET VOYAGES

VI

PASSAGE DU MÉ-KHONG AU TONKIN
(1887 ET 1888)

PAR

AUGUSTE PAVIE

AVEC QUATRE CARTES ET SOIXANTE-DIX-NEUF ILLUSTRATIONS

OUVRAGE PUBLIÉ SOUS LES AUSPICES DU MINISTÈRE DES AFFAIRES ÉTRANGÈRES, DU MINISTÈRE DES COLONIES
ET DU MINISTÈRE DE L'INSTRUCTION PUBLIQUE ET DES BEAUX-ARTS

PARIS
ERNEST LEROUX, ÉDITEUR
28, RUE BONAPARTE

1911

ERRATA

Page	ligne	au lieu de :		lire :	
8	19	*au lieu de :*	surmontées	*lire :*	, surmontés
15	9	—	de l'eau	—	des avirons sur l'eau
34	13	—	rosé	—	rosi
36	3	—	ca	—	çà
38	1	—	« vos	—	vos
48	13	—	je n'étais	—	je ne m'étais
78	18	—	qu'ils	—	qu'elles
112	30	—	ma jolie	—	votre jolie
112	31	—	mon bagage	—	votre bagage
113	9	—	temple.	—	temple. »
113	13	—	brulaient.	—	brulaient. »
113	14	—	rendre	—	rendre. »
113	26	—	vérité ?	—	vérité. »
113	dernière	—	offrit le tribut	—	lui offrit tribut
114	3	—	futurs.	—	futurs. »
115	27	—	devait un tribut annuel à	—	était tributaire de
116	3	—	étudiait	—	étudia
121	dernière	—	gardent	—	gardent-ils
124	6	—	avec la chanson,	—	, avec la chanson
124	18	—	malintention ;	—	malintention :
127	14	—	ils disent	—	elles disent
160	18	—	Ning	—	Ngin
172	1re	—	si	—	— si
172	1re	—	elle	—	elle.
205	7	—	méchants,	—	méchants
252	2	—	reste. Puis	—	reste puis

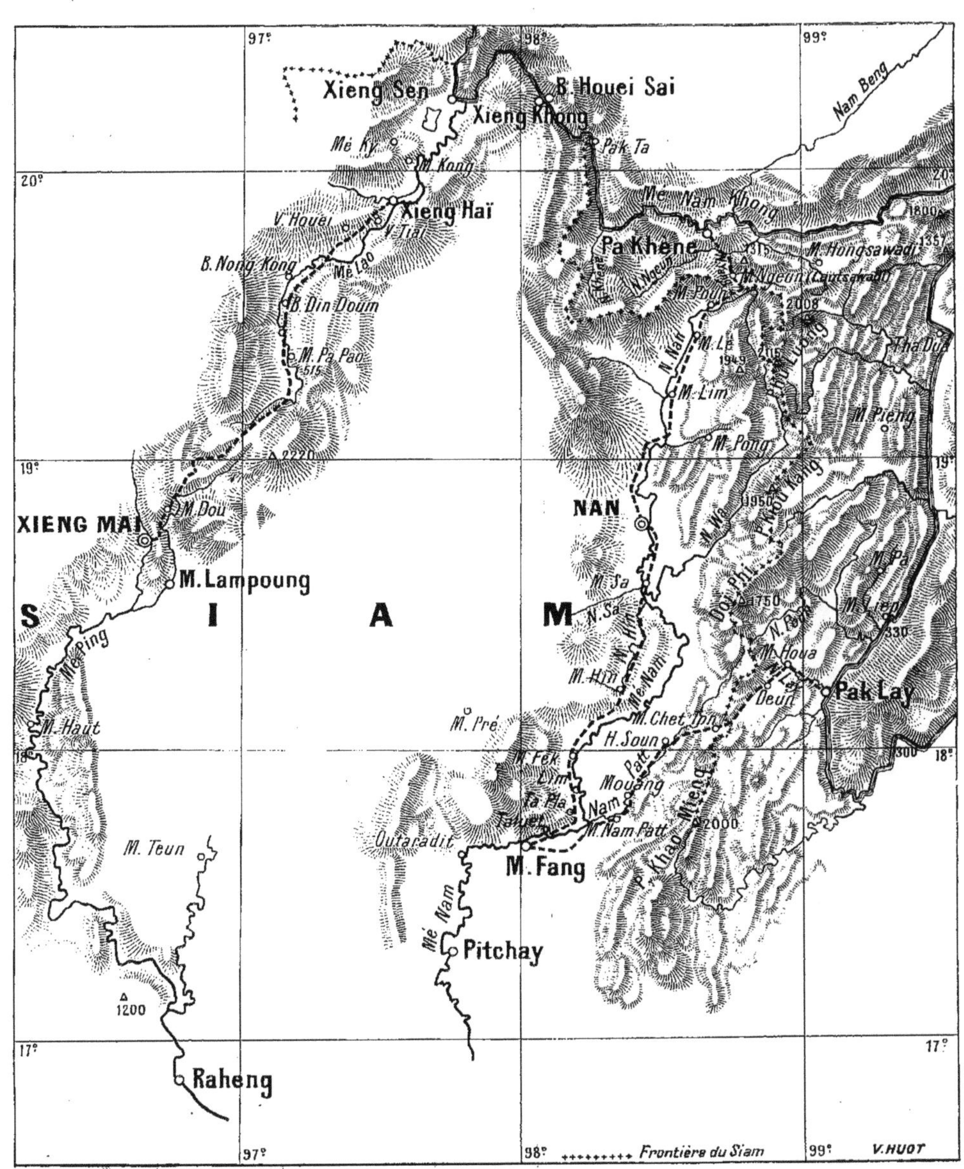

Xieng Sen
B. Houei Sai
Xieng Khong
Pak Ta
Mé Ky
M. Kong
Xieng Haï
V. Houei
V. Tiaï
Mé Nam Khong
Nam Beng
Pa Khene
B. Nong Kong
Mé Lao
B. Din Doum
M. Pa Pao
M. Hongsawadi
M. Ngeun (Lautsawadi)
M. Poua
M. Lé
M. Lim
M. Pong
M. Pieng
Tha Dua
XIENG MAI
M. Dou
M. Lampoung
NAN
S I A M
Mé Ping
M. Sa
N. Sa
M. Pa
M. Lien
M. Hin
Mé Nam
M. Houa
Pak Lay
M. Haut
M. Pré
M. Chet Ton
H. Soun
M. Fek
Lim
Ta Pla
Mouang
Nam Patt
M. Nam Patt
Outaradit
M. Fang
M. Teun
Mé Nam
Pitchay
Raheng
1200
2220
2008
1949
1950
1750
2000
1800
1357
330
300
97°
98°
99°
20°
19°
18°
17°
Frontière du Siam
V. HUOT

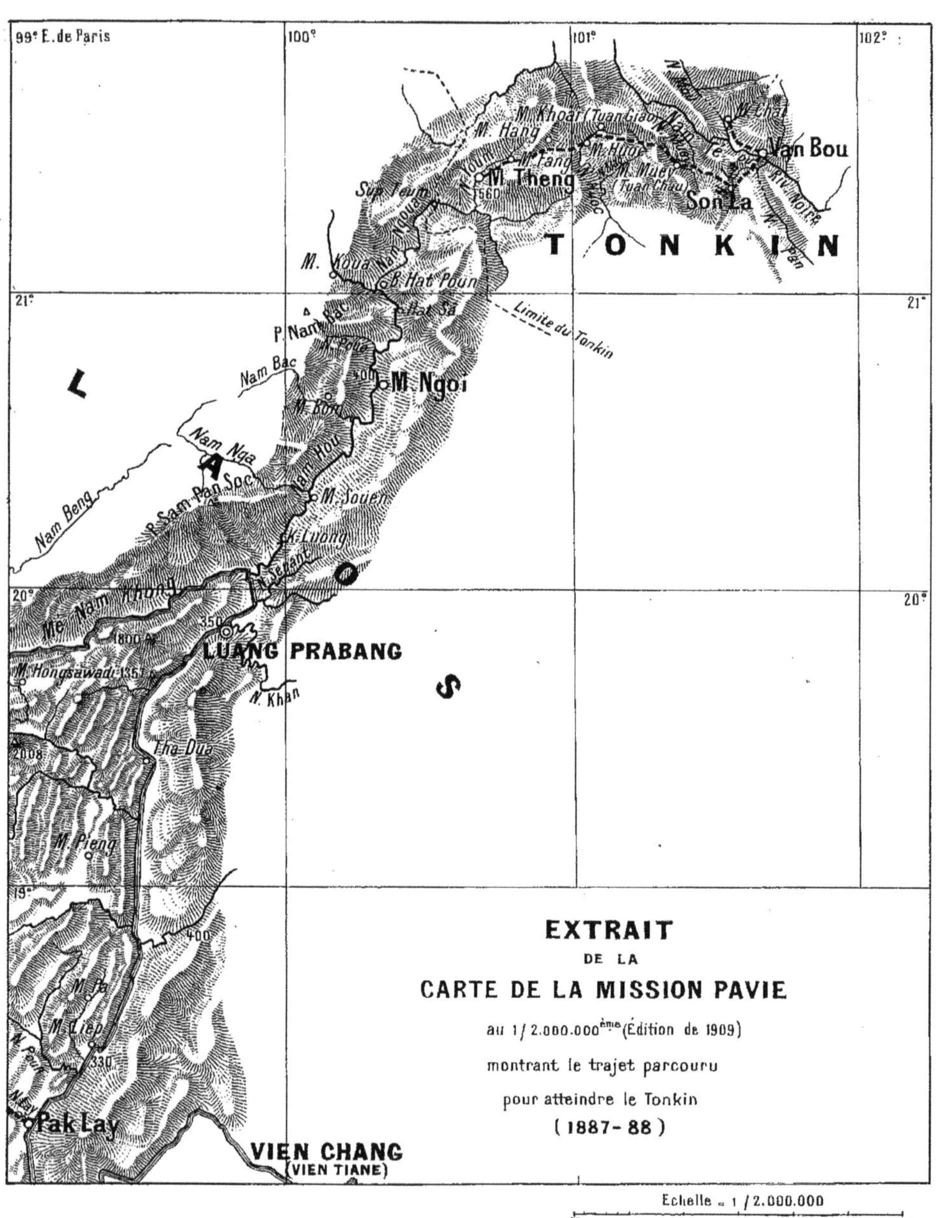

EXTRAIT

DE LA

CARTE DE LA MISSION PAVIE

au 1/2.000.000ème (Édition de 1909)

montrant le trajet parcouru

pour atteindre le Tonkin

(1887-88)

Echelle = 1/2.000.000

20 0 Km. 20 40 60 80 100

Fig. 1. — Marché improvisé pour les mois secs, dans le lit majeur du fleuve, entre Xieng-Sen et Luang-Prabang.

PREMIÈRE TENTATIVE DE PASSAGE DU MÉ-KHONG AU TONKIN

A midi, le 30 janvier 1887, les rameurs, de bons Laotiens ventres noirs, tatoués des mollets au nombril, me regardèrent souriants, et arrêtèrent la barque.

Le Mé-Khong, dont à chaque coude je cherchais depuis onze heures la vue, passe au loin devant nous !

Serpentant sur le plateau de Xieng Haï d'abord, puis entre des collines boisées insensiblement abaissées où le teck domine, le Nam Kok nous a descendus trois jours vers le puissant cours d'eau. Maintenant comme pour le bien montrer, il coule en droite ligne ses derniers kilomètres, élargit son lit, élève ses berges, ralentit son allure, forme au confluent, de ses bords à pic, le cadre d'un tableau limité par la rive lointaine, en face à l'horizon.

De quelle satisfaction émue je me sens pénétré à la vue de l'image tant souhaitée premier but de ma marche ! Si la berge avait un sentier je sauterais à terre afin d'aller jouir seul du développement progressif de ses détails et de l'ensemble.

Les rameurs, préparés par mes questions, lisent ma joie dans mes yeux, ils semblent tout heureux d'avoir par leurs efforts, contribué à en approcher l'heure.

Cependant pour un peu, je leur reprocherais l'arrêt qui me semble inutile, et qu'il m'eut paru plus simple de faire à l'embouchure ; mais quand je les vois remplir leurs jarres puis se baigner, je me dis : « après tout, c'est leur rivière, et peut-être en trouvent-ils l'eau meilleure que celle de notre fleuve là-bas. »

Les Cambodgiens, mes compagnons, sont joyeux bruyamment. Ils tâchent de reconnaître à cette grande distance, si le Mé-Khong est là bleu comme au Cambodge ou vert comme le Nam Kok, et refusent d'imiter les rameurs comptant se rattraper bientôt au fleuve de leur pays !

On se remet en route. Quelle perspective magique, quel changement pour des yeux depuis trois mois habitués aux rivières étroites, encaissées, aux sentiers des forêts !

Bientôt la largeur du fleuve se devine. Les bambous sur sa berge dont des collines décuplent cependant la hauteur, paraissent des grandes herbes, un vert gazon !

Puis la nappe se distingue, point luisante, presque terne malgré la grande lumière du jour, emportée en un courant unique, monstrueux, compact, que quelques tourbillons tachent par intermittences.

Amenés lentement, nous sommes tout à coup pris dans la masse de cette eau rougeâtre, fangeuse et rude, qui noie si bien le flot clair du Nam Kok qu'après qu'il l'a heurté, on n'en voit plus de traces.

La sonde avec quarante-cinq mètres de fil, n'arrive pas jusqu'au fond !

Le danger apparaît. Se maintenir à la rive devient toute l'affaire. Dès qu'ils y sont, les rameurs lâchent les avirons pour la manœuvre des perches.

Sur le bord, des roches nues sortent d'un limon demi-liquide, la

Cours du Nam Kok. Levé par A. Pavie. Echelle $\frac{1}{500.000}$.

berge argileuse à pic, semble prête à crouler sous le poids des arbres qui surplombent.

Les Cambodgiens se taisent, déconcertés. Ils regardent, étonnés de voir combien le Mé-Khong est ici différent de là-bas !

Les rameurs, indolents tout à l'heure, d'un bond debout, sont devenus alertes, attentifs. Remontant le courant vers Xieng-Sen, ils font glisser la barque sans la choquer aux roches, la parcourent lestement par longues enjambées, retournent vivement leurs perches de quatre mètres sans qu'elles se touchent entre elles, faisant pencher l'esquif léger, au point de m'amener à reconnaître qu'il est vraiment bien frêle sur cette nappe énorme, d'allure vertigineuse, et que pour descendre vers Luang-Prabang, une plus forte embarcation sera meilleure demain.

Comme ce voyage accompli du Cambodge vers Xieng Sen par la vallée voisine, fait saisissante la comparaison du fleuve à ces deux points extrêmes ! Là-bas, en cette saison sèche, il étend majestueux son onde limpide et bleue entre des rives à peine, d'une à l'autre, perceptibles ; ici, torrent rude et sauvage, il passe devant nous sali et troublé autant que l'est son réservoir bourbeux, le grand Lac Tonlé-Sap, aux derniers jours de pêche.

Bientôt les bateliers stoppent pour reprendre haleine ; ils nous montrent les cases du village parmi les bananiers en face d'une grande île, et comme chacun de nous est silencieux, ils remarquent combien la vue du fleuve a fait les Cambodgiens surpris. D'un ton un peu moqueur, ils leur disent :

« Il n'est donc pas ainsi chez vous ? Qu'attendez-vous pour vous baigner ou boire ? »

Aussitôt Kèo, comme si on lui reprochait un acte d'ingratitude, pique une tête dans l'eau. Il en sort effaré, criant : « elle est très froide » pendant qu'on l'aide à rentrer grelottant dans la barque.

Je prends le thermomètre : il est deux heures, il marque 27°, je le plonge dans l'eau, il tombe à 15° ! La température de celle du Nam Kok était de 22° tout à l'heure.

Et j'explique que les neiges et les glaces des montagnes loin au nord, d'où sort le Mé-Khong, lui ont donné la fraîcheur qu'une grande profondeur lui conserve et que nous lui verrons perdre en allant vers le Sud par l'action de l'air chaud et le mélange des affluents.

Comme mon petit monde encore sous le coup d'un étonnement profond, est resté tout songeur, voulant voir s'il s'inquiète, je lui dis :

« De même que notre fleuve vient de nous apparaître sous un aspect de déconcertante rudesse, les terres et les monts sur l'autre rive où nous allons, pourront nous sembler sauvages, inaccessibles! Après la promenade qui s'achève, il faut sans doute compter sur bien des marches pénibles; avez-vous toujours le cœur pour me suivre partout? »

Ngin, bourru mais souriant, répond, et ses camarades l'approuvent :

« Que serions-nous venus faire avec vous sans cela? Ensemble nous irons aux limites chinoises de l'ancien Empire Khmer! »

Je reprends :

« Les difficultés montreront les courages! »

Ngin.

Et Kéo regaillardi par le soleil brûlant, lance à pleine gorge le cri guttural prolongé, que les autres répètent, et par lequel les Cambodgiens s'entraînent!

Xieng Sen, le 31 janvier 1887.

La dextérité avec laquelle les rameurs ventres noirs, ont remonté nos pirogues à Xieng-Sen, méritait, je l'ai cru, avec leur récompense, les compliments flatteurs dont j'ai été prodigue. Ils s'en sont montrés heureux et en même temps confus, et le patron m'a dit :

« Seuls les ventres blancs, du Muong Lan-Chang (pays des millions d'éléphants), habitants de Luang-Prabang, sont dignes d'être appelés bateliers du grand fleuve. Nous autres du Muong Lan-Na (pays des millions de rizières), nous ne fréquentons que ces parages aisés qui bordent nos cantons. Eux, dès la fin de l'adolescence, pratiquent les rapides. Ils en connaissent le régime à toutes les variations de la hauteur des eaux ; s'en jouer, c'est leur travail ; on se confie à eux en toute tranquillité ; sur le fleuve à n'importe quelle époque de l'année, ils sont à leur affaire. Lorsqu'en marche nous rencontrons leurs barques, montant vendre du sel, ou leurs radeaux descendant les marchandises obtenues en échange, nous faisons halte, si l'endroit le permet, pour jouir de leur manière. Aimablement nous les saluons de nos souhaits pour la route. Notre façon de faire, est, ils savent le comprendre, encouragement à donner une leçon généreuse aux jeunes d'entre nous, un plaisir aux plus vieux. Alors, il faut voir ; la perfection dans le jeu du corps tout entier pour rendre leurs longs bambous, légers aux mains, pesants au sol ; les adroits changements de posture des pilotes donnant au gouvernail, souplesse ou résistance ! L'oreille se complait, s'ils suivent le courant : à l'exacte cadence des avirons à jour, à leur frémissement habilement prolongé ; ou si longeant le bord ils remontent, aux sifflements successifs des perches prestement retournées. Nos exclamations flatteuses les accompagnent tant qu'ils sont proches. Ensuite ils se reposent, ne se laissant ni dépasser ni joindre. Vous les verrez bientôt.

Cet éloge me rend tout content de l'engagement, des maîtres de quatre barques, qui devant l'occasion, ont hâté déchargement et vente de sel et de caviar rosé. Sans cette circonstance j'eusse dû changer avec grande perte de temps, le personnel rameur, de villages en villages.

Fig. 4. — Formation de pirogues en radeaux.

Le départ aura lieu dès que leurs pirogues seront jumelées en radeaux, installation nécessitée par les dangers du fleuve ; les embarcations, au contraire de la montée où elles longent le bord, devant à la descente suivre le fil de l'eau dans sa partie rapide et tourmentée.

Le premier soir, le chef ventre blanc, du convoi, différencié des ventres noirs en ce que ses jambes seules sont tatouées, alluma deux bougies en tête de chaque radeau. Respectueusement agenouillé, il présenta aux génies du fleuve et de ses rives, une minuscule offrande, les priant en ces termes :

« O nos chers bons génies ! Faites bien attention à nous en cette nuit, nous conduisons un Français voyageur qui a beaucoup de caisses ;

qu'est-ce que dirait le roi de notre Lan-Chang, si elles étaient mouillées, ou cassées ou volées? Vous serez bien vigilants, n'est-ce pas? Je vous ai toujours respectés et priés, aussi, grâces à vous, j'ai été heureux dans mes courses. Accordez-nous votre bonté! Voici des feuilles de bétel, des noix d'arec, du riz, du basilic je vous les offre de bon cœur, acceptez-les, protégez-nous! »

A chacune de ses phrases, le second pilote pour les génies, en fausset, a répondu : « Euh! »

Je l'ai félicité de l'invocation simple qu'il devra, m'a-t-il dit, répéter chaque soir, et il m'a demandé :

« Avez-vous aussi, pour le voyage, des génies favorables? »

— Deux Français, dont à Luang-Prabang, tous sans doute vous savez les noms, et avez entendu raconter le bon cœur, Mouhot et de Lagrée, sont morts en marche dans ces régions; travaillant sur leurs traces, désireux d'imiter ces amis du Laos, et de me rendre utile à mon pays ainsi qu'au vôtre, j'évoquais tandis que vous priiez, leurs esprits protecteurs leur demandant qu'ils nous assistent et me guident sans cesse! »

Vers Luang-Prabang, l'impétueux courant emporte les radeaux. Ces assemblages de pirogues surmontées de maisonnettes de palmes, et garnis de faisceaux de bambous en vue d'éviter le naufrage, descendent lourdement.

Aux inexpérimentés que moi et mes Cambodgiens sommes, les pilotes ont dit l'inutilité de tenter de nager vers la rive au cas d'accident dans les kengs, passages dangereux créés par les rochers visibles ou cachés, ou dans les hats, dénivellements que causent les amas de galets sur les bords; le véritable barattement que du fond à la surface la masse liquide subit, ne permettrait pas de l'atteindre; s'accrocher simplement à l'épave, assure mieux le salut.

Les avis simplement donnés de ces professionnels tranquilles, exercés en tout temps à leur métier rude, et bons appréciateurs de leur utilité, ont davantage fixé mon attention sur ce fleuve que j'avais tant hâte de bien connaître.

Dans ces régions encore élevées, son lit s'étage en deux parties distinctes : Le lit majeur totalement vide en saison sèche, est, sur une hauteur de vingt à trente mètres très largement ouvert dans le sol — sable ou argile ; — il contient le surcroît du courant, aux pluies. L'autre,

Fig. 5 — Le Keng Lampay.

sorte de chenal, creusé dans les rochers, plutôt étroit, est à pleins bords à ce moment.

Les grandes profondeurs qu'y accuse la sonde, m'ont d'abord laissé craindre un manque de poids du plomb, pour traverser, jusqu'au thalveg, la couche torrentueuse, remuée violemment en tous sens. Les bateliers eux-mêmes n'ayant jamais tenté pareille épreuve, sont restés interdits de voir, quarante-cinq mètres de corde, insuffisants dans la plupart des cas. La mission de Lagrée, avait indiqué une profondeur généralement supérieure à vingt-cinq mètres dans cette partie du fleuve, en me munissant de ma longue ficelle, j'étais loin de me douter qu'elle ne me renseignerait presque jamais exactement[1] !

Ainsi que des conscrits penchés aux premiers sifflements des balles, nous avons, d'un frisson de vertige, salué le point critique des tout premiers obstacles : Tournoiement imprévu des radeaux ramenés en arrière, ou moment d'intense vitesse encore accrue par l'effort des rameurs

Fig. 6. — Le Keng Péo.

jaloux d'éviter les remous. Calmes autant que résolus, ces hommes s'amusent sans intention de vanité, de l'impression produite sur nous par cette navigation entre des tourbillons, parmi les bouillonnements surgis au-dessus du niveau, résultat du heurt des courants sous-fluviaux entre eux ou contre les rocs noyés qu'ils usent lentement.

A des séries d'obstacles, succèdent des biefs d'une toute lacustre tranquillité ; dans leur parcours, les avirons se taisent, les nerfs reposent.

1. De Xieng-Sen à Pak Hou, 18 sondages ont donné : 2 fois 25 m., 1 fois 28, 1 fois 45, et 14 fois la sonde de 45 m. n'a pas atteint le fond.

L'attention enfin libre, se donne entière à la féerie des bords, mirés sous le calme de l'air dans l'eau sans rides. L'allure ne s'y constate plus qu'au défilé très ralenti des sites.

Une semaine se passe ainsi et dès son commencement, nous sommes devenus familiers des rapides. Assis à une table légère en arrière des rameurs, je puis travailler très à l'aise tout en suivant la marche et causant avec eux. Je ne me dérange plus que pour photographier ceux des obstacles dont les dimensions restreintes permettent d'en donner une image un peu nette. Quant aux Cambodgiens, ils s'essayent tour à tour, au jeu des avirons et même du gouvernail.

Fig. 7. — Brèche de Pak Hou. Côté rive droite. Entrée des grottes.

Cinquante villages se sont, dans le trajet, montrés, blottis sous les ombrages des pentes, ou aux confluents sur les bords. Nous avons : compté cent rivières ou torrents jetant au grand courant bourbeux leur eau abondante et limpide ; vu des Birmans recueillir à Xieng-Kong des saphirs sur la berge, et des Khas, venus de l'intérieur, laver aux embouchures les sables d'affluents tributaires de paillettes d'or au fleuve ; assisté à des captures du Pla Boeuk, ce roi par la taille, des poissons du Mé-Khong, qui folâtrant vers ses lointaines frayères, laisse bon nombre des siens aux filets des pêcheurs ; visité enfin quantité de campements dans le lit majeur sur le sable et les roches, marchés improvisés pour les mois secs, où les gens de Luang-Prabang échangent contre les produits des forêts et le riz des montagnes, toutes sortes de menues marchandises.

A l'embouchure du Nam Ta, rencontre du kaluong (envoyé siamois) qui sera chargé des rapports avec moi. M'ayant précédé dans le voyage depuis Bangkok, il a fait son installation à Luang-Prabang puis est venu me joindre. Loin de convenir de sa situation, que je connais, il me conte que de retour d'un voyage aux frontières de Chine, un hasard heureux le fait mon compagnon vers Luang-Prabang où il me

Fig. 8. — Les yeux et les larmes de la mère de Nang Hou.

devancera. Des instructions évidemment lui dictent sa conduite ; ne voulant pas le contrarier, je dois feindre de le croire.

Le 10 février, sur la fin de l'après-midi, passage de la brèche majestueuse de Pak Hou, ouverte au fleuve dans le calcaire comme une porte pour Luang-Prabang.

La brisure rive droite de la montagne, contient hors de l'atteinte des crues, des cavernes, devenues des temples, dont le suintement humide emplit des creux où les prêtres bouddhistes recueillent l'eau lustrale pour le sacre des rois.

Celle de la rive gauche, bizarrement découpée, montre comment les poètes laotiens savent tirer parti des singularités naturelles qui frappent leur esprit. Ici elles ont fourni les motifs du roman populaire, Nang Hou, aimé dans la contrée, et dont le pilote me décrit les images tandis qu'avec la sonde, en vain, mes hommes cherchent le fond.

Fig. 9. — Tombeau de Nang Hou. — Les trois Silhouettes. Embouchure du Nam Hou. — Village de Pak Hou.

De son extrémité lavée par le courant, sortent par deux fissures semblables, et régulières au point qu'on les croirait dues à la main de l'homme, des ruisselets cristallins tombant dans le Mé-Khong. Ce sont les yeux, ce sont les larmes de la mère de la pauvre Hou, jeune femme, fleurie de jeunesse, morte dans le fleuve en plein bonheur. Changée en montagne, assise au long de l'eau, la mère, toujours vivante dans sa peine, y laisse depuis couler ses pleurs.

A l'entrée d'une sorte de grotte sous la crête du sommet, se dressent les silhouettes de la Nang, de son époux et de sa mère. A côté sur la hauteur, sous un rocher surgi avec la forme d'une tombe, repose le corps de la jeune femme ; devant lui à genoux, l'époux pétrifié veille.

Sous les palmiers et les orangers de jardins vert sombre ornant la rive gauche, des cases semées de-ci de-là, éclairent le tableau que d'indolents pêcheurs animent dans des barques.

La grosse rivière Nam Hou, les monts et le village ont pris comme la brèche, le nom de l'héroïne.

Pressés, nous avons à regret, franchi sans halte, ce beau décor. Lorsque la nuit force à l'arrêt, le petit temple juché sur une colline à l'embouchure du Nam Seuant, vient à peine d'être dépassé.

Le fleuve a grandi ses dimensions, il arrive à compter mille mètres par endroits. L'apport, coup sur coup, des deux plus gros affluents du trajet accompli ne justifie pas cette largeur, elle s'explique plutôt par la présence d'un plan de récifs et d'îlots amoindrissant sensiblement la profondeur.

Des grondements sur des obstacles rapprochés et sur d'autres plus lointains, ont des intermittences bruyantes ou adoucies.

A leur murmure irrégulier, je me sens m'assoupir.

Un concert étrange captivant, peu à peu me réveille.

« Qui est-ce qui chante ainsi, quelle est cette musique » ?

Les rameurs, blasés, rient de mon étonnement.

« C'est en souvenir du géant anthropophage Téney. »

A grande allure, une jeune fille et ses amoureux en barque, descendent le Nam Seuant, entrent dans le Mé-Khong.

La Nang, d'une voix claire et sûre, scande les phrases d'une ballade sur un ton de gaieté, nuancé d'indifférence, indicateur qu'elle est bien habituée à la dire aux échos.

De leurs avirons, battant l'eau en cadence, les jeunes gens, ventres blancs, l'accompagnent, et comme refrain, avec un entrain soutenu et très vif, crient de successives syllabes euphoniques.

Comme c'est original, que c'est hululé juste ! Je n'ai rien entendu de singulier jusqu'ici, qui m'ait surpris autant et charmé de la sorte. La coupe rythmique simple et l'unisson parfait, me causent une impression intense de plaisir. Que les timbres des voix sont humains et le chant naturel et libre de toute imitation des manières : chinoise, cambodgienne ou siamoise ! Pour la première fois des chants d'Indo-Chinois ne me déplaisent pas !

Mes hommes du Cambodge sans mot dire, écoutent étonnés, et je les crois conquis à cette expression nouvelle et pour eux et pour moi, de l'idée musicale.

Il me semble que la sonorité particulière à la nuit calme et douce, au fleuve froid, profond, à son courant rapide, à la hauteur des bords, renvoie, plus nets, les voix et les battements de l'eau.

L'art saurait-il rendre la beauté simple d'une pareille mise en scène !

Deux torches éclairent la barque, assez pour que j'entrevoie les couleurs et les formes, et l'élégance des gestes. Pourquoi passe-t-elle si vite... Les cris affaiblis à peine maintenant me parviennent... quelle apparition charmante est effacée !

Cet agrément des voix dans le charme des heures nocturnes, par les champs et par les rues, comme sur tous les cours d'eau, — ont dit nos rameurs ventres blancs, — voulu par la tradition, est passionnément aimé des jeunes gens du Lan-Chang.

Xieng-Sen étant à 480 mètres d'altitude, Luang-Prabang à 360, nous aurons donc descendu 120 mètres répartis sur un ruban torrentueux de 375 kilomètres. Pendant le voyage, le brouillard chaque soir s'est formé sur le fleuve ; il s'est dissipé le matin vers 9 heures, et les journées ont été idéales grâce à une brise légère et très fréquente. Le thermomètre un peu plus élevé de jour en jour, tant à cause des différences d'altitude que par suite de l'avancement de la saison, a en moyenne donné : 11°,7 à 6 heures du matin ; 25°,7 à 2 heures ; 17°,5 à 7 du soir.

L'aube nous voit prêts pour le départ. Quel déjeuner rapide ! Les hommes ont tant hâte de revoir leurs familles, et aussi la ville si plaisante d'après eux, et dont hier nous avons apprécié l'habituelle distraction !

En dépit du courant et de l'activité que déploient les rameurs, la marche est à mon gré trop lente ; mais lorsqu'à ce moment de fraîcheur matinale où la brume se lève, laissant au soleil le soin de présenter la rive, éclatent les exclamations joyeuses nées de la vue de l'édicule marquant sur un îlot à un coude léger, l'entrée du bief tranquille et régulièrement large, autour duquel Luang-Prabang, étendu orient-ouest, dort ou s'agite, je trouve qu'on devrait ralentir.

Je ne puis en effet lire, dans le délicat paysage subitement développé par l'action d'une lumière d'une douceur reposante, les détails dont l'énumération en cris contents, échappe aux bateliers.

Fig. 10. — Grève de Luang-Prabang.

Sous les colorations opposées, de l'ombre produite par une exposition vraiment privilégiée, et de la clarté qui la domine, la dépasse et se joue sur elle par lumineuses échappées, un ensemble harmonieux à peine est apparu entre la plage immense et le haut mausolée de la colline sur les bases de laquelle des cases sont assemblées, des temples épandus, et l'accostage est fait !

Conquis et sous le charme une impression me reste : de filets de pêcheurs au sec au long d'échafaudages ; de barques à demi amenées sur la grève ; de radeaux sautant par un rapide bruyant du Nam Khaun au Mé-Khong ; de pagodes blanches et or, recouvertes de tuiles de couleur, vernissées ; de hautes maisons en bois, de plus basses cases en palmes, indistinctement toiturées de lamelles en bambou ; de gens vêtus en clair donnant à la berge argileuse, élevée, qu'ils gravissent ou descendent entre des jardinets, la note appropriée de brillant coloris ; et comme plan final dans un éloignement léger mais imprécis, de hautes montagnes vert sombre que des flocons nuageux, échappés du Nam Khann, s'efforcent de dépasser.

Fig. 11. — Bibliothèque de Wat-Maï.

Je n'ai fait qu'entrevoir ce côté, très habité, rive gauche où m'accueillent le kaluong siamois, mon ancienne connaissance, et des chefs laotiens, et déjà mon visage dit, à ceux-là qui m'observent, tout le ravissement entré dans mon esprit. A ce moment de m'attacher à une forme plus exacte du labeur vers lequel je me sens entraîné, je songe combien, sur la rive opposée, je m'imprégnerai mieux du spectacle de ce coin béni où je débarque, base de mes futures marches ; mon regard se tourne alors vers elle, j'interroge, et l'un des chefs répond :

« Ce quartier de la ville qu'illumine si bien le soleil du matin, contenait, aux avant-derniers règnes, la demeure royale. Nous le nommons Xieng-Men. Les collines auxquelles il est adossé représentent, pour nous autres Laotiens, les ancêtres Rothisen et Nang Kangrey, protecteurs du Lan-Chang, étendus tête contre tête au long du fleuve. »

A l'imprévue évocation de ces noms légendaires au Cambodge, mes compagnons, ont comme moi, tressailli. Ils me regardent surpris, tandis que je m'écrie :

« Comment votre beau pays serait le royaume merveilleux où le prince Rothisen d'Angkor vint chercher pour épouse Nang Kangrey, fille des Yacks, dont l'émouvante histoire fait verser tant de larmes ! que j'ai hâte d'entendre ce que l'on m'en dira ! »

Chefs et bateliers semblent charmés de me voir ainsi manifester ma joie et d'apprendre que je sais quelque chose du passé légendaire du Laos. Leurs yeux interrogateurs demandent au kaluong, si lui aussi, est content comme moi ; mais son visage inquiet, son regard suspensif de toute approbation, montre qu'il se demande si je n'ai pas fait là, une trouvaille précieuse, cherchée par mon voyage ; pour un peu, je croirais qu'il va reprocher au pauvre Laotien, un manque de discrétion fâcheux ! Tout ce petit monde devient coi, et l'on se met en marche vers la case ma demeure, les uns nous guidant, les autres se chargeant du bagage.

Négligeant le chemin, plus long, nous passons au milieu d'une bonzerie tranquille dont les bâtiments, les cellules et le temple sont dispersés sous les ombrages.

« C'est Wat-Maï » (temple neuf), a dit le kaluong.

Le chef de la pagode, assis sur le pas de la porte de sa bibliothèque, lit un manuscrit sur feuilles de palmier. Son regard pénétrant vient vers moi, bon et disant la sympathie. D'un sourire aimable, il répond au salut poli du voyageur. Curieux sans doute de me voir plus longtemps, il se lève et de loin suit nos pas. Lorsque me retournant au sortir de l'enclos, je le salue encore, je pense déjà à récolter de lui, histoire, ballade, légende, dont depuis hier j'ai entendu les noms.

Luang-Prabang, 11 février 1887.

Je suis à Luang-Prabang! J'ai hâte d'en faire parvenir la nouvelle et de donner les premiers détails sur mon voyage et mon installation.

Aussitôt cette première correspondance expédiée, j'espère me remettre en route après avoir pris les dispositions nécessaires pour envoyer aussi rapidement que possible, les communications intéressantes que la suite de mon voyage permettra de fournir.

La marche jusqu'ici s'est accomplie dans des conditions relativement bonnes malgré la réserve et une sorte de gêne ou de mauvaise grâce peut-être plus apparentes que réelles, que les agents directs de l'autorité siamoise m'ont partout laissé voir, tout en ne me cachant pas que leur manière n'attendait pour se modifier que l'avis de la ratification, par notre Gouvernement, de cette convention que celui de Bangkok lui a soumise, et qui serait la reconnaissance de la sujétion de Luang-Prabang au Siam.

A mon départ de Bangkok on y considérait que l'acceptation de cet acte serait accomplie avant que je n'arrive au Mé-Khong. Depuis des ordres très précis ont été partout donnés, qui semblent indiquer que la Cour siamoise doute de cette acceptation, craint que la connaissance meilleure du pays que je vais acquérir ne nous amène à un refus, et que cependant elle espère, par une attitude particulièrement ennuyeuse à mon égard, m'obliger à demander d'en hâter la conclusion.

Tout renseignement géographique, historique, ethnographique ou administratif m'a été refusé, on m'a partout appelé par mon nom appris à l'avance, jamais par mon titre consulaire comme c'est l'usage dans le pays. Le Commissaire siamois à Xieng-Maï, m'a à ce sujet intentionnellement communiqué une lettre de son Ministre des Affaires étrangères, se terminant ainsi: « Faites-moi connaître le départ pour Luang-Prabang d'un Français, M. Pavie ».

Dans cette ville de Xieng-Maï, j'ai été retenu deux mois par la location des éléphants nécessaires au voyage au Mé-Khong. Le prétexte in-

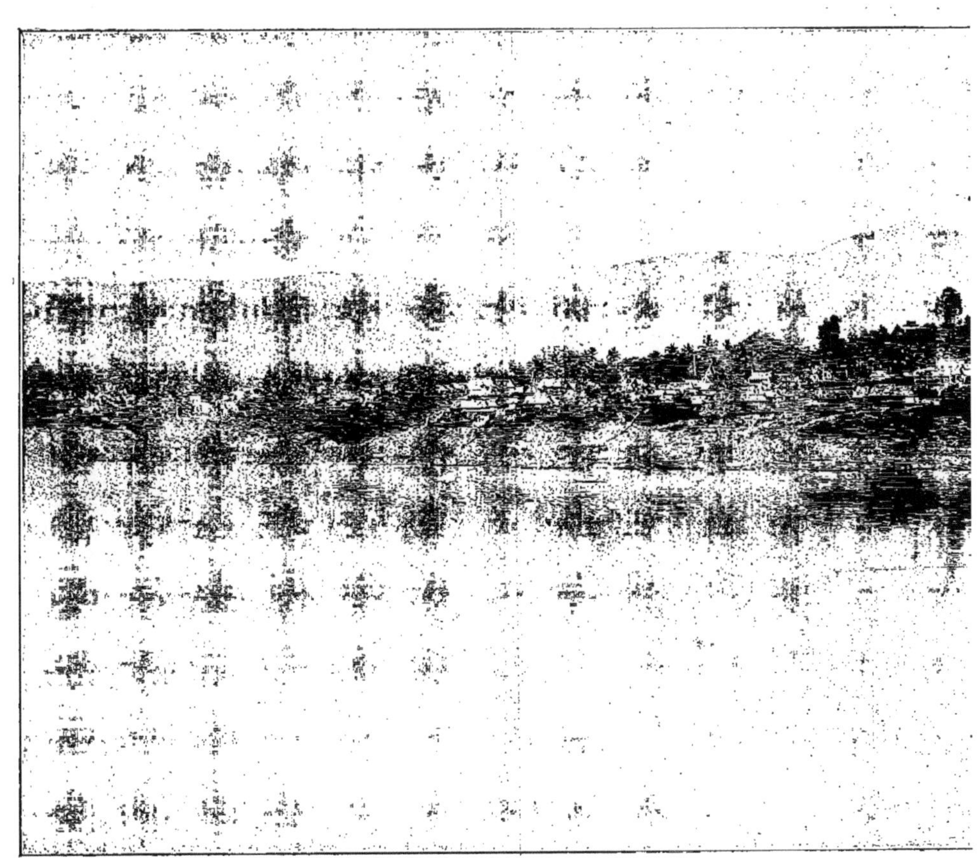

Fig. 12. — Luang-Prabang, rive gauche. Partie de la ville au sud

Nam Khann. Vue prise du terrain de la maison française, rive droite.

voqué était la réquisition de tous ceux disponibles pour des agents de l'administration siamoise : M. Mac-Carthy, topographe, et le kaluong qui à Luang-Prabang sera chargé des rapports avec les Européens lorsque la Convention sera ratifiée. Le but était de permettre une forte avance de temps sur moi à ces fonctionnaires dont les missions avaient un lien avec la mienne, et en particulier de me faire sentir combien j'aurais eu avantage à circuler en agent officiellement reconnu. Les éléphants, en effet, étaient en nombre sur la place, mais défense était faite de m'en louer avant l'autorisation donnée.

Je me suis facilement accommodé des inconvénients de la situation ainsi établie ; même, j'ai trouvé préférable à tout, d'être considéré simplement comme explorateur.

Les populations (petits mandarins, prêtres et peuple), point prévenues, ont vu en moi le voyageur, elles m'ont reçu avec cordialité et franchise.

Je suis admirablement servi par mon personnel cambodgien : ayant la religion, les usages, le costume des habitants du Laos, connaissant leur langage, il entre facilement en communication avec eux, j'ai en lui de précieux auxiliaires.

L'accueil à Luang-Prabang a été uniquement fait par deux kaluongs siamois. J'y avais été disposé par celui dont en descendant le Mé-Khong, j'ai eu pendant huit jours la compagnie.

Le Roi ayant pour excuse son état de santé, il est asthmatique, a remis à quelques jours son audience.

Ayant avant tout pour préoccupation l'établissement de relations avec le Tonkin, j'aurai surtout des rapports avec les envoyés siamois ; la présence de leurs troupes les fait les maîtres dans ce pays, leur hostilité me nuirait dans l'accomplissement de cette tentative de passage pour l'exécution de laquelle je pourrai, je l'espère, indiquer la date de mon départ dans le prochain courrier.

Luang-Prabang, 12 février 1887.

Aussitôt accosté à la berge à Luang-Prabang, le 11 février, j'ai annoncé par l'intermédiaire des kaluongs siamois, mon arrivée au Roi dont le nom est : Ounkam.

Dans la même journée j'ai eu de lui l'avis que malade, il me priait d'attendre son audience quelques jours.

Ces kaluongs m'ont fait connaître que le véritable représentant du Siam était le chef des troupes qui, dans le nord, aurait vaincu les Hos, bandes chinoises que les Français combattent aussi, et qu'on distingue en Pavillons : Noirs, Rouges et Jaunes. Il a le titre de Chao-meun Vaïvoronat, et le rang de colonel. Sa campagne est terminée, son retour proche. En l'attendant, ils ont l'autorité, mais lui seul pourra à son arrivée faciliter mon voyage, s'il le juge possible.

J'ai été reçu par le Roi le 15 février.

Agé de 76 ans, le prince est à la vérité très affaibli, il ne faut néanmoins pas voir d'autre cause au renvoi par lui de l'audience à cette date, que la volonté des kaluongs.

Le gouverneur de Sukhothay, premier kaluong, et le louang Pitsanoutep, second kaluong, m'ont présenté.

Ils me l'avaient demandé, me proposant en même temps, que les visites suivantes se fissent par leur intermédiaire, et qu'il ne fût point soumis au Roi de questions d'affaires, eux seuls ayant qualité pour y donner satisfaction.

Ma situation me commandant d'éviter de les inquiéter, ne voyant du reste qu'avantage à ce que les choses se passassent ainsi, je n'avais fait aucune objection à leur proposition.

En voulant empêcher les relations d'être familières, et les restreindre, on établissait un « modus vivendi », et ma position devenait nette.

D'un autre côté, je ne manquais pas d'être un peu embarrassé à l'idée d'entrevues tête à tête avec le souverain laotien, étant donnée l'attitude pleine de soupçon du second kaluong en particulier.

Venu en explorateur, j'éprouvais une véritable mortification de voir les agents siamois persister dans l'idée qu'ils semblaient avoir du rôle que je venais remplir, et chercher, en quelque sorte à deviner dans quel sens j'allais brusquement modifier ma conduite.

C'est, je pense, lorsqu'on s'est cru à peu près sûr que je ne créerais pas d'embarras qu'on a fixé l'audience.

Après avoir, dans tout le voyage, mis de l'affectation à me considérer comme un marcheur gênant, l'autorité siamoise m'a fait faire une réception d'apparence officielle.

A l'heure fixée pour la visite, un officier siamois et deux fonctionnaires laotiens sont venus me prendre. J'étais accompagné de mon personnel indigène.

Pendant le trajet les mandarins me font remarquer que la grande rue du marché a été balayée, chose en dehors des habitudes, qui a mis en émoi tous les gens qui l'habitent ; de plus la circulation a été arrêtée au moment du passage, et le monde est aux portes des cases, la foule à tous les carrefours. J'ai eu à parcourir ce marché dans presque toute sa longueur étant logé à une extrémité, et la maison du Roi étant plus loin qu'au centre.

Les deux kaluongs m'attendaient à la porte.

Comme garde du Roi, un détachement de la troupe régulière de Siam rendait les honneurs.

La grande salle est de plain-pied. Le fauteuil du Roi, au centre, avait, dans le sens de la longueur de l'appartement, les chaises des princes à droite, la mienne à gauche entre celles des deux kaluongs.

En arrière de ce fauteuil, une table basse est chargée de statuettes bouddhistes, bois ou bronze, dorées, à moitié nettoyées de leur poussière ; devant lui sur un guéridon sont étalés : le sabre, les boîtes et les vases d'or du Roi ; près des chaises, un autre guéridon est garni de tasses à thé.

Tout au fond de la salle le trône doré est placé sous un vaste parasol blanc longuement étagé.

Une quantité de tapis du Yunnan, rouges ou bleus à dessins blancs, couvrant le plancher, contrastent avec la pièce de cotonnade blanche toute moisie servant de plafond.

Fig. 13. — Le Roi Ounkam.

L'aspect de la salle, riche et pauvre en même temps, est révélateur : ces tasses en porcelaine, dépareillées, ébréchées ; ces petits morceaux de cotonnade blanche, servant de nappes aux guéridons, sur un pied d'égalité avec les théières d'or, les tapis chinois, montrent nul le commerce, et disent avec qui se fait le peu que l'on constate.

Au bas de la pièce, en face de nous, et une marche au-dessous, les mandarins sont accroupis, nombreux.

Le Roi s'est fait attendre cinq minutes pendant lesquelles j'ai fait la connaissance de son fils aîné et de celui du second Roi, princes déjà âgés, tenant les premières charges du pays, humbles devant les kaluongs cherchant dans leurs yeux approbation des réponses qu'ils me font.

En me serrant la main, le Roi me prévient qu'il est sourd, mais que le gouverneur de Sukhothay, très habitué, lui répétera mes paroles.

Je suppose que cette précaution qui donnait à ce dernier la facilité de faire entendre mon langage de toute l'assemblée, devait lui permettre à l'occasion, d'en supprimer les parties jugées par lui dangereuses.

Voici en résumé l'entretien :

Fig. 14. — Le fils aîné du Roi.

Après m'être informé de sa santé, j'ai dit au Roi :

« Le Gouvernement français qui fait pour V. M. des vœux sympathiques, est, d'accord avec le Gouvernement siamois, désireux d'établir des relations entre le Laos et ses colonies d'Indo-Chine dont les habitants et les chefs ont pour le Roi de Luang-Prabang une respectueuse vénération ; j'ai été envoyé ici dans ce but, j'en suis très heureux car je vais connaître V. M. qui j'en suis sûr me continuera la bienveillance qu'elle et ses prédécesseurs ont eue pour les Français qui ont séjourné à Luang-Prabang.

« Après quelques semaines utilisées à préparer ma marche, je compte me mettre en route vers le Tonkin pour revenir ensuite. »

Le Roi me remercie en quelques mots aimables et donne une longue explication sur sa maladie, qui lui laisse un jour de repos sur trois.

Je remets alors une lettre du Chargé d'affaires de France à Bangkok avec un grand vase d'argent, et le montant de la dette que le docteur Néïs, par suite du pillage par les Hos dont il avait été victime au cours de son voyage, avait contractée envers lui.

Le Roi prie le kaluong de faire la lecture de la lettre, ses yeux ne le lui permettant plus.

Il est très sensible aux compliments qu'elle contient, et remercie du riche cadeau qui l'accompagne. Depuis qu'il est souverain à Luang-Prabang, il n'a eu occasion de recevoir qu'un Français, le docteur Neïs; il a gardé de lui le meilleur souvenir. Le passeport siamois dont il était muni, lui a permis de le bien accueillir.

(Les regards des kaluongs, montrent alors combien ils approuvent cette dernière phrase.)

Fig. 15. — Le Fils aîné du second Roi.

En ce qui concerne la dette, il est très embarrassé, ayant confié le reçu du docteur à son fils parti pour Bangkok où il doit l'encaisser.

Il ne voudrait pas s'exposer à des ennuis en me donnant un reçu provisoire.

Je déclare aussitôt que je m'en passerai, mais cela ne lui suffit point et en faisant emporter la somme, il prie le kaluong de la prendre en dépôt jusqu'au retour de son fils, formalité que celui-ci accepte, évidemment imposée par lui à l'avance, et par laquelle on semble dire que l'argent eût dû, pour arriver au Roi, passer par la voie siamoise.

Le Roi me demande alors où est ce Tonkin dont j'ai parlé.

Je prie les kaluongs, qui ont feint la même ignorance au début, de répondre.

Le premier dit avec un peu de brusquerie comme trouvant que la docilité du Roi va trop loin: « Vous savez bien... le pays annamite? »

— Je n'ai jamais entendu dire », fait le Roi; « que quelqu'un d'ici y fût allé, ou que des gens de là-bas soient venus à Luang-Prabang. Vous allez entreprendre une course dangereuse. »

Inclinant respectueusement la tête, j'offre un présent personnel, et prie le Roi de me permettre de venir le voir quelquefois ; « visites amicales, exemptes de questions d'affaires, grâce à la présence à Luang-Prabang des kaluongs de Bangkok. »

— « Je serai très content de vous voir souvent, M. Pavie, vous n'aurez qu'à me faire prévenir par l'intermédiaire de ces mêmes agents. »

L'impression emportée de cette entrevue est que le Roi éprouve une grande appréhension des ennuis que l'arrivée d'un agent français peut lui causer dans ce moment surtout où des troupes siamoises occupent sa principauté.

Il semble craindre de me voir, ignorant de la situation, me conduire inconsidérément et le compromettre devant l'autorité siamoise. Il se sent vieux, et craint peut-être que des soupçons ne fassent chercher pour sa succession, un autre prince que son fils.

J'ai le lendemain fait visite aux deux princes dont il est parlé plus haut.

Le deuxième fils du Roi est à Bangkok.

Le second Roi et un de ses fils accompagnent l'armée siamoise dans le nord.

Luang-Prabang, 18 février 1887.

Une maison en bambous et paillottes entourée d'une clôture légère, comme il est d'usage d'en faire pour les mandarins en voyage, avait été élevée sur la base Est de la colline Chiom-Si, autour de laquelle Luang-Prabang a ses cases.

J'y ai été conduit aussitôt arrivé, et je m'y suis logé. Je n'ai pu obtenir des kaluongs l'autorisation de rembourser les frais de sa construction. « Tant que la Convention ne sera pas ratifiée, vous êtes l'hôte du Gouvernement siamois, » m'a-t-on répondu.

Fig. 16. — Mon premier logement.

Comme logement, l'installation est suffisante mais sa situation singulièrement choisie; sur la base rocailleuse de la hauteur, à un kilomètre du Mé-Khong, à six cents mètres du Nam-Khann, à côté du camp préparé pour les soldats.

Désireux d'une habitation que je ferais construire en vue de l'avenir et pour les besoins de ma mission, je parlai aux kaluongs d'une installation plus sérieuse. Ma mission m'obligeant à voyager presque constamment, il ne serait pas sage de laisser pendant mes absences, un bagage important dans une maison légère offrant prise au vent et à la pluie, exposée, à une pareille distance de l'eau, aux incendies si fréquents dans ces régions.

Ils acceptèrent de me voir chercher un terrain libre sur lequel je pourrais m'établir définitivement.

Un officier siamois et deux mandarins laotiens me conduisirent, et j'arrêtai mon choix sur un emplacement, rive droite, qui réunissait tous les avantages qu'un européen peut désirer pour vivre dans de bonnes conditions dans un pays où il se trouve seul.

La rive gauche extrêmement peuplée, n'eût offert un endroit convenable au bord du Mé-Khong qu'autant qu'un certain nombre de familles eussent consenti à s'en retirer. Toute la partie de la berge que prennent ni les roches, ni les sables est disposée en jardinets enclos que fertilisent les crues; des petits chemins peu commodes, moins que propres, y circulent; le tout est par intervalles, séparé par de longs escaliers irréguliers point entretenus. Le coup d'œil joli est agréable à distance, la constante pratique du terrain le serait beaucoup moins.

La rive droite, moins habitée, ce qui tient au manque d'espace, des collines la limitant à l'ouest et la fermant aux deux extrémités nord et sud, était pour moi incomparablement supérieure. La berge s'y présente en pente moins raide, son sol argileux est aussi, pendant la sécheresse, transformé en jardins jusqu'à l'eau. La base des collines est couverte de plantations d'arbres fruitiers bien entretenues, et le terrain qui seul est inoccupé, le dernier de la ville à l'ouest, s'en trouve séparé par une forte tranchée que les eaux de la plaine, en arrière des collines, ont creusée.

Une maison française serait là très bien placée ; elle pourrait avoir ses barques à la berge, un potager magnifique dans la belle saison, et un beau parc sur la base et même jusqu'au sommet de la colline ouest. Les hauteurs offrent l'espace nécessaire pour que des éléphants domestiques puissent s'y nourrir sans qu'on soit obligé de les envoyer au loin, ce qui est forcé sur l'autre rive.

Le fleuve est, aux plus basses eaux, large de quatre cents mètres en cet endroit. La vue y a d'incomparables satisfactions. Luang-Prabang, incontestablement le plus beau site du Laos, s'étale en face, merveilleux de couleur et d'animation, et donne par sa nouveauté, avec son long rideau de montagnes vert sombre en arrière, un étonnement aux yeux

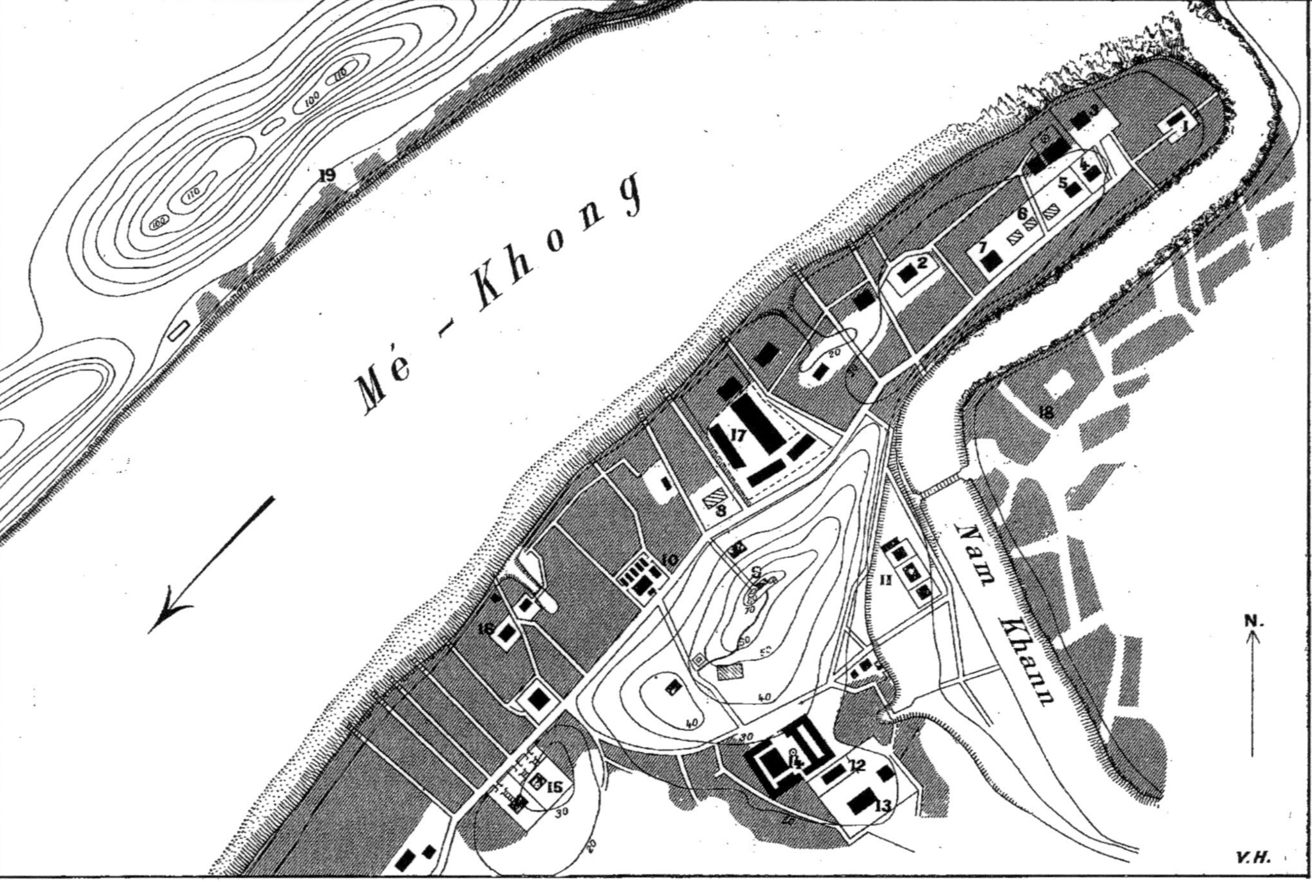

Luang-Prabang, 1887. — Échelle de $\frac{1}{10,000}$. Les hachures indiquent les parties les plus habitées.

1. Wat Pakhann. — 2. Wat Xieng-Tong. — 3. Wat Kédi. — 4. Wat Si Moun Huen. — 5. Wat Tât Noï. — 6. Wat Sop. — 7. Wat Sen. — 8. Wat Pra Ea. — 9. Wat Chiom Si. — 10. Wat Maï. — 11, Maison provisoire française. — 12. Wat Visoun. — 13. Wat Hana. — 14. Camp siamois. — 15. Wat. — 16. Wat. — 17. Palais du Roi. — 18. Quartier de Pak Khann. — 19. Quartier de Xieng-Men; l'indication d'une construction, à son extrémité ouest, entre les deux collines, marque l'emplacement choisi pour la maison française.

qui saisit l'imagination, et pour moi n'a pas encore cessé. Je me sens tout heureux à l'idée d'habiter en ce coin ravissant devant un aussi incomparable décor.

A ces motifs, il faut ajouter que les routes du sud et de l'ouest y aboutissent, qu'on vienne de Bangkok, Pitchay, Paclay ou Nan. C'est en face de lui que le Mé-Khong est le plus tranquille; c'est le passage choisi de tout temps pour faire traverser les éléphants à la nage ; le télégraphe en projet y doit aboutir, et le bureau ne peut manquer d'y être

Fig. 18. — Maison construite pour M. Mac-Carthy, mon installation provisoire.

placé en raison de la dépense que nécessiterait l'immersion d'un câble pour le placer à l'autre bord. Enfin ce choix constate l'existence d'une partie de la ville sur la rive droite, affirmation que les deux rives sont inséparables. En face de Luang-Prabang, le pavillon français y sera vu de toutes les cases.

Après un court examen, je demandai aux mandarins si le lieu était disponible ; la question était faite avec l'indifférence que mon admiration laissait libre.

Ils répondirent : « oui. »

Les kaluongs avaient je crois compté que rien ne serait à mon goût. Quand je revins leur disant mon choix, ils furent très embarrassés ; me donnant une foule de raisons ils remirent à trois jours pour me fixer.

Ils m'écrivirent alors que le terrain appartenait au second Roi, et qu'ils feraient leur possible pour m'aider à en trouver un autre.

On me conduisit, deux jours après à trois kilomètres de la ville, rive gauche dans une véritable forêt, et on me demanda si j'accepterais qu'on me débroussaillât ce terrain, je fis semblant d'hésiter et finis par dire qu'il était un peu loin et trop isolé, et sans reparler de celui de la rive droite, de crainte qu'on ne vit que j'y tenais, je déclarai que j'attendrais de trouver mieux.

Le lendemain les kaluongs m'annoncèrent qu'ils avaient décidé de m'installer dans une maison construite pour M. Mac-Carthy. Le topographe anglais au service du Siam dont j'ai déjà parlé avait accompli sa mission pendant que j'étais retenu à Xieng-Maï et il était parti pour Bangkok avant mon arrivée à Luang-Prabang.

Cette installation est au bord du Nam Khann et toute provisoire, car la crue forcera bientôt à la démolir, mais j'y serai bien.

Mon emménagement s'y trouva vite fait, quelques heures après j'y étais chez moi.

Luang-Prabang, 25 février 1887.

Fig. 19. — En route pour la tombe de Mouhot. — Pêcheries sur le Nam Khann.

Il faut quatre et même six hommes pour monter du rivage au marché ce poisson colosse, le Pla Bœuk dont j'ai, en venant de Xieng-Sen, dit un mot de la pêche et pour la capture duquel de grands filets sèchent ici, tout au long de la plage.

Au Cambodge où je l'ai déjà vu, il est : Roi des poissons! Lorsqu'après la saison pluvieuse, il y arrive, remontant le Mé-Khong, il est gras à ce point, qu'on s'en empare surtout en vue de l'extraction de l'huile. Continuant le voyage, le rude exercice de la montée l'allège peu à peu de la graisse, et à Luang-Prabang, sa chair devenue plus mangeable, est mise en saumure par grandes provisions; mais c'est particulièrement de ses œufs, exquis lorsqu'ils sont frais et encore tendres et dont chaque femelle fournit une quantité énorme, que les riverains sont friands. Le caviar légèrement rosé de cochenille qui y est préparé porte sa réputation au delà du Laos.

Les habitants croient que les femelles seules parcourent le fleuve, et que des mâles, aux écailles dorées, les attendent au lac Tali, qu'ils ne quittent jamais.

Pendant que je regarde ces poissons sur la tête desquels se cramponne la vermine, des crustacés aplatis aussi larges qu'un pouce, et que j'admire ces pêcheurs habiles à s'emparer de bêtes grosses comme leurs barques, les gens empressés me renseignent.

Hommes et femmes, aussi curieux de me voir que moi de les entendre, font cercle autour de notre petit groupe. Ma longue barbe les préoccupe surtout, ils en déduisent mon âge qu'ils jugent très avancé. Je me garde de les fixer trouvant à l'illusion, tout avantage : considération, confiance. En la caressant, je leur dis :

Fig. 20. — Le Pla Boeuk à Luang-Prabang.

« Les ventres blancs sont vraiment des hommes courageux et hardis ; ils exercent sur le fleuve, des métiers qui demandent chaque jour le risque de la vie. Vos femmes doivent être fières, je vous fais compliment. »

Tout le monde rit ; les femmes protestent, disant qu'elles seraient seulement fières, s'ils étaient moins volages ; et l'un des vieux répond : « Nous devons à l'adresse acquise dès l'enfance, et à une longue pratique, d'être des bateliers et des pêcheurs passables. Chez nous les accidents sont rares, ils arrivent quelquefois à des fumeurs, ou de chanvre, ou d'opium, qui dans le danger même, rêvent que tout va bien. »

« — Et pourquoi se sert-on de ces hommes ? »

« Parce qu'ils s'offrent toujours, ayant le plus besoin d'argent ! »

Puis il ajoute :

« Vous ne savez donc pas que — ventre blanc — n'est plus terme élégant ici ? Les Siamois depuis leur arrivée se moquent de l'expression et de ceux qui l'emploient ! Alors on la délaisse, et ca nous est égal car on sait bien, partout, que les gens de Lan-Chang ne tatouent que leurs jambes. »

« Par exemple un changement aux usages qui ne nous plaîrait guère, serait l'introduction, dont on parle depuis que les soldats sont là, de la mode siamoise pour les femmes, de porter leurs cheveux coupés courts. Vous venez de Bangkok, savez-vous là-dessus quelque chose de certain ? Au Siam on imite l'Europe, les femmes de votre pays auraient-elles donc la tête tondue ? »

— En Europe comme à Luang-Prabang la chevelure est le bel ornement des têtes féminines. Je ne puis croire qu'ici, femmes et jeunes filles, veuillent y renoncer. Comment porteraient-elles les jolies orchidées que j'y vois chez chacune de celles dont les yeux m'interrogent ?

Le soupir général accueillant mes paroles indique qu'on n'est pas rassuré et que si la coutume siamoise doit prévaloir, ce n'est pas de bon cœur qu'on s'y résignera.

Le second kaluong rencontré par hasard, me dit :

« Les femmes du Roi, et celles de quelques princes, ont déjà accepté cette mode distinguée ! Ne trouvez-vous pas qu'avoir la tête libre, est préférable au port d'un fardeau si pesant et si chaud ? »

Ce kaluong semble plutôt contrarié des causeries familières, que ma manière d'étudier le pays, l'appareil photographique en mains, fait naître avec ceux, qui toujours aimables et respectueux, se groupent pour me voir.

Il m'a choisi un Laotien comme guide de promenade, et je sais qu'il a interdit à tous l'entrée de ma maison — de crainte qu'on ne me dérange.

Parlons un peu de cet agent.

Bien instruit dans la tradition et les usages administratifs du Siam, il a déjà eu quelque frottement avec des Européens. Nos relations sont correctes. J'aurais volontiers essayé d'en avoir de tout à fait amicales s'il n'avait eu de moi, une défiance touchant à la terreur !

En le voyant prendre des précautions pour m'isoler du Roi, des chefs, des habitants, je me suis demandé s'il ne craignait pas que je ne cherche à accomplir, avec leur assistance, quelque acte inattendu qui ruinerait sa carrière !

J'ai trouvé autrefois, dans le sud du Siam, tant d'ennuis sur ma route, que pour en éviter d'autres je fais tout le possible, disposé à remercier d'avance, les mandarins qui sans m'aider, me laisseraient l'espoir qu'ils ne m'en créeraient point. Aussi, quels regrets n'ai-je point de n'être pas compris de celui à qui j'aurai surtout affaire, et de le voir considérer ma franchise comme un piège !

Sans espoir de le convaincre, je lui disais un jour : « Les collections d'insectes, de coquilles, la recherche des inscriptions anciennes, l'étude des usages locaux, la photographie que vous me voyez faire, ce sont mes distractions en marche, je m'en acquitte par goût, non pour vous dérouter comme vous semblez le croire. Toute ma diplomatie consiste à dire la vérité. En ne me croyant pas, suivant que le veut l'éducation d'ici, vous vous embrouillez dans d'invraisemblables suppositions. Si je m'attriste de votre erreur, vous paraissez triomphant comme ayant vu clair dans mon jeu. Si un sourire m'échappe, né de votre attitude, vous voilà de suite déconcerté. Je suis bien désolé, car vous me gênez fort, et sans profit pour vous, avec vos précautions. Le but de mon voyage n'est-il pas su de votre Gouvernement ? même les journaux l'ont répété, les nôtres comme les vôtres. La France est maîtresse d'une colonie nouvelle dont l'état de guerre, intérieur, l'empêche de faire étudier les confins. Tentant de passer d'ici vers elle, j'aurai l'occasion d'examiner ces régions, je vous demande simplement de m'aider en me montrant les limites, communes avec les nôtres, des terres que le Siam déclare siennes ? »

Il restait silencieux, et le premier kaluong disait : « Notre chef le Chao-meun connaît la question des frontières mieux que nous, c'est lui qui vous l'expliquera. »

Son embarras faisait naître mes soupçons et je pensais :

« Vos soldats j'en ai de plus en plus le doute, font campagne dans des pays où Siam n'a rien à voir. Même, ici où nous sommes, je sens que vos droits ne sont pas établis. Voyant que je ne renoncerai pas à la course qui me permettra d'éclairer mon pays, vous craignez d'être pour quelque chose dans son accomplissement. Comme vous serez soulagé au retour du Chao-meun.

Le Phya Kiabann.

En attendant son arrivée, un mois s'écoula au cours duquel, conduit par le Laotien qui depuis ma présence à Luang-Prabang est de toutes mes sorties, je visitai la ville, ses pagodes et les alentours.

Le Phya Kiabann est un homme très doux ; il s'était présenté en tremblant. Le rôle dont le kaluong l'avait chargé et que je pressentais double, ne le rassurait pas. Je m'efforçai de le tranquilliser, le félicitant d'être aimé du Roi qui m'avait fait l'éloge de son caractère et de sa droiture. Sûrement nous serions contents de nos relations. Il s'habitua vite, et me fut utile.

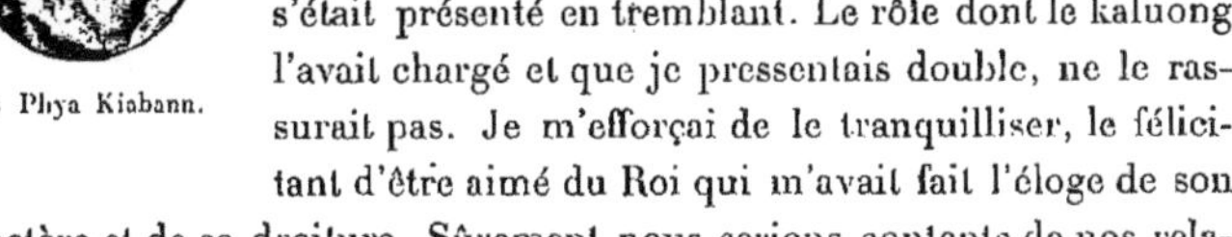

Ma première course avait été la visite au village de Peunom où la dépouille de notre compatriote Henri Mouhot repose depuis trente ans. J'y allai avec mon personnel sur les petits chevaux du Roi par le sentier abrupt du bord gauche du Nam Khann, ne me lassant pas, pendant les deux heures du trajet, d'admirer des paysages exquis, et les pêcheries du plus gracieux effet barrant par endroits la rivière.

Pendant que le chef faisait dégager de la végétation qui l'avait repris, le coin de forêt où se trouve la tombe, les anciens parlaient d'une façon touchante du voyageur mort. Pieusement ils disaient : « Il se plut chez nous, nous l'avons aimé ; entouré de nos soins il s'est éteint, pleuré du village ! Maintenant protecteur de Peunom il revit dans ses habitants ! » Et ils ajoutaient, attention charmante, « Plusieurs de nos familles ont ramené, il y a vingt ans, des Sip-Song Pahn na, partie du bagage de la mission Doudart de Lagrée. Quittant leur pays pour chercher à vivre à Luang-Prabang, elles en avaient rempli barques et radeaux, comptant qu'un bon accueil les récompenserait de leur obligeance. Le Roi, très content en effet, le leur témoigna ; groupant dans un même village tous ceux ayant servi des Français, il les plaça ici, leur donnant dans les environs autant de rizières qu'ils purent cultiver. Pensez combien aujourd'hui, vous voir parmi nous, nous comble de joie ! »

Fig. 22. — Emplacement de la tombe d'Henri Mouhot.

Ils me voyaient surpris, charmé, ému de les entendre, me devinaient simple, me sentaient séduit. Le sol étant débroussé, ils se retirèrent pour que je fusse seul, se félicitant tout bas de ma venue comme de la conséquence de mérites passés.

De la tombe érigée par Néïs quatre ans avant, un débordement du Nam-Khann n'avait laissé, en marquant la place, que des débris de briques.

Je m'entendis avec les chefs du village, pour la construction d'un monument durable, et d'une maisonnette pouvant abriter, le temps d'un repas, les visiteurs dont le but serait de venir saluer à sa dernière demeure, le bon voyageur qui au Laos fit le premier aimer le nom Français.

Quelques jours plus tard, un midi, je reçus la visite d'un chef de pagode. Défense étant faite d'entrer dans ma case sans l'agrément d'un des kaluongs, je ne voyais guère que leurs envoyés. Je me souciais peu de relations dans ces conditions. Mais il insista.

Supérieur de la bonzerie de Wat-Maï, il est ami du vieux Roi, qui dans une foule de cas, prend son avis, réputé très sage, et l'a engagé à venir me voir.

Rappelant la traversée de sa pagode par ma petite troupe, au débarquement, il me dit :

« Je formais sans cesse, depuis ce jour-là, le souhait de vous voir assis près de moi devant ma cellule. J'ai gardé de votre passage, de votre salut une impression forte qui me tourmentait comme une obsession; je voulais venir, parler avec vous, mais je n'osais pas; notre Roi Ounkam m'y a décidé! »

Fig. 23. — Le Satou de Wat-Maï.

Je m'excusai d'avoir attendu qu'il vînt le premier. J'avais déjà vu quelques-uns des temples nombreux dans la ville; pressé par le temps, il m'avait fallu remettre à plus tard la visite plus longue réservée à lui et à sa pagode.

Avec complaisance, je me laissai questionner sur moi-même, amusé qu'il s'intéressât à d'enfantins détails, et supposant que le vieux souverain avait désiré savoir l'avis de son ami et confident sur celui, qui pour la France, entrait ainsi subitement en scène dans sa capitale.

Lui faisant l'éloge de son Roi, qui me paraissait un prince excellent, chéri de son peuple, aimant ses sujets, je lui dis combien, de retour du Tonkin, j'aurais de plaisir dans des conditions de relations plus simples qu'aujourd'hui, à l'aller revoir ainsi que son fils, et à les entendre parler du Lan-Chang.

Puis je lui demandai s'il me serait possible de connaître les histoires de Nang Hou, du Yack Teney et de Rothisen dont, depuis Pak Hou, les noms me furent dits, et les chroniques anciennes qu'il pouvait avoir dans sa collection.

« Pour les premiers livres, il sera facile de vous les fournir, quant aux chroniques », alors il parla plus bas et comme craintivement, « le Roi les possède, si les kaluongs les lui demandaient, il les prêterait. »

A son regard discret, entendu, je compris qu'une consigne précise devait être donnée. Du regard aussi, la tête inclinée, je le remerciai,

Pour le moment, savoir qu'une histoire écrite, du pays, était conservée, sans doute précieusement, me suffisait bien.

Alors comme content de trouver dans la visite faite, l'impression souhaitée, il se leva, disant pour se retirer : « Nous savons déjà à Luang-Prabang que vous êtes ami du Laos, que son climat, craint de l'étranger, même des Siamois, ne vous effraie point; que vous êtes aimé de vos serviteurs qui vous appellent père et vous sont dévoués; tous nous sommes heureux de vous voir ici.

Souriant, je regardais tandis qu'il parlait, Ngin complice probable du compliment qu'il traduisait avec conviction.

Le bonze avait le visage sérieux d'un homme satisfait de l'achèvement d'une obligation qu'il avait pu craindre ne pouvoir remplir.

Comme il s'en allait, il me pria de lui confier quelques jours une de mes chaises pliantes à coulisses, pratiques en voyage. Il en voulait faire une en tout semblable. Il se chargea ensuite d'arranger ma boîte à musique qui ne marchait plus.

Je pensai que c'étaient prétextes pour me revoir, mais peu de temps après, je sus qu'habile en mille choses il avait réussi ces petits ouvrages.

Quand j'eus l'occasion je fis son éloge au vieux Roi Ounkam qui simplement dit :

« C'est un homme précieux, de sage conseil et je l'aime beaucoup. »

« Comment devrai-je l'appeler ? »

— « Simplement : Satou. Satou de Wat-Maï. »

Vers ce temps, j'appris qu'en ville, on racontait tout bas, en se montrant inquiet des conséquences possibles de l'événement, le passage en barque devant Luang-Prabang, de quatre jeunes gens enchaînés, enlevés par le chef siamois dans un canton du nord, et dirigés par son ordre sur Bangkok.

Le kaluong interrogé par moi, ne savait rien.

C'est alors que le Chao-meun arriva enfin !

Luang-Prabang, 12 mars 1887.

Fig. 24. — Débarquement des troupes siamoises.
Au fond sur la rive droite, terrain marqué par un toit blanc où je voudrais installer ma maison.

La lettre, que j'écris à la hâte aujourd'hui, partira ce soir. Elle montrera la situation sous un aspect un peu différent.

Il y a huit jours, le premier kaluong ayant reçu avis que le Chaomeun Vaï-voronat, chef des troupes siamoises était près d'arriver à Luang-Prabang, partit à sa rencontre. Je ne connus ce départ que le lendemain.

Avant qu'il n'eut lieu, nos premières idées l'un sur l'autre s'étaient, je crois, transformées peu à peu en sympathie mutuelle. Aussi bien ce vieux fonctionnaire ne paraissait pas remplir avec plaisir à mon égard un rôle difficile ; il laissait la besogne à son second qui, venu de Bangkok, et ayant reçu des instructions directes, pouvait plus facilement parler sur les questions que mon voyage avait fait apparaître.

Lorsqu'il eut été bien reconnu, par eux deux, que mon attitude était très correcte, le premier s'était particulièrement relâché de sa réserve.

Quelques petites attentions pour ce vieillard, qui en combattant autrefois les Hos en aurait reçu deux balles dans le corps, avaient achevé de nous faire amis. Je pouvais donc espérer qu'il disposerait favorablement le soldat de Siam, et que la question de mon voyage au Tonkin, dont il avait été beaucoup parlé dans nos conversations, lui étant soumise serait appuyée.

Fig. 25. — Le Phya Sukhothay, premier kaluong, sa fille et ses serviteurs.

J'ai alors su, par mes gens et par ce que je voyais, qu'on préparait à Luang-Prabang un accueil brillant au chef et aux soldats, que la population était invitée à les saluer lorsqu'ils passeraient sous les arcs de triomphe en préparation, et que les chefs des principales bonzeries, installés sur une estrade ombragée de feuillage, les remercieraient d'avoir sauvé le pays et assuré la paix des frontières.

J'ai dit au second kaluong, mon désir de prendre part à cette manifestation et d'être des premiers à saluer ceux-là qui venaient de combattre les mêmes ennemis que la France. Cette proposition bien accueillie, il a été convenu que je me rendrais avec lui au débarquement où nous nous joindrions au Roi et aux princes, qui devaient, tous réunis, complimenter l'officier vainqueur sous un arc dressé sur la berge.

Le jour fixé pour la fête fut gâté par une pluie torrentielle. Les troupes n'attendirent pas l'heure fixée, et marchèrent vers leur camp, sitôt qu'elles furent à terre.

Profitant d'une éclaircie, le kaluong et moi nous nous rendîmes à cheval au logement du colonel.

Il venait d'y arriver. Les soldats formaient les faisceaux. Tous les princes en grand costume entouraient le chef. A ce moment nous fûmes signalés, la foule était si grande aux abords du camp qu'on devait conduire nos chevaux par la bride. Des officiers nous firent entrer.

Je vis avec grand plaisir que le colonel était chevalier de la Légion d'honneur, et avait donné à notre décoration, la première place sur sa poitrine.

A mes compliments sur sa campagne, il répondit d'une façon aimable qui me donna l'espoir d'arriver à un bon résultat pour mon voyage.

Fig. 26. — Estrade pour les chefs de bonzeries.
Mes secrétaires : Yem, Ngin. — Le premier kaluong et sa fillette. Officier siamois.

Le soir, son lieutenant-colonel vint m'annoncer sa visite pour le lendemain.

J'offris de photographier le passage des troupes sous l'arc de triomphe ainsi que leur débarquement, et il fut convenu que l'opération aurait lieu le surlendemain.

Au jour dit, les soldats ramenés aux radeaux, en sortirent à l'appel des clairons.

Je pus dans la même vue qui les représenta, faire figurer la partie de la rive droite du fleuve sur laquelle, entre les collines Rothisen et Nang Kangrey, le toit blanc de l'abri d'une pirogue de course, marque l'emplacement du terrain sur lequel je suis désireux d'installer ma maison.

Ils défilèrent ensuite, vêtus à l'européenne de costumes de cotonnade bleue, coiffés de casques blancs, sous l'arc de triomphe habilement fait

Fig. 27. — Arc de triomphe à l'entrée du camp.

de bambous recouverts de carton en pâte de mûrier, et orné de draperies et de feuillage, d'après un modèle envoyé tout exprès de Bangkok.

Je complétai cette collection de photographies par les portraits du chef et de ses officiers.

A la visite qu'il me rendit, le Colonel déclara qu'il avait pleins pouvoirs et qu'il ne désirait rien tant que me voir rapidement satisfait sous tous les rapports.

Le jour même il fut convenu : que mon départ vers le Tonkin se ferait avant le sien pour Bangkok où il allait rentrer avec ses soldats ; qu'il me donnerait tous les renseignements nécessaires pour le choix de la route à suivre, et me montrerait ses documents géographiques.

Il me promit de régler la question d'un terrain, et de me procurer un

Fig. 28. — Entrée des troupes siamoises.

entrepreneur pour la construction d'une maison qui pourrait être mise debout pendant mon absence.

La réserve des kaluongs diminua un peu quand ils eurent reconnu l'attitude du Chao-meun Vaï-voronat. On m'expliqua qu'on était petits, qu'il était tout, qu'à Bangkok on l'approuverait toujours, etc.

Le lendemain il me montra ses cartes, me renseigna sur les routes, et il fut entendu que je pourrais partir de suite, la saison avancée ne permettant aucun retard. Je serais accompagné par un chef laotien et un officier siamois, le Koun pha.

Pour ce qui concerne la construction de la maison on ne peut songer en ce moment dans cette région à faire bâtir en maçonnerie. Ce n'est pas l'habitude, je ne trouverais pas d'architecte. La maison du Roi, celles des princes sont de superbes cases laotiennes en bois dur. Leur durée peut être considérable, leur entretien est peu coûteux. J'ai adopté le type de la maison de l'ancien second Roi. La construction pourra être menée assez vite pour être terminée vers novembre prochain, époque à laquelle j'espère être de retour à Luang-Prabang.

Fig. 29. — Le Colonel et ses Officiers.

Je déposerai la somme qui sera demandée comme prix, entre les mains du Colonel.

A quoi dois-je attribuer les bonnes dispositions du chef de l'armée siamoise ? A-t-il reçu des instructions nouvelles de Bangkok ? Sait-il des choses que j'ignore ? A-t-il liberté d'action, et notre court contact a-t-il décidé un changement aussi complet à mon égard ? Je ne sais, mais je soulignerai une phrase qu'il a prononcée à propos de mon retour du Tonkin.

En raison de la difficulté de ramener à Luang-Prabang l'officier siamois qu'il mettait à ma disposition, il me priait de le garder avec moi jusqu'au Tonkin, je lui répondis :

« Il vivra avec moi, je le traiterai comme mon enfant. Il est possible que je revienne par Bangkok, dans ce cas je l'y ramènerai ».

Som et ses deux compagnons.

J'ai ajouté : « Je gagnerai ensuite Luang-Prabang par Pitchay, crainte d'un retard comme celui que j'ai éprouvé à Xieng-Maï ».

Il a alors souri en disant : « Soyez tranquille vous serez aidé par le Gouvernement siamois quand vous reviendrez. »

M'étant gardé de me plaindre du Gouvernement de Bangkok, ces paroles m'ont laissé penser que je n'étais pas trompé en lui attribuant mon long séjour à Xieng-Maï.

L'officier siamois emmènera deux serviteurs, j'aurai trois domestiques et mon personnel cambodgien sauf Som, que je laisserai à Luang-Prabang à la garde de ma maison avec deux laotiens ventres noirs, recrutés pendant mon séjour à Xieng-Maï.

D'après le colonel, la région occupée par les bandes chinoises s'étend tout le long de la Rivière Noire jusqu'à sept ou huit jours dans l'intérieur du pays au sud. Je n'irai pas me jeter aveuglément dans leurs campements. Je tâcherai de joindre la prudence qu'il faut à l'audace nécessaire, et j'ai la conviction qu'avant que ce courrier n'arrive à destination le télégraphe aura donné la nouvelle de mon arrivée au Tonkin.

Luang-Prabang, le 13 mars 1887.

Le Chao-meun m'a produit l'impression la plus favorable. Aucune comparaison avec les fonctionnaires siamois ou laotiens que je connais, ne saurait se faire. Jeune, alerte, intelligent, instruit, plein d'aisance et d'aménité, il me semble bien mériter l'élogieuse réputation qu'on lui a faite auprès de moi. Il est incontestablement d'une tout autre école que ses prédécesseurs et la plupart de ses subordonnés ; et l'on voit tout de suite que s'il impose à ceux-ci sa manière, elle n'est pas du tout dans leur note.

Paraissant comprendre mon rôle, il semble y trouver avantage et n'imaginer pas de meilleur témoin de sa conquête que moi. Il ne tenta que pour la forme de me dissuader de mon voyage : en objectant les pluies qui allaient rendre les chemins difficiles et le climat dangereux, et la présence des bandes chinoises soumises cependant pour la plupart à son autorité.

Il est entré dans quelques détails sur les expéditions dont le but et le résultat auraient été la pacification par lui des deux régions : Houa panh ha tang hoc (mille sources, cinq et six cantons) et Sip-song chau thaïs (douze cantons thaïs) à l'est et au nord de Luang-Prabang, tandis qu'un de ses collègues opérait dans le même sens au pays Pou Eun.

D'après lui, la première expédition peut se résumer ainsi :

En 1884, des envoyés du Siam levèrent, dans les régions de Luang-Prabang et de Nongkay, des gens avec lesquels ils allèrent dans le pays Pou Eun, à Tong Xieng Kham, assiéger, dans leurs retranchements, les Hos, qui avaient poussé leurs incursions jusqu'au Mé-Khong. Repoussés après trois mois d'insuccès, ils durent, ayant perdu beaucoup de monde, s'en retourner, laissant les Hos maîtres de la contrée.

En octobre 1885 une nouvelle colonne fut organisée mais elle ne trouva plus les Hos dans le pays ruiné.

Pour l'autre expédition une colonne forte de huit cents hommes partit de Bangkok en ce même mois d'octobre 1885 sous sa direction. Elle devait opérer dans les régions de l'est et du nord de Luang-Prabang. Quand approcha la saison des pluies elle quitta cette dernière ville pour aller hiverner à cent cinquante kilomètres dans le nord-est, sur le plateau de Muong Son, dont l'altitude est de douze cents mètres. Surprise par un climat très différend de celui du delta siamois, elle y perdit par la fièvre le tiers de son effectif.

Le Chao-meun Vaï-voronat.

Pendant son séjour, le Chao-meun tenta de chasser les Hos cantonnés sur plusieurs points ; il essuya un échec d'un côté, perdant un officier, et d'un autre convint d'un arrangement avec les bandes qui, maintenues dans leur situation, reconnurent l'autorité du Siam.

Il connut, au cours de cette période, Thuyet, l'ex-régent de l'Empire d'Annam, en fuite de Hué depuis le 5 juillet 1885, dont il favorisa la retraite vers Muong Laï[1].

La belle saison revenue, il conduisit sa troupe à Muong Theng où il séjourna du commencement de décembre 1886 au milieu de février suivant, imposant la reconnaissance de l'autorité du Siam aux chefs des territoires, s'entendant avec la plu-

1. Après l'insuccès du guet-apens de la nuit du 4 au 5 juillet 1885 contre la concession française de Hué et contre nos troupes, Thuyet s'était enfui ainsi que le jeune empereur Am-Nghi. Celui-ci fut repris, mais Thuyet parvint à se réfugier au Laos.

part des chefs de bandes chinoises à qui, comme aux chefs du pays, il conféra des titres siamois, et organisant une milice de deux cents hommes pour assurer la sécurité.

Considérant alors sa campagne comme terminée, il revint à Luang-Prabang qu'il comptait quitter avant les pluies pour rentrer à Bangkok.

Il estimait en effet que sa troupe ne pourrait supporter une seconde mauvaise saison dans le pays et que d'ailleurs sa présence n'y était nullement utile.

Quoique considéré à Luang-Prabang, comme un chef vainqueur il convenait qu'il n'avait livré aucun combat, son rôle s'étant borné à une série d'accords.

Comme garantie de la fidélité des pays soumis et des bandes, il était suivi d'un grand nombre d'otages.

Sur la carte dressée par son service, qu'il me communiqua, il fallait aller chercher les confins de l'Annam et du Tonkin, au delà des limites de ces deux régions des Sip-song chau-thaïs et des Hua panh ha tang-hoc, « dépendances » me dit-il, « de la principauté de Luang-Prabang dont la France reconnaîtrait la sujétion au Siam par la Convention en ce moment soumise à la ratification de son parlement. »

Et comme pour arrêter toute observation :

« Le grand prince annamite, Thuyet, oncle de l'Empereur déchu par les Français, m'a lui-même reconnu la possession de ces territoires, lorsque fuyant son pays avec mon assistance, il les a traversés pour gagner Muong Laï ».

Me voyant particulièrement intéressé :

« Il faudra prendre garde, dans votre voyage, à cet ennemi des Français ; il doit se tenir vers la limite chinoise de Muong Laï, le plus occidental des cantons siamois. »

Préférant ne point engager la conversation sur le sujet délicat des limites territoriales, je lui dis simplement que loin de craindre Thuyet, je serais désireux de le rencontrer ; puis je demandai si, en arrivant à Luang-Prabang, il n'avait pas trouvé dans son courrier, quelque nouvelle relative à l'acceptation par la France de cette Convention à laquelle il venait de faire allusion. Il ne savait là-dessus, rien de plus que moi.

Inquiet d'abord devant l'assurance du brillant soldat du Siam, j'ai conservé ma tranquille confiance à la réflexion que notre Gouvernement ne règlera certainement pas cette question de la Convention, avant d'être en possession des renseignements que je vais bientôt pouvoir lui fournir.

Fig. 32. — Pavillons noirs et Pavillons rouges de la suite du Chao-meun.

L'idée des relations que Thuyet avait pu avoir avec le Siam après l'affaire du 5 juillet 1885, m'a hanté quelques jours; mais j'ai fini par penser que la présence des troupes siamoises à Muong Son, à l'époque de sa fuite, n'a été qu'une coïncidence, ayant donné lieu à ces deux faits : L'ex-régent a parcouru, de Hué à la frontière de Chine, 800 kilomètres avec l'assistance de l'autorité siamoise précisément entrée en scène à ce moment dans le pays ; et indication qu'elle n'a sans doute pas de meilleur titre, celle-ci tire argument de la reconnaissance par le proscrit, de l'état de choses qu'elle vient d'établir.

Quand le moment de mon départ a été proche, le colonel m'a donné copie de la carte qu'il m'avait montrée, en ajoutant, peut-être comme excuse aux prétentions qu'elle indiquait :

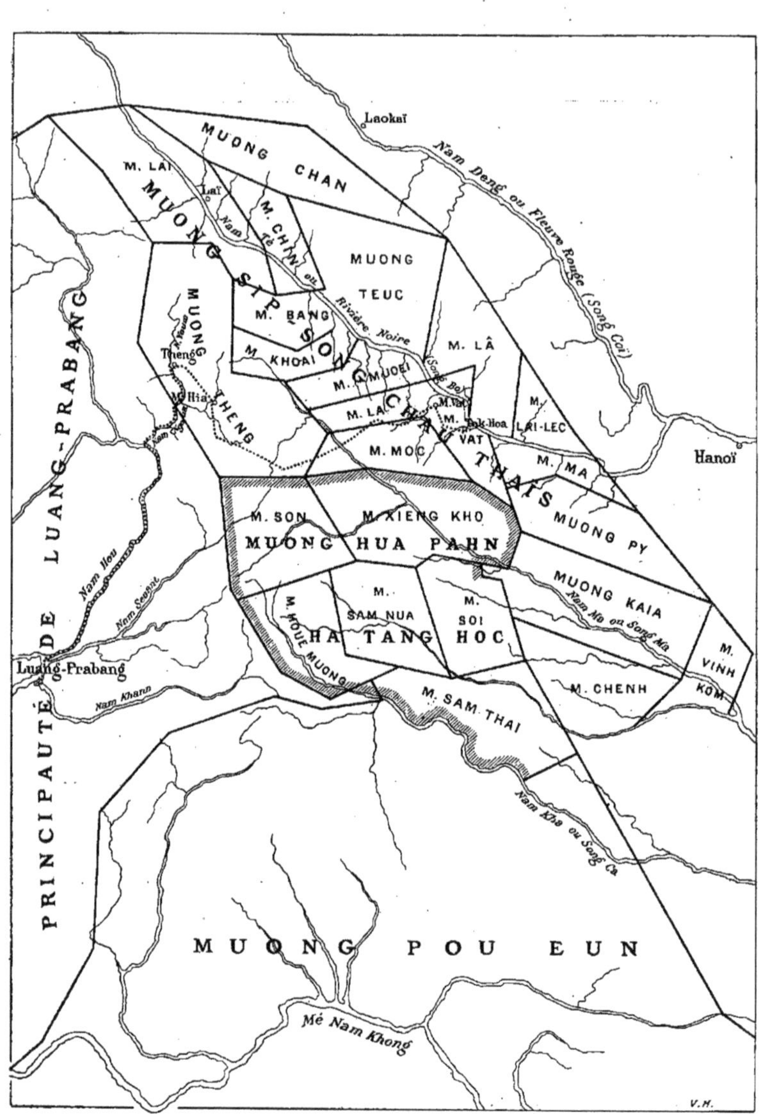

Carte des prétentions du Siam dans le Nord-Est 1887.
.... Projet d'itinéraire de Luang-Prabang au Tonkin.

« Dans tous ces cantons on ne sait que le thaï, langue du Siam, vous n'entendrez parler annamite que dans les environs d'Hanoï. »

Comprenant d'après ce qu'il m'avait dit de Thuyet, que dans les territoires que je parcourerais, aussi bien ceux pouvant relever de l'Annam

Fig. 34. — Monument pour la crémation de la mère du second-Roi.

que les autres, le mot serait donné de me dire qu'on dépendait du Siam, mon parti fut dès lors pris de ne m'étonner de rien en cours de route.

Le matin de mon départ il me dit : « Ne voulez-vous pas que je vous prête quelques fusils ? »

Je lui répondis avec la pensée que j'allais être fixé sur le degré de sécurité du pays : « Si vous croyez qu'il soit nécessaire d'être mieux armé que je ne le suis, je vous en demanderai, sinon je pars confiant dans vos renseignements. »

— « Alors partez, je suis convaincu que la route n'est dangereuse qu'à cause des tigres ! »

De grands préparatifs étaient faits en ce moment pour la crémation de la mère du second-roi, morte depuis longtemps déjà. La cérémonie avait été retardée afin de permettre au Chao-meun d'allumer le bûcher.

Le monument funéraire, modeste réduction de ceux qu'on construit pour de plus grands princes, se composait d'une sorte de dais supporté par des montants en bambous dissimulés sous de longues bandes de cotonnade. Il mesurait 18 à 20 mètres en hauteur, et abritait le bûcher sur lequel reposait le cercueil qu'un couvercle élégant, gracieusement orné, recouvrait en entier. Le bûcher, de forme architecturale, était caché sous des draperies de soie. Une clôture en bois entourait l'espace réservé au cortège. Pour le passage de celui-ci, un chemin en bambous nattés, recouvert de tapis du Yunnan avait été disposé. Il atteignait le monument non en face même du bûcher, mais sur sa gauche, suivant les rites. Il en faisait le tour pour aboutir à une sortie, du côté opposé à l'entrée, en arrière de laquelle étaient élevées les tribunes en feuilles de palmier, réservées à la famille et aux invités.

Prié à la cérémonie, j'allai, aux côtés du Roi avec le colonel, vers le bûcher que nous enflammâmes.

Pendant plusieurs jours, les fêtes funèbres, luttes, combats à la lance et au bâton, boxe, jeux divers, représentations des théâtres ambulants, se succédèrent à la grande satisfaction du peuple accouru des villages voisins.

Luang-Prabang, 27 mars 1887.

Mon itinéraire fixé d'accord avec les autorités du pays se divise en deux parties : 1° course en pirogue, 2° voyage à pied. Il est le suivant :

1° Remonter le Mé-Khong, prendre son plus grand affluent le Nam Hou jusqu'au Nam Ngoua, rivière torrentueuse à fort débit le joignant sur sa gauche ; gagner en parcourant la majeure partie de ce cours d'eau, le Nam Youm son affluent de droite ; laisser le Nam Ngoua venant de l'est, et aller à l'extrémité navigable du Nam Youm, rencontrer Muong Theng non loin de la ligne de partage des eaux du Mé-Khong et de la Rivière Noire.

2° A Theng prendre la voie de terre, redescendre au sud-est vers Muong Hia, village sur la partie haute du Nam Ngoua, se diriger ensuite à l'Est jusqu'à Tak-Hoa, sur la Rivière Noire, à trois ou quatre journées de son confluent avec le Fleuve Rouge.

A première vue, l'examen de la carte par renseignements que j'ai établie, m'a porté à demander s'il ne serait pas préférable de laisser le Nam Hou à Muong Ngoï pour de ce point, gagner Tak-Hoa par terre.

La réponse du fils du second Roi a été, que la question importante après la voie fluviale quittée, est l'organisation du convoi. A Ngoï, on trouvera certainement des porteurs pour deux ou trois étapes, mais au delà, rien n'est sûr. Il faut des gens habitués à parcourir les montagnes, à Theng seulement on les recrutera. Là sont les chefs de toute la région, à ce point unique, on aura des renseignements sérieux sur l'état des cantons à parcourir.

Le but de la marche étant de trouver une voie pratique unissant le Mé-Khong au Tonkin, à ces raisons en faveur de Theng, s'en ajoutait une autre, née de l'étude de la carte et des renseignements fournis avec pleine assurance par les gens faisant de longue date le négoce dans les hauts pays :

Si les cours d'eau ci-dessus sont en toute saison navigables jusqu'à Theng, point rapproché de la Rivière Noire et en relations avec elle par plusieurs directions, ce centre deviendra le noyau de l'exploration, qui se réduira à le relier au Tonkin.

Bientôt cette solution n'a plus fait doute pour moi.

La montée en barque chargée, de Luang-Prabang à Theng, est estimée devoir durer un mois. La descente pour une pirogue à vide, portant par exemple un courrier urgent, demande une semaine. La petite colonne de troupes siamoises qui vient d'arriver récemment du nord, a mis — fin mars — quinze jours pour la même descente, sur de grossiers radeaux en bambous.

Deux autres points politiquement importants ont aussi été l'objet de mon attention. Muong-Son, chef-lieu des Houa pahn ha tang hoc, et Xieng-Kham chef-lieu du Tran-Ninh. Ils laissaient espérer par rapport à l'est, vers l'Annam, quoique dans une proportion moindre, les avantages que paraît avoir Theng vers le nord et le Tonkin.

Il faut, de Luang-Prabang pour les atteindre, un peu moins de temps que pour aller à Theng, mais on ne peut gagner ni l'un ni l'autre en barque, désavantage considérable pour les communications à venir, en raison de la difficulté et du coût des transports.

Les renseignements sur ces deux directions, s'ils laissent entrevoir une exploration de grand intérêt, ne sont pas de nature à faire hésiter sur le choix du premier itinéraire, et lorsqu'il s'est agi de me prononcer, j'ai écarté tout d'abord les routes de Muong Son et de Xieng-Kham. La première pour cette raison qu'on n'est pas en mesure de me faire guider jusqu'à ses limites, en deçà et au delà desquelles, le pays est sur une immense étendue, désolé par des pillards. La seconde, parce que, en dehors de la question de sécurité, Xieng-Kham dépendant de Nongkay, le voyage doit être concerté avec le chef militaire siamois stationné dans cette localité. Or entre Luang-Prabang et elle, on compte un minimum d'un mois pour l'échange d'une lettre.

La saison est trop avancée pour permettre de l'hésitation ; Theng a donc eu facilement mon suffrage.

Pour ce qui est du choix de Tak-Hoa comme terme du voyage, il est imposé par ce motif que toute la région entre Theng et la Rivière Noire, est aux mains des bandes, et que seuls, les chefs de celles cantonnées sur la route proposée ayant entente avec le colonel, peuvent favoriser mon voyage s'il s'opère dans cette direction. La bonne foi de ces chefs paraît faire d'autant moins doute, que plusieurs d'entre eux, otages plutôt que volontaires, accompagnent avec leur suite, les troupes siamoises rentrant à Bangkok.

Cette voie de Muong-Hia à Tak-Hoa n'est probablement pas celle des futures communications entre Theng et la Rivière Noire ; lorsque la sécurité sera établie on aura tout loisir de se rendre compte des avantages que pourront présenter sur elle, les nombreux chemins dirigés plus au nord ; réussir à la visiter sera déjà beaucoup.

Le détour au sud, vers Muong-Hia est rendu obligatoire par la nécessité de contourner la région impraticable du massif dans lequel le Nam Ngoua et le Nam Ma ont leurs sources.

En résumé, j'ai adopté cet itinéraire parce que des trois points en vue comme centre d'exploration, Theng est le plus facilement abordable est le seul donnant espoir de succès immédiat.

Luang-Prabang, le 20 mars 1887.

Aussitôt que j'avais pu entretenir le Chao-meun Vaï-voronat de la question de mon installation, je la lui avais soumise et il m'avait annoncé qu'il allait me mettre en rapport avec un architecte laotien pour la construction de la maison.

Le lendemain nous nous rendîmes sur la rive droite. Les deux kaluongs et plusieurs chefs laotiens nous accompagnaient. Il ne fut fait aucune objection à ma mise en possession du terrain dont j'ai parlé, cependant le colonel après examen de cet emplacement, m'invita à aller en visiter un autre qui lui était indiqué comme pouvant mieux convenir.

Je compris de suite qu'on allait comme la première fois, me conduire à bonne distance des dernières cases de la ville, dans un lieu inhabité.

Un peu ennuyé de le voir recourir à ce moyen pour me montrer que les gens du pays préféraient mon installation, loin plutôt que près d'eux, il ne me resta qu'à donner la meilleure idée de mon caractère.

Nous arrivâmes en barque à un kilomètre et demi au sud de Luang-Prabang, rive droite. Berge à pic, encombrée de roches ; sol inégal, n'offrant à cause de forts accidents de terrain, point de place convenable pour une case. La forêt couvrait l'ensemble d'arbres et de broussailles.

Ce fut toute une affaire pour hisser les kaluongs, très gros, sur la rive. Le colonel et moi nous fîmes assaut d'agilité, traînant à notre suite tout le monde essoufflé.

Tous manifestèrent leur admiration pour ce lieu — bien trouvé — et cherchèrent un endroit pour s'asseoir après cette pénible escalade.

Le Chao-meun, voyant qu'il n'y avait point d'endroit convenable pour élever la maison, me dit qu'on pourrait placer le logement sur une colline rocheuse plus en arrière. Avec complaisance je me rangeai à son avis, et nous grimpâmes sur cette autre hauteur.

Chacun dut la parcourir en tous sens derrière nous. Je m'amusai à prendre des mesures au pas, à faire des calculs ! et quant au bout d'une demi-heure nous reprîmes le chemin des barques, tous en nage, étaient silencieux.

Dans la pirogue, le colonel me demanda de réfléchir avant de donner la préférence à ce nouveau terrain affectant de croire que je ne pouvais hésiter à le choisir. Je fis alors valoir tous les avantages que chacun s'était complu à lui attribuer, et finis en disant que le courant du fleuve y frappait très durement la berge, qu'on ne pourrait y débarquer de matériaux, et que je me résignais à m'en tenir au premier emplacement. Tout le monde parut soulagé et satisfait et le Chao-meun me promit pour le lendemain l'établissement des pièces nécessaires.

Ces détails montrent la situation sous son vrai jour. Ni le colonel, ni les kaluongs n'avaient auparavant vu ce lieu. En nous y conduisant, les fonctionnaires laotiens avaient ou obéi à un ordre des agents siamois ou voulu faire leur cour à ces derniers en se montrant peu désireux de voir le nouvel établissement rapproché de leur centre.

Mon choix leur donne satisfaction suffisante sous ce rapport. Le poste, placé à l'endroit que j'ai désiré, ne sera ni gênant, ni gêné.

Je pense avoir bien fait en ne laissant pas, en partant pour le Tonkin, la question de l'installation à recommencer à mon retour. Il n'est pas mauvais de préparer les autorités du pays dont les lenteurs sont la force principale, à prendre rapidement une décision quand elles traiteront des affaires avec nous.

Le colonel m'a mis en rapport avec un architecte, mais ce n'a été que pour la forme; continuant le système de restreindre mon initiative à nos propres rapports, c'est avec lui que j'ai réglé la construction, et il a voulu se charger de toutes les relations avec l'entrepreneur; je n'y ai vu que des avantages et une garantie de l'exécution des travaux.

Le contrat a été fait ce matin. J'attendais sa signature pour me mettre en route.

Aussitôt ma lettre achevée, je monterai sur ma pirogue.

Luang-Prabang, le 30 mars 1887.

2 *avril.* — Depuis quatre jours déjà la marche est commencée.

Remontant cette partie de la rivière que Néïs a relevée, assis dans l'étroite pirogue sur la natte matelassée qui me sert de couche, devant une malle légère ma table à tous usages, j'ai enfin le loisir en contemplant le défilé des rives, de consacrer les heures de route à ma correspondance forcément négligée au milieu des occupations du séjour dans la ville laotienne et des soucis de mon départ.

J'ai revu cette entrée du Nam Seuant, sans grand attrait le jour, mais dont l'esquisse du paysage nocturne a, dans mon souvenir, pour toujours été si bien placée le soir où, sous le charme de m'endormir au but, j'entendis la captivante ballade, redite à Luang-Prabang, comme tant d'autres depuis, à mes oreilles accoutumées, par clair de lune ou à nuit noire.

Pak Hou, dépassé le lendemain, restera aussi ineffaçable sous mes yeux, au bas des murailles, soulevées à mille pieds, chargées de si curieux appels au rêve !

Maintenant joyeux d'être vraiment en route, je vais au long de l'eau bleue, pieds nus sur le sable dès qu'un obstacle ralentit l'allure ordinaire des pirogues.

Cueillette de coquillages aux bords des petits affluents, chasse aux papillons et aux insectes sur les fleurs et tout ce qui est vert !

Température d'une idéale douceur.

Rameurs surtout contents de la somme à forfait.

Sous quels agréables auspices je vais à l'inconnu !

Lors du voyage suivant, je reparlerai du pays et des populations déjà présentés par l'ami qui m'a précédé.

Pour leur examen, je n'ai pas en effet, l'entière complaisance de l'officier et du mandarin qui m'accompagnent. Leurs regards jetés sur moi à la dérobée, me disent parfois l'angoisse que leur causent les instructions qu'ils ont à mon sujet. Désireux de les mettre plus à l'aise, je m'attache à ne pas les embarrasser par mes questions, et à ne pas les inquiéter en cherchant d'inutiles relations avec les habitants.

Les bateliers sur qui aucune responsabilité ne pèse, apprécient seuls ma bonne volonté et mes efforts, ils se montrent confiants et empressés.

Je ne me dissimule pas que sous des apparences aimables et dans le témoignage d'une bonne volonté point douteuse à me laisser partir, le Chao-meun a surtout eu pour but de m'amener à admettre ses vues sur les régions qu'il vient de visiter ; et qu'il désire, et qu'il espère, qu'un passage rapide, en pays tout nouveau, sous la conduite de gens stylés, dans des conditions matérielles peut-être peu commodes, ne me laissera ni le loisir ni l'occasion de me faire une idée différente de celle qu'il a voulue.

Évidemment mes conducteurs ont un rôle peu facile. Il n'est pas destiné à éclairer ma tâche ; l'expression de leur malaise m'en donne l'assurance, elle est pour moi comme un avis précieux.

De quoi sont chargées les barques de ma petite flottille ?

De provisions plutôt légères en vue du long voyage. De mon bagage réduit autant que je l'ai pu, de celui de mes hommes, de leurs armes pour la chasse, d'objets pour menus cadeaux le plus qu'il m'a été possible d'en emporter, de mon matériel photographique, etc.

J'ai surtout une tente, vrai luxe auquel je suis peu habitué, et que je retournerai par mes pirogues dès l'arrivée à Theng. Elle serait une charge embarrassante par les ravins et les montagnes, et je suis depuis si longtemps fait aux abris de feuillage, qu'il me semble excessif d'augmenter mon convoi pour la porter au delà du point que peuvent atteindre les barques.

Alors pourquoi l'ai-je au bagage ?

Question de sentiment ! Quand j'allais partir pour le Laos, il y avait à Bangkok des Européens passionnés pour le succès de mon voyage. Un

Américain, maître de plusieurs navires, me dit : « Il ne faut pas aller sans logement assuré dans les montagnes du nord où l'hiver est rude. Si vous le voulez, mes marins voiliers vous feront une tente, perfection du genre, que l'on admirera partout où vous irez. Vous fournirez la toile, et paierez la façon. » Je l'assurai que je serais tout aussi bien sous les gourbis de branches, qu'astreint à un bagage léger je ne pouvais m'encombrer d'une charge que la pluie ou l'humidité des nuits alourdirait

Fig. 35. — Le louang Pitsanoutop, second kaluong, devant ma tente.

sans cesse, il n'écouta rien. Le voyant si désireux de m'être un peu utile, j'avais cédé à son insistance.

Pour le moment cette tente sert aux campements du soir au bord de la rivière.

Elle a si bon aspect qu'à Luang-Prabang, le second kaluong à qui j'avais offert de le photographier, me demanda de poser assis en avant d'elle, son personnel à ses côtés, et le pavillon du Siam flottant en haut du toit :

« On croira ainsi dans mon pays, quand plus tard j'y montrerai mon portrait, qu'elle m'a servi d'habitation. »

3 *avril.* — La marche continue monotone. Rapides ennuyeux à cause des retards qu'ils causent plutôt qu'ils ne sont graves.

Le Keng Phè vient d'être dépassé.

C'est la région que Néïs, qui le premier remonta le Nam Hou, a sous l'influence d'une fièvre assurément très forte, vue si étrange et bizarre. C'est ce parcours d'aujourd'hui au milieu d'une nature simple en somme, qui nous a valu la page que je reproduis qu'on croirait empruntée à Poë, et à l'inspiration de laquelle n'est peut-être pas étrangère la vision de Pak Hou.

« En ce moment, il me parut que tous les rochers qui émergent du milieu du torrent ressemblaient à des statues cyclopéennes d'animaux.

Je me figurai d'abord que j'étais en proie à une illusion.

J'avais eu les jours précédents de forts accès de fièvre...

Je me recueillis, je redoublai d'attention. Non, c'était bien des espèces de sculptures que j'avais sous les yeux ; le travail de l'homme sur les contours de ces rochers ne pouvait être mis en doute.

On avait tiré parti de la forme accidentée des récifs pour essayer de représenter les animaux du pays et aussi des animaux fantastiques.

Les figures humaines étaient beaucoup plus rares.

Pendant tout le reste de la journée, c'est-à-dire sur une longueur de plus de douze kilomètres, je vis encore avec étonnement des milliers de roches taillées ainsi, avec les configurations les plus diverses.

. . . .

Les artistes qui ont accompli cette œuvre de titans ont eu visiblement la préoccupation constante de dissimuler leur travail, de manière à laisser croire que les rochers sont ce qu'ils ont été de tout temps selon les caprices de la nature.

La plupart de ces sculptures venaient d'émerger... Toutes celles dont les yeux n'étaient pas formés d'un creux bien visible avaient eu depuis peu les yeux peints en blanc ou en rouge, mais là aussi les artistes indigènes qui s'étaient livrés à ce travail récent avaient essayé de donner à leurs grossières retouches un aspect naturel et fortuit. Les yeux blancs, peints à la chaux, affectaient les formes et l'aspect d'une fiente d'oiseau de rivage, les yeux rouges étaient produits par un crachat de chique de bétel.

Je demandai des explications à mes bateliers : ils m'affirmèrent hardiment qu'ils ne voyaient là rien d'extraordinaire; mais leurs manières embarrassées et leur air effaré en me voyant insister me prouvaient bien qu'ils comprenaient ce que je voulais dire.

Dans l'après-midi, mon étonnement redoubla...

Arrivé au village de Kok Han, j'attendis avec impatience le Phya Hokong, resté en arrière. En attendant, j'essayai de tirer quelques éclaircissements du chef du village, mais celui-ci prit un air effrayé et refusa de répondre. Le Phya Hokong lui-même, lorsqu'il fut près de moi, et que je le pressai de mes questions, commença par me dire qu'il ne voyait rien d'extraordinaire, et que les rochers et les arbres qui nous entouraient lui paraissaient semblables à ceux des autres pays.

Cet air d'assurance était intolérable : je le menai sur la berge et je lui montrai à cent mètres de nous, au milieu du fleuve, un groupe remarquable composé de sept personnes dans des postures licencieuses. Le Phya Hokong fut bien obligé d'avouer qu'il distinguait là des personnages; mais il m'affirma que c'était le Bouddha qui avait créé les rochers avec ces formes, et que la main de l'homme n'y était pour rien [1]. »

. . . .

Comment le voyageur a-t-il pu éprouver une illusion aussi singulière? La fièvre, nous a valu une description rêvée, et de merveilleux dessins. Je suis d'autant plus amusé en relisant ce passage du récit de mon ami, qu'après s'être tâté, interrogé, avoir questionné les indigènes, il n'est pas désabusé; il n'a pas compris à leur air interdit, effrayé, qu'ils le voyaient malade et n'osaient le lui dire.

Ces champs irréguliers sur les montagnes, lui ont semblé de fantastiques dessins d'animaux gigantesques, tracés par les prêtres dans la végétation forte de ces régions.

Comme j'ai regardé, fouillé des yeux les monts, les rocs et l'eau, toute la journée!

Ce qui a dû aider beaucoup à l'erreur, ce sont ces amas d'œufs écarlates qu'un insecte microscopique, pond par grandes plaques sur les arbres et sur les pierres.

On croirait, à la disposition de ces croûtes rouges, voir la trace d'un fort coup de grossier pinceau. Quand les œufs éclosent, ils blanchissent. J'en avais déjà vu, de ces taches curieuses sur les rochers du haut Mékhong en venant de Xieng-Sen, je m'étais rendu compte de suite de leur composition, et me doutai bien que c'étaient là, les yeux des bêtes de Néïs.

J'ajoute que l'insecte né de ces petits œufs, ennemi de l'homme, est

1. Voir *Le Tour du monde*. Année 1885, tome II, pages 50 à 52.

cruel autant que le moustique, et qu'à cause de sa taille, la moustiquaire n'est point une défense contre lui.

8 *avril.* — Après un court arrêt à Muong Ngoï, atteint le septième jour, continuation de la montée du Nam Hou.

J'apprends par une discussion entre Ngin et Yem mes secrétaires cambodgien et siamois, que le Chao-meun aurait promis à ce dernier, dont il m'avait avec affectation, loué la parfaite écriture, une place dans ses bureaux s'il me quittait.

Le but de plusieurs demandes de Yem, de rester à Luang-Prabang avant notre départ, et depuis pour y retourner, m'est ainsi révélé. Les motifs qu'il avait invoqués alors, étaient : le manque de courage, et la présence de son fils pour qui il craignait le voyage. N'ayant qu'une confiance relative en lui, j'avais préféré laisser le cambodgien Som à la garde de ma maison.

J'ai essayé de démontrer à Yem que la promesse qui a pu lui être faite, n'a eu pour objet que la désagrégation de ma petite troupe, et que ne sachant pas le français, il ne pourrait tirer aucun bénéfice de son abandon, j'ai reconnu que mon officier siamois l'entretenant dans son idée de départ, c'était un homme perdu pour moi.

9 *avril.* — Le convoi s'est amarré ce soir près de la maison habitée par une femme laotienne mère de quatre enfants qui s'amusent autour d'elle.

Les hommes sont absents.

Elle s'offre à renseigner les bateliers sur la suite de la route, puis semblant contente comme d'une aubaine de notre arrêt forcé, elle vient au bord de ma pirogue se faisant annoncer.

D'une main elle tient un lourd régime de bananes, de l'autre un plateau plein d'oranges. Elle s'assied sur le sable, parle avec une volubilité qui assure son maintien.

Regardant ma longue barbe, elle dit savoir déjà que je suis accueillant :

« On est pauvre au bord de la rivière ; très peu de riz, et il est hors de prix. Nous n'avons que des fruits, je viens vous en offrir ».

Ne voyant pas ce qu'elle désire, je la remercie et lui demande si l'on vit bien tranquille dans son petit village.

« L'an dernier, aux hautes eaux, nous fûmes tracassés par les visites des tigres et des panthères qui enlevèrent nos chiens et même le poulain d'un voisin. Nous espérons que la saison qui vient, ils resteront où ils sont, car on ne les chasse pas, c'est dangereux, nos hommes ont d'ailleurs des fusils si peu sûrs! »

Ensuite elle s'informe de ce qu'on peut gagner à ramer sur mes barques.

Je lui donne des salungs d'argent pour chacun des petits. Elle se lève paraissant satisfaite, puis dit hésitante :

« En venant vers vous, je pensais à quelques aiguilles que peut-être vous m'auriez données, maintenant j'ose à peine en parler ayant tout cet argent! »

L'ample provision que j'ai pour le voyage me permet de la satisfaire et elle s'en va charmée de sa démarche.

Le soir elle amène les hommes qui à leur tour saluent. Ils s'étaient cachés au bord de la forêt à la vue de nos barques, craignant que comme à l'habitude on ne demandât leurs services pour changer les rameurs.

La femme est venue leur apprendre que ceux-ci sont payés largement. Alors ils n'ont plus craint d'être requis en corvée, ce qui les eût contrariés au possible, car demain, avec d'autres du village, ils doivent descendre, au marché de Luang-Prabang, un radeau de gomme-laque.

Caressant ses enfants, la jeune mère rit gentiment de la diplomatie, dont je la félicite, avec laquelle cachant son inquiétude elle sut se renseigner.

Puis les hommes prennent ma lettre pour la porter à Som qui la mettra en route.

Hat Sâ, 9 avril 1887.

D'inquiétantes nouvelles vont modifier ma marche. Pour les présenter aujourd'hui dégagées de tout autre sujet, par une occasion qui s'offre immédiate, voici dans mes notes de treize jours, ce qui y a trait.

11 *avril.* — Rencontre d'une barque montée par cinq hommes, venant de Theng, allant porter à Luang-Prabang la nouvelle que des bandes Hos sont signalées marchant sur ce point. Le phya, représentant du Gouvernement de Luang-Prabang à Theng, leur a confié la caisse (20 livres d'argent).

12 *avril.* — Les gens du village au confluent du Nam Ngoua nous disent qu'un courrier est passé pendant la nuit, porteur pour Luang-Prabang, d'une lettre du même chef, disant que les bandes signalées n'ont pas de mauvaises intentions. Elles seraient formées de gens venant demander à s'établir sur les terres libres du pays.

14 *avril.* — Rencontre d'un courrier porteur d'une lettre du même, prévenant le chef des troupes siamoises à Luang-Prabang que des bandes passant pour avoir pillé des cases isolées dans le nord du canton, il s'y est rendu avec ses hommes, que les bandes s'étaient dispersées et qu'il n'a pu les joindre.

17 *avril, à midi.* — Rencontre à Sup Teum, non loin du confluent du Nam Youm, d'une douzaine de radeaux montés par des habitants de Theng.

Dans la nuit la ville a été prise par les Hos. Il y a eu quelques coups de fusils. Le phya, les miliciens et les habitants ont fui sans vivres dans les bois. Le phya avec un petit nombre de personnes a gagné un village de montagnards Méos, puis le bord de la rivière où il construit des radeaux pour descendre vers Muong Ngoï. Tout l'armement : canons, fusils, munitions est tombé aux mains des assaillants.

Un seul des fuyards a emporté son arme.

Les gens descendent en toute hâte la rivière, parce que deux routes de terre permettraient aux Hos de couper la retraite à ceux qui se re-

Fig. 36. — Le convoi à Sup Toum.

tirent sur Muong Ngoï, l'une aboutit au village de Phya-Pahn sur le Nam Ngoua, l'autre à celui de Hat Sâ sur le Nam Hou.

Ainsi Theng où je devais quitter mes pirogues et organiser le convoi par terre pour gagner la Rivière Noire, est au pouvoir des Hos.

En quittant Luang-Prabang, j'avais compté mettre un mois pour atteindre ce centre que le Chao-meun Vaï-voronat, m'a dit entouré d'une forte enceinte, et où il a placé deux cents hommes du pays pourvus d'une grande quantité d'armes et de munitions.

Les nouvelles reçues en route m'ont fait hâter la marche, j'y serais arrivé le vingt-deuxième jour du voyage, et c'est le dix-neuvième que Theng a été pris !

Pas de renseignements sérieux sur la façon dont les choses se sont passées. Les récits ne s'appuyent sur rien permettant de parler avec certitude. Aucun des fuyards rencontrés n'a vu les Hos. Les uns disent avoir entendu la fusillade et avoir fui avec ceux qui venaient de combattre, la majeure partie convient de s'être mise en route à la seule nouvelle de l'arrivée des envahisseurs.

Chacun d'eux raconte l'affaire à sa manière, celui qui semble le plus sérieux dit que quelques heures avant l'attaque, il a été mis en arrestation, comme porteur de fausses nouvelles, par le phya qu'il venait prévenir de l'approche des bandes dont il connaissait la marche par les gens abandonnant les campagnes pour la forêt.

Le fonctionnaire laotien et l'officier siamois qui m'accompagnent, sont dans un trouble extrême, ils me représentent qu'il n'y a point à songer à gagner Theng dans de pareilles circonstances et qu'il faut retourner en arrière. Le Laotien demande qu'on revienne à Luang-Prabang, l'officier siamois se rangera à mon avis.

Je propose qu'on s'établisse à Muong Ngoï : on y attendra des nouvelles, les gens s'y rallieront, Luang-Prabang prévenu enverra des secours, et le voyage pourra continuer par une autre direction.

Cela adopté nous redescendons le Nam Ngoua.

18 *avril.* — Au lever du jour, les berges se couvrent de fuyards qui ont suivi le cours d'un torrent. Ils ne nous disent rien de précis sinon que Theng est au pouvoir des bandes.

20 *avril.* — Nous sommes à Hat-Sâ sur le Nam Hou.

Des montagnards Méos, apportent, pour Luang-Prabang, un bambou sur lequel, faute de papier, on a écrit un message. Sans nom d'auteur, la missive porte que les bandes sont maîtresses de Muong Khoaï, de Muong Doï, de Muong Hia et de toute la région au nord.

Nous nous sommes arrêtés devant la case de la famille laotienne que j'ai connue le 9. Elle était vide ! sans doute la mère, emmenant ses enfants, a fui avec d'autres habitants vers Luang-Prabang où elle retrouvera son mari, son père et ses frères.

23 *avril.* — Nous arrivons à Muong Ngoï. J'y reste provisoirement.

Fig. 37. — Muong Ngoï.

Il est possible que mon voyage se continue dans une direction toute différente, par exemple, par Muong Son.

Je profiterai des occasions pour faire connaître les événements et la résolution à laquelle je m'arrêterai.

Muong Ngoï, 23 avril 1887.

24 avril. — Le chef laotien de Luang-Prabang détaché à Muong Theng, vient de faire parvenir à mes deux compagnons, des lettres destinées au Senabody de Luang-Prabang, et une autre, qui les renseigne eux-mêmes sur la situation dans laquelle il se trouve.

Cette dernière datée du 19 avril, c'est-à-dire de trois jours après la prise de Theng, a été expédiée de Phya-Pahn, village où il dit rester en attendant des nouvelles du sergent instructeur des miliciens de Theng, disparu. Comme il ne parle en rien de l'affaire, nous restons dans l'ignorance de la façon dont les choses se sont passées.

La moitié de sa lettre raconte comment il a pu sauver le portrait du Roi de Siam. La fin dit qu'il a dû abandonner deux canons, trois cents fusils et trois mille ticaux (environ 9 000 fr.).

S'il est permis de parler d'après l'impression prise dans les villages, Theng a dû être laissé sans combat.

On ne saurait avoir idée de la crainte qu'inspirent les bandes chinoises aux populations paisibles de ces régions. Chacun songe à fuir si elles approchent, nul n'imagine qu'on puisse se défendre.

Dès l'arrivée à Muong Ngoï, voulant éviter toute discussion avec les deux chefs, mes guides, qui sont surtout désireux de me voir descendre vers Luang-Prabang, j'ai quitté les pirogues et me suis installé à terre. L'officier siamois m'a suivi.

Nous nous trouvons dans une petite enceinte pour la défense de laquelle nous avons six fusils ! C'est une situation intéressante que je n'avais pas prévue.

En ce qui concerne le voyage, je ne vois plus que Muong Son comme objectif, je pourrais de là gagner le Tonkin par terre ; j'ai prié l'officier d'écrire au Chao-meun Vaï-voronat à ce sujet.

27 *avril.* — Notre présence au milieu de la population, calme un peu la panique qui commençait à s'emparer des gens. Du matin au soir, sous le prétexte de vendre des provisions, ou d'avoir mes soins pour des maladies, les habitants emplissent la case, venant surtout chercher un peu de réconfort dans ces circonstances graves.

Ne pouvant songer à défendre leur village, ils sont prêts à se retirer dans les cavernes et la forêt, leur refuge habituel en temps troublé. Ils abandonneront leurs maisons au risque d'en causer la destruction par les envahisseurs mécontents de ne trouver ni renseignements ni vivres.

29 *avril.* — Une lettre de Luang-Prabang arrive par exprès.

Le colonel siamois y dit, que l'affaire de Theng est sans importance, que néanmoins mon voyage vers le Tonkin n'est plus possible, qu'il faut rentrer à Luang-Prabang ; partir avec lui pour Bangkok serait mieux, on reviendrait l'année prochaine.

Fort des termes de cette lettre, l'officier demande que le départ soit réglé tout de suite.

Je persiste à rester à Ngoï. Nous sommes sans nouvelles de Theng, il est possible que les bandes ne dépassent pas ce point. En tout cas mon voyage doit pouvoir s'accomplir par Muong Son ; je le prie d'attendre la réponse à une nouvelle lettre.

Il n'ose refuser.

1er *mai.* — L'officier siamois se déclare malade et part vers Luang-Prabang, entraînant mon secrétaire siamois Yem, et le malais, mon cuisinier.

4 *mai.* — Cette retraite a impressionné les gens. Le chef laotien me prévient que les habitants inquiets se retirent dans les bois, et que nos bateliers veulent fuir. N'ayant pas d'ordres de ses chefs pour marcher dans une autre direction, il se croit obligé de regagner Luang-Prabang, et me supplie de ne pas faire obstacle à notre retour.

Je me rembarque et nous partons.

Partout sur le Nam Hou, l'alarme est depuis longtemps donnée. Les populations si tranquilles le mois d'avant, à mon passage, regardent comme hébétées les pirogues défiler. Des villages déclarent qu'ils vont fuir, d'autres, qu'ils vont rester ; n'ayant jamais fait de mal à personne les habitants ne peuvent croire qu'on leur en puisse faire.

L'officier siamois Koun Pha.

10 *mai.* — Arrivée à Luang-Prabang.

Le Chao-meun est depuis cinq jours parti pour Bangkok avec tous les soldats.

Il a emmené en outre des chefs des pays conquis et des chefs des bandes Hos, amenés du nord : les fils aînés du Roi et du second Roi, trente jeunes gens de la famille royale ou fils des premiers mandarins, et plusieurs hauts fonctionnaires !

Cette suite, en réalité, forme des groupes d'otages qui lui répondent de la fidélité : des nouveaux territoires, des bandes chinoises qui y sont stationnées et avec lesquelles il s'est arrangé, et de celle même de la principauté de Luang-Prabang. Elle figurera dans son cortège triomphal lorsqu'il se présentera au Roi de Siam.

Le premier kaluong est aussi parti avec lui, de même que l'officier siamois mon compagnon et les deux hommes qui m'ont abandonné !

Seul le second kaluong est encore là, et c'est à cause de moi !

Le Chao-meun persistant à déclarer que l'invasion est localisée à Theng, l'a chargé de m'expliquer qu'il était préférable de rentrer à Bangkok. Le kaluong s'acquitte de son mieux de sa mission :

La mauvaise saison est commencée, m'a-t-il fait remarquer, si je reste je serai immobilisé jusqu'en novembre, si je consens à partir, il sera mon compagnon, la route se fera sans ennuis. Dans un mois nous serons au but. Nous éviterions ainsi la période des pluies particulièrement dangereuse ici pour l'étranger. Au beau temps, on reviendrait avec le Chao-meun.

En refusant d'être de son avis, je sens combien je le rends malheureux, mais ne voulant pas le laisser un instant dans le doute, je lui dis la peine que j'éprouve d'être cause de son maintien, mais l'assure que je suis décidé à ne me rendre au Siam qu'après mon exploration terminée c'est-à-dire quand j'aurai joint le Tonkin.

Voyant combien je suis sincère, il reste consterné.

Cependant la retraite des troupes, et le départ des princes, dans ces circonstances critiques, ont mis la population et ses chefs dans un état de grande inquiétude ; l'assurance que le kaluong et moi ne partons pas contribue à les calmer un peu, mais tous n'en sont pas moins persuadés que le pays est en danger.

Luang-Prabang n'a plus de murailles comme en ont encore la plupart des grands centres du Laos. Elles ont été détruites lors d'une guerre avec Vieng-Chang. Les restes n'en sauraient être utilisés car depuis leur chute, la sécurité a régné, et on n'a jamais été dans la nécessité de les restaurer. La ville établie sur une sorte de presqu'île entre le Mé-Khong et le Nam Khann est indéfendable. Ce n'est pas à Luang-Prabang, ville en bois et paillottes facile à incendier, qu'on doit songer à arrêter l'invasion si elle se produit, c'est sur les voies qui y amènent.

Luang-Prabang, le 10 mai 1887.

16 *mai*. — Le kaluong me voyant résolu à ne pas suivre l'avis du Chao-moeun Vaï-voronat, de retourner à Bangkok, ce qui lui permettrait d'en faire autant, se montre contrarié au possible, et il reprend sa première attitude soupçonneuse et gênante à mon égard, empêchant les relations des Laotiens avec moi.

20 *mai*. — L'effervescence augmente de jour en jour dans la ville, par suite du manque de nouvelles et des racontars qui circulent.

Ce qui est hors de doute pour tous, c'est que les avis reçus de Theng par le Chao-meun quinze jours avant son départ, lui disaient que l'objectif des bandes était Luang-Prabang et la délivrance des fils du chef de Muong Laï.

Quelques-uns disent, tout bas, que ces jeunes gens emmenés à Bangkok dans des conditions dures, ont été enlevés déloyalement, et qu'une vengeance terrible est à craindre.

L'invasion dont le pays est menacé tire surtout un caractère de gravité du fait de l'abandon absolu du Laos par la troupe siamoise. Sa présence constituait une défense morale suffisante au moins pour retarder la marche des envahisseurs.

Il est probable aujourd'hui que les limites propres de la principauté seront franchies. Quant à Luang-Prabang même, je ne crois pas, mal renseignés comme les chefs des bandes doivent l'être, qu'ils osent s'y attaquer, mais je reste convaincu en voyant les dispositions de tous, que cette ignorance de la véritable situation dans laquelle je les suppose, protège davantage la ville que ses autorités ne sont en état et sa population en attitude de le faire.

Le kaluong me cache, autant qu'il peut, les nouvelles et les préparatifs de défense. Il craint, je pense, les indiscrétions de ma correspondance à l'envoi de laquelle, il ne fera néanmoins plus, je l'espère, subir de retard.

Mes lettres, depuis mon départ pour Theng, m'ont en effet été rendues par Som, faute d'avoir pu être expédiées!

Tout ce que j'ai pu apprendre c'est que trois cents hommes ont été réquisitionnés dans les campagnes pour aller surveiller le Nam Hou, et que la population de la ville sera conservée pour sa défense.

J'ai naturellement offert au kaluong ainsi qu'au Roi, mes services dès le début. Ma proposition avait été écoutée avec contrainte, et avec des protestations que les événements ne sauraient s'aggraver, et que ma collaboration ne serait pas nécessaire.

Toutes ces précautions pour me tenir à l'écart, et ces inquiétudes de me voir renseigné, me font par moments me demander si dans ces événements, l'on ne me cache pas quelque chose que j'aurais un intérêt tout particulier à connaître.

31 *mai*. — Hier des fuyards sont arrivés en grand nombre, annonçant que Muong Ngoï vient d'être occupé.

On dit d'autre part que le second Roi s'embarque pour le Nam Hou avec les trois cents hommes.

Je me rends chez le Roi, j'y trouve le kaluong et le Conseil au complet.

J'expose qu'apprenant l'expédition préparée, je demande à en être. Le second Roi est infirme, ma présence avec mes Cambodgiens encouragera ceux qui marchent avec lui. Si même le Roi voulait donner aux hommes armés l'ordre de m'obéir, je me chargerais de la défense.

Les mandarins écoutent silencieux. Le Roi regarde le kaluong qui répond :

« Il faut attendre les nouvelles que donnera le second Roi. Il n'est pas probable qu'il combatte. Le but c'est d'arriver à une entente. Bien sûr il réussira car il est habile à parler. »

Puis, sur le désir que j'exprime, il promet de me renseigner à l'avenir, et de ne pas expédier de courrier à Bangkok sans m'en faire profiter.

A l'ennui montré par le kaluong et le Roi, j'ai constaté de nouveau qu'on n'avait aucune envie de me voir prendre une part active à ce qui se passera. On craint sans doute les reproches de Bangkok !

Les conseils que je donne à l'occasion, au kaluong, sont reçus par lui avec inquiétude comme si j'avais intérêt à lui montrer la situation sous un jour inexact. Il affecte un doute méchant sur cette marche des bandes, disant qu'elle a peut-être lieu sous l'inspiration du Gouvernement français, ne mettant aucune réserve devant les gens pour dissimuler son prétendu soupçon ; répétant :

« Les armes viennent des Français, ce sont des chassepots ! »

Il a tenu ce propos un jour devant moi ; sans montrer de mécontentement je lui rappelai que le Gouvernement siamois avait suffisamment pourvu d'armes les régions du nord pour que les Hos n'eussent pas besoin d'aller en chercher ailleurs, et je lui fis remarquer que ses paroles semblaient tendre à indisposer les gens du pays contre moi, le priant de réfléchir aux conséquences qu'ils pourraient avoir. Il devint plus circonspect mais persévéra dans ses agissements.

La simplicité de mon rôle, et sans doute la connaissance meilleure de la situation qu'ont les chefs et les habitants, rendent inutiles ses menées qui n'ont peut-être pour but que de m'intimider et de me décider à partir pour Bangkok.

1er *juin.* — Je reçois la visite de la famille laotienne vue sur le Nam Hou. Les hommes vont mettre en sûreté chez les montagnards Khas, les enfants et la femme, puis ils reviendront voir la tournure des choses, et me serviront si je veux bien les prendre. J'ai accepté, ils partent.

2 *juin.* — Le second Roi fait prévenir qu'à la première halte, il ne lui est resté qu'une centaine d'hommes, les autres ont fui !

Que va-t-il se passer ?

Les Hos seraient, dit-on, conduits par le fils aîné du chef de Muong Laï, Kam-Oum, réputé comme guerrier. Ses frères ont été enlevés par le Chao-meun, il veut les délivrer.

Cette nouvelle confirmerait celle que j'ai donnée le 7 avril, du passage de ces jeunes gens à Luang-Prabang et mon renseignement du 20 mai.

Ce chef du Muong Laï est le même chez qui Thuyet, l'oncle de l'ex-empereur d'Annam, s'est réfugié ainsi que me l'a dit le Chao-meun.

3 *juin.* — Sans doute pour ne pas effrayer les populations, les bandes en marche, se conduisent bien. On n'aurait rien eu à leur reprocher sur le parcours jusqu'à Ngoï. Tel est ce qu'on raconte.

Ces bruits, l'éloignement supposé de l'ennemi, et le temps depuis lequel on en est menacé, disposent les habitants à l'idée qu'il pourrait n'arriver rien de mal. Ils se montrent plus tranquilles, semblent devenus indifférents sauf lorsqu'on veut les envoyer en avant; alors ils paient pour être dispensés ou cherchent les moyens d'éviter la corvée, bien résolus en tout cas à ne point combattre.

5 *juin.* — Le kaluong vient, de la part du Roi, m'informer que les Hos marchent sur Luang-Prabang, et ne sont plus qu'à un jour du Mé-Khong. Le souverain me prie de me retirer à Paclay, à trois jours au sud.

Je demande au contraire à me rendre auprès du second Roi, pour l'aider quelque soit son but.

« Si vous voulez par écrit, le dégager de toute responsabilité vous concernant, en cas de malheur, le Roi acceptera vos services. »

Je m'empresse de répondre « Oui, rédigez un papier comme vous l'entendrez, de suite je le signerai. »

Mais le kaluong sans doute a compté sur un refus ; perplexe, il retourne chez le Roi, puis au bout d'une demi-heure revient, disant que malgré l'écrit le Roi ne peut accepter ma proposition.

Hier le plus vieux d'entre les chefs de pagodes vint me voir. Presque en entrant, il me demanda de lui faire cadeau d'un revolver. Comme j'étais tout à fait étonné de sa demande, que d'ailleurs je ne pouvais satisfaire, il se cacha brusquement dans un coin, disant : « Je ne dois pas être vu, chez vous, du mandarin qui passe ; je craindrais qu'il n'allât dire ma visite au kaluong qui m'y ayant vu une fois, m'a fait défendre d'y revenir. » Puis il se hâta de prendre congé.

Ce matin j'apprends que les deux chefs des principales pagodes sont, sur les pas du second Roi, partis à la rencontre des bandes, dans le but de leur faire entendre des paroles de paix. — La demande du revolver m'est ainsi expliquée !

J'éprouve une grande peine à la pensée de ce qui se prépare. Les bords du Mé-Khong vont sûrement être dévastés !

Il est indispensable de prévoir les événements. Si le kaluong et le Roi se décident à combattre je les seconderai de toutes mes forces ; si au contraire ils capitulent, et c'est je crois ce qui va arriver, je tâcherai de me soustraire aux Hos.

La majeure partie de mon bagage, suivant un inventaire ci-joint, se trouve depuis mon voyage vers Theng, dans le magasin du Roi. J'ai encore environ deux mille francs, argent personnel. Mes compagnons indigènes ont été payés jusqu'au 31 mai.

6 *juin, huit heures du matin.* — Le kaluong me quitte à l'instant, et voici l'impression que me laissent sa conversation et mes observations personnelles.

Il n'est pas douteux que les habitants de Luang-Prabang, mal armés, et n'ayant pas dans un chef une confiance égale au moins à la terreur que les Hos leur inspirent, ne se défendront pas.

Ceux de leurs princes qui ne sont pas des vieillards, et les principaux des mandarins ont été emmenés par le chef des troupes siamoises.

D'autre part les ennemis se font, en descendant le Nam Hou, une réputation de discipline qui a pour résultat de ne les faire craindre que comme adversaires des Siamois, et d'amener à cette conclusion que si une solution pacifique était proposée, il y aurait lieu de se soumettre à des exigences supportables.

Toutes les chances sont donc pour que la ville tombe, sans coup férir, aux mains de l'envahisseur.

Le Roi voudrait éviter la désapprobation de Bangkok soit pour une résistance inutile, causant la ruine du pays, soit pour avoir préparé l'invasion des régions voisines par une soumission trop empressée. Il n'est pas douteux qu'il serait content de me voir tenter de le dégager du péril, mais l'idée des rapports que ferait le kaluong à ce sujet l'effraye plus que l'inconnu dont le menacent les bandes, et il se laisse imposer ses décisions par lui.

Celui-ci semble avoir pour souci de soustraire Luang-Prabang à toute ingérence française, bien plus que de sauver le pays du pillage.

Sa conduite inspirée par des instructions sans doute catégoriques, mais qui n'ont pas prévu un pareil cas, me paraît manquer de sagesse.

Il n'échappe à personne ici, que cet agent, comme si mon intervention ne pouvait se produire qu'aux dépens du prestige siamois, n'en veut pas, dût-elle tirer le pays d'embarras.

Or aucun fonctionnaire, à commencer par lui, ne se sentant en mesure de soutenir la charge de la défense, elle incombe au vieux Roi, et au second Roi, les premiers dans la principauté, prêts à se dévouer avec l'héroïsme résigné qui caractérise les races de l'Indo-Chine, mais n'ayant pour le succès, confiance ni dans leur propre inspiration, ni dans la résolution de ceux qu'ils commandent et chez qui, eux-mêmes ne provoquent qu'une admiration respectueuse pour leur grand caractère.

Comme ma bonne volonté est connue de tous, le kaluong ne devrait-il pas se rendre compte, que chacun, en cas de malheur, sera disposé à croire que j'aurais certainement triomphé des obstacles, et à regretter qu'il ne m'ait pas été donné d'essayer mes moyens; et que si au contraire, ma proposition acceptée, le succès ne répondait pas à mes efforts, il pourrait rejeter sur moi partie du désastre que la campagne du Chao-meun, aura attiré sur le pays ?

Midi. — Le kaluong me prévient que nos barques sont préparées pour nous emmener au besoin.

Aucune nouvelle du second Roi. Si les événements se précipitent, il est à craindre, toute défense devenant illusoire, que la retraite ne soit la fuite dans de mauvaises conditions.

Fig. 39. — Pont en bambous sur le Nam Khann à Luang-Prabang.

7 juin. — Dans la soirée d'hier, de fortes pluies ont occasionné une crue qui a emporté le pont en bambous du Nam Khann.

Dans la nuit du même jour, le bruit s'est répandu sur la rive droite de cette rivière qui sépare la ville en deux, que les Hos étaient à petite distance, et en marche pour surprendre les habitants au sommeil.

Il en est résulté une panique, et la population du quartier est presque tout entière passée, au clair de la lune, sur la rive opposée à la nage ou en barques.

Eveillé au bruit fait par cette multitude traversant l'eau devant ma case, j'envoie aux informations.

De son côté le kaluong accourt, il ne sait rien, le second Roi n'ayant pas encore donné de ses nouvelles ; il ajoute :

« Nos barques sont à la berge devant ma maison, il serait bon, crainte de les voir enlever par les fuyards, de faire porter votre bagage chez moi, au jour on chargerait. »

Ma case étant à plus d'un kilomètre de la sienne, pour n'avoir aucun souci en cas d'attaque subite, je fis emporter les plus utiles de mes affaires.

A l'aurore j'allai avec lui voir les pirogues, elles étaient insuffisantes pour le bagage que j'avais au palais. Je n'y pouvais mettre que mes affaires de route.

A ce moment la panique semblait calmée mais bientôt les barques du second Roi ayant paru au loin, une nouvelle terreur s'empara de la foule massée sur les berges, elle crut voir la flottille des Hos arriver, et la traversée vers la rive droite du Mé-Khong commença.

Ne voulant pas augmenter le trouble en faisant charger les pirogues, j'attendis mais en vain qu'il se fût apaisé ; à sept heures, il ne restait que mon embarcation sur ce point de la rive. Le kaluong était aussi parti, sa femme ayant fui, il l'avait rejointe.

Pendant ce temps, le second Roi faisait accoster son convoi devant le palais.

Il me fit aussitôt connaître qu'arrivé près des bandes, sa troupe se trouvant réduite à trente-sept hommes, il n'avait pu songer à les arrêter.

Entré en conversation avec les chefs, il avait su d'eux qu'ils n'avaient pas de mauvaises intentions, mais venaient simplement demander l'échange des frères de leur chef, emmenés prisonniers par le Chaomeun à Bangkok, contre 10 000 livres d'argent, 1 000 livres d'or et 10 chevaux. Ils arrivaient en nombre à cause de la nécessité de protéger un pareil trésor qu'ils offraient de montrer !

Sans aucune foi dans cette assurance, le pauvre prince n'avait eu garde de leur laisser voir du doute ; il leur avait demandé qu'afin de ne pas effrayer la population déjà très alarmée, ils attendissent où ils étaient, qu'il l'eût rapportée au Roi. Ils l'avaient promis, mais la nuit venue, leur marche avait continué causant la première panique.

Je renvoyai le porteur de ces nouvelles prévenir le Roi que je mettais mon bagage en sûreté sur la rive droite, et que je viendrais ensuite le joindre. Il était onze heures.

Je trouvai le kaluong au point où j'accostai. Plusieurs centaines de barques y étaient, pleines de gens, attendant que les nouvelles permissent de prendre un parti.

Le second Roi ne tarda pas à arriver aussi. Il venait mettre hors de danger la famille du Roi et la sienne.

Il avait l'ordre du Roi de nous prier de l'aider à réunir à Pak-Lun, le premier village rive droite en suivant le cours du fleuve, tous les habitants stationnés dans des barques, le long des rives.

2 *heures et demie.* — Le Roi me fait dire par le phya Kiabann, que les deux chefs des bonzes envoyés au devant des bandes lui avaient amené trois officiers Hos, qu'il avait traité avec eux pour l'entrée de trois cents de leurs hommes dont le campement serait établi sur la rive droite du Nam Khann en attendant la solution des demandes de leur chef.

Il me priait de ne pas quitter sa famille et de rassurer les fuyards.

Dans l'inquiétude que lui cause la situation, le Roi a laissé échapper ces paroles que le phya répète :

« Je suis bien fâché de n'avoir pas pris les avis et accepté l'aide de M. Pavie, que le kaluong, pour me forcer à un refus, m'a montrés comme devant, en cas de succès, faire passer Luang-Prabang de l'autorité du Siam sous celle de la France. »

En s'en retournant, le pauvre mandarin a peine à retenir ses larmes.

Dans le soirée le second Roi rentre à Luang-Prabang.

6 *heures et demie.* — Le phya revient me faire le récit de l'arrivée des bandes :

« Elles n'ont point attendu les barques que le roi devait leur envoyer, et leurs hommes sont montés sur celles avec lesquelles ils ont descendu le Nam Hou.

« Elles entrent trompettes en tête. Il y en a sept. Leur effectif: 570, se compose de 300 Yunnanais et de 270 hommes de Muong Laï.

« Au lieu de se rendre à l'endroit indiqué par le Roi, la veille, aux trois officiers, elles vont droit aux pagodes avoisinant le palais, et s'y installent.

« Ces aventuriers, des jeunes gens de dix-huit à vingt-cinq ans, n'ont d'autre bagage que leurs armes.

« Leurs pavillons sont : noir, jaune, rouge. Leurs armes : des fusils à piston, à peine une vingtaine de carabines à tir rapide. Tous ont des baïonnettes. Beaucoup ont en outre des revolvers.

« Les principaux suivent chez le Roi, Bac Mao, chef des soldats de Laï.

« Kam Oum, fils du chef de Laï, premier chef, est resté dans la pagode de Xieng-Tong dont il a fait son camp.

« Dans cette entrevue il n'est pas question des captifs envoyés à Bangkok par le colonel siamois.

« Pourquoi, depuis vingt ans, le Roi ne paie-t-il plus le tribut à l'Empereur de Chine ? » demande avec hauteur Bac Mao, au vieillard interdit.

« Nous avions entendu dire que les Français occupaient le pays de Luang-Prabang, et étions partis pour le délivrer. Nous avons ensuite su que c'était une erreur causée par la présence d'une troupe siamoise qui a bien fait de déguerpir.

« Le Roi n'aura plus à s'inquiéter à l'avenir, si de quelque part son royaume est attaqué, les chefs ici présents, qui ne comptent rester que quelques jours, sauront revenir le défendre.

« Il va falloir fournir aux soldats des vivres et un meilleur logement.

« Les habitants peuvent revenir, on n'a pas à craindre notre attaque. Si pour une cause quelconque nous étions obligés de combattre, un coup de canon l'annoncerait à la ville. »

« Le Roi répond qu'il fera, il l'a déjà promis, rapidement construire des paillottes convenables sur la rive droite du Nam Khann. Il demande qu'en attendant les soldats se retirent dans les cases abandonnées du même côté. Il n'a pas d'autres logements disponibles.

« Les maisons du colonel siamois, du Français M. Pavie, et du kaluong, sont libres, mais je prie qu'on les respecte. Je voudrais aussi que vous fassiez quitter les pagodes à vos hommes afin de rassurer la population qui attend hors de la ville le résultat de l'entrevue. »

« On écoute avec indifférence, et quand il a fini :

« C'est dans vôtre palais qu'il vaudrait le mieux nous installer ! »

« Le Roi proteste énergiquement. Les Chefs se retirent, remettant au lendemain la suite de leurs demandes.

« Dès qu'ils sont sortis, le Roi, sur le désir qu'ils lui ont exprimé, a fait partout savoir qu'il compte s'entendre avec eux, et a invité la population à revenir.

« Un quart des habitants est rentré ce jour même. »

Je fais connaître au kaluong et à la femme du Roi, mon avis, qu'on ne doit pas s'attacher à discuter avec les envahisseurs. Il leur faudra le trésor, pour prix de leur voyage, l'allusion au tribut à la Chine l'indique, si on ne le leur donne pas de bonne volonté ils le prendront de force et il y aura un malheur. « Puisqu'on les a laissé entrer, il ne reste qu'à payer pour les faire partir. »

8 *juin*. — Cependant les familles continuent à revenir dans la ville. Les Hos s'y mêlent à la population. Des Laotiens offrent à boire à ceux qu'ils rencontrent. Les fumeurs d'opium en emmènent fumer dans leurs cases. Une sorte de confiance commence à naître. Comme les Chinois, les Laotiens se promènent parés de leurs sabres, le fusil en bandouillère. Avec curiosité les passants examinent les armes les uns des autres et s'en font des compliments. Mais de temps en temps on apprend qu'un Ho a pris à un Laotien ses bagues d'or ou son sabre à fourreau d'argent !

Aujourd'hui les chefs ont renouvelé leur démarche.

Le Roi est resté inébranlable, mais croyant comprendre où ils veulent en venir, il prend de tardives mesures pour faire garder sa maison. Il engage à soixante francs l'un, les hommes — une vingtaine — d'une caravane de Nhious venant des pays shans.

Le second Roi, de son côté, recrute parmi les fuyards des hommes pour les seconder.

Mais ceux-ci ne se rendent pas avec entrain à l'appel de leur prince. Il faut menacer ou faire boire pour mettre chaque homme en bateau, et les pirogues, à peine en route, s'arrêtent au long du chemin ; de cent cinquante hommes partis, vingt à peine vont au palais.

9 *juin.* — Dans la nuit du 8 au 9, le phya Sakara Nakone vient me dire :

« Le Roi ne sait comment faire. Les Hos lui demandent le tribut pour l'Empereur de Chine, mais ce grand souverain ne sait rien de cette affaire, et il les punira quand il l'apprendra car il a toujours été bon pour le pays. Autrefois lorsque le Roi de Vieng-Chang s'empara de celui de Luang-Prabang et le livra aux Siamois, l'Empereur de Chine fit partir un envoyé pour Bangkok qui reçut la liberté du captif. »

J'interromps le phya :

« Si le Roi ne veut pas donner son trésor qu'il se hâte de le mettre en sûreté. Les Hos me semblent ne pas vouloir autre chose. »

Mais le phya ne retourne pas à Luang-Prabang ; il vient amener sa famille au campement.

« On reprend peur là-bas » dit-il, « et tout le monde se dispose de nouveau à s'enfuir. »

Une grande inquiétude me prend alors pour le vieux Roi, je pressens que le dénouement approche.

L'ennemi est maître dans la ville, et quand il le voudra, il prendra le palais. Que pourraient contre lui les quelques serviteurs du Roi ? capables de se faire tuer ils sont sans autre idée pour sauver leur vieux maître !

Il est minuit passé, et cette pensée m'obsède : que l'heure est arrivée de faire tout le possible, qu'il ne faut pas attendre.

J'éveille Kèo, Khè, Pao, trois de mes Cambodgiens dont je connais le cœur :

« Je crains tout pour le Roi ; rendez-vous près de lui, prenez ces revolvers, emportez vos fusils, et dès en arrivant dites-lui que je suis inquiet de la tournure des choses, qu'il n'a qu'un mot à dire pour que j'aille le joindre. Puis, ne le quittez pas, et grossissez sa troupe, s'il combat battez-vous, s'il doit fuir sauvez-le. »

Et les voici ardents se lavant le visage ; ils sautent dans la pirogue, rament et puis se retournent :

« Souhaitez-nous le succès » !

Et leur gorge serrée, et leurs regards brillants, me disent éloquemment qu'ils savent ce qu'ils vont faire ?

Au jour naissant je reçois d'eux un mot.

Le Roi me remercie, inutile que je vienne, il n'y a rien pour le moment à craindre. Sa famille, voilà tout son souci, que je veille sur elle ; quant à son palais, on peut être bien sûr que prières ni menaces ne sauraient l'ébranler, il ne le donnera pas.

Superbe entêtement des races orientales ! caractéristique de leur tempérament, qui passé une limite ne saurait plus céder et faire — la part du feu ! —

Je suis vraiment surpris de la façon dont procèdent les bandes ! Pourquoi tardent-elles tant à faire leur affaire ?

Serait-ce l'avenir qu'elles veulent ménager ? Ont-elles un autre but que leur conduite actuelle doit servir à atteindre ? Faut-il croire que la crainte de nuire aux jeunes gens prisonniers à Bangkok, trouble l'esprit du chef, rend sa marche hésitante ? Et s'il en est ainsi, ceux à qui il commande ne vont-ils pas, à leur tour, faire qu'il leur obéisse ?

Un bruit court depuis hier ; notre campement est connu des Hos. Pour le joindre, de Luang-Prabang, il ne faut qu'un quart d'heure. Beaucoup de gens ont là toute leur fortune, et la chose est tentante ! Les chefs craindraient, dit-on, de manquer cette proie en brusquant trop la capture de l'autre.

Ce bruit prend consistance et l'agglomération énorme des barques aux premiers jours, se réduit peu à peu.

Le kaluong fait tous ses efforts pour me décider à descendre plus bas. Les familles sur lesquelles nous veillons lui sont indifférentes. Il a lui, la sienne là, et sa femme est enceinte. Je lui conseille de partir en avant, nous ne pouvons tarder, c'est hélas sûr, à le suivre dans cette voie. Mais l'amour-propre le retient, il est bien décidé malgré le souci qui l'étreint à ne se mettre en route que quand je partirai.

10 *juin*, 7 *heures* 30 *du matin*. — Quelques pirogues traversent le fleuve venant vers nous ; ceux qui les montent disent : « Tout est bien tranquille ».

Il est remarquable que depuis le commencement de l'occupation la circulation n'a pas été gênée ; des gens emportent leurs effets, d'autres reviennent s'installer. Les factionnaires Hos sur la berge sont impassibles.

8 *heures*. — La femme du Roi me demande si je ne vois pas un moyen de tirer du palais le bagage que j'y ai.

« Dame, c'est délicat, on peut bien essayer, réussir, j'en doute : c'est là, je crois, qu'on veille. Je ne voudrais pas faire naître un incident. Un mandarin en est chargé, s'il n'a pu le sortir c'est que la chose est peu pratique. »

Et je songe en moi-même que la pauvre princesse pense pour le moins, en me parlant ainsi, à son trésor autant qu'à mes affaires.

8 *heures* 30. — Ma jumelle me montre au coude que fait le fleuve en cessant de courir à l'est, des pirogues chargées d'hommes. Quand je les signale, chacun sans réussir, cherche à voir qui elles portent.

Successivement d'autres barques apparaissent.

Le kaluong venu se joindre à nous ne se peut plus tenir, « sont-ce les Hos » ? répète-t-il.

« Je ne puis distinguer, attendez un instant. »

Non il ne le peut pas, voici sa barque au large.

Toutes les autres vont l'imiter, de tous côtés on démarre.

A ce moment je dis : « ce sont des Laotiens, » et m'adressant à la femme du Roi :

« Peut-être serait-il sage que vous vous prépariez à quitter la berge et descendre plus bas, il se passe du nouveau, dans un moment nous allons le savoir. »

La première pirogue passe sans répondre aux appels ; ceux qui la conduisent ont sans doute peur qu'on ne les oblige à joindre notre campement.

De la seconde on crie :

« N'entendez-vous pas la bataille, les coups de fusils ! »

Et c'est tout !

Alors la princesse en cheveux blancs me répond :

« Non bien sûr je ne m'en irai pas ! Donnez-moi un chapeau comme le vôtre » ?

Elle remonte sur sa barque, revêt une tunique noire, se coiffe du chapeau que je lui fais porter, arrache un sabre à son fourreau le brandit, saute à terre, en s'écriant :

« Qu'ils viennent » !

Sa fière attitude et ses cris de fureur donnent à tous ceux des barques l'envie de l'imiter. On reporte les amarres à la rive, en un instant les mains tiennent toutes des armes !

J'ai ma jumelle aux yeux. Tous frémissants attendent mes paroles.

Mais je n'ose plus rien dire. Je tiens la lunette sur une barque dans laquelle est Kèo, l'un des trois Cambodgiens que j'ai, l'avant-veille chargés de veiller sur le Roi ! Je ne vois ni Khè, ni Pao, ne reconnais personne autre dans cette longue pirogue, et j'ai le cœur serré en pensant que je ne puis parler sans bouleverser la foule ; la plupart des hommes qui la montent semblent étendus sans vie, le corps demi-couvert de paillottes jetées sur eux pour le soleil !

Seule elle arrive vers nous.

Comme une cohue, la masse des autres descend le fleuve s'éparpillant sur la largeur.

La voici enfin proche. Kèo crie aussi fort qu'il peut, et je distingue enfin :

« Chinois ont attaqué. Le Roi est dans la barque et vous prie d'y monter. Nous sommes poursuivis. Tous nos rameurs blessés. N'avons que deux fusils ! »

La pirogue touche le bord.

La vaillante épouse voyant le sang, les visages livides, devient tremblante ! Elle salue son époux de ses deux mains unies et l'interroge des yeux.

Lui, d'un geste désolé, dit que tout est perdu !

Alors les bras au ciel elle lui jette un regard résigné ; et pendant que je dis : « Votre Roi est sauvé, je vais veiller sur lui, en route rapidement » ; elle remonte sur son radeau qui démarre aussitôt.

Suivi de Ngin et Som, je saute auprès du Roi, et nous partons tandis qu'il fait crier à tous, et sur terre et sur l'eau, que Paclay à trois jours au sud, est le lieu pour le rendez-vous.

Alors dans une inextricable confusion, barques et radeaux s'enfuient, et subitement le rivage est désert.

Quelle scène indescriptible ! Le Mé-Khong charrie le peuple d'une ville grossie par la panique de plus de cent villages, fuyant devant six cents mauvais fusils !

Le vieux prince d'une voix brisée par l'émotion, dit me prenant la main et me montrant Kèo :

« Sans lui je serais mort, merci de l'avoir envoyé. »

Et il tente de me conter ce qui vient d'avoir lieu, pendant que le kaluong arrivant aussi dans la pirogue, ne sachant où se mettre à cause du sang qui en remplit le fond, manque de la faire chavirer.

« Puisque à mes soldats vous refusez logement dans le palais, m'a dit avec humeur le chef des Chinois, faites qu'on les conduise de suite à cet endroit dont vous m'avez parlé?

« Le phya Kiabann, content, en marche le premier, les mène sur la rive droite du Nam Khann en face de votre maison.

« Et quand ils sont partis tout le monde soupire ! Enfin ils se modèrent ! et j'étais tout fier d'avoir su tenir bon. Chacun pose son arme, l'un ici, l'autre là, et l'on attend tranquilles le retour du phya. On se dit : « Çà c'est la paix signée ; ils vont faire leur prix et nous débarrasser. »

« Quand le phya revient, je sortais dans la cour.

— « Le terrain ne plaît pas ; ils suivent derrière moi, fait le vieux serviteur. »

« Qu'on ferme la porte », crie le Nhiou chef de garde.

« Trop tard ! En un clin d'œil cinquante Hos sont entrés précipitant leur marche.

« Les Laotiens surpris sautent sur leurs armes. Deux coups de feu partent dans la rue tirés par les Hos, sans doute pour la vider de la foule qui l'emplit ; alors au même instant, ceux qui sont entrés au palais dirigent une fusillade violente vers la salle où entouré de serviteurs je venais tout à l'heure de recevoir leurs chefs. »

Voyant combien le vieillard en exposant ce tragique épisode, souffre à nouveau de son malheur, je prie ses compagnons de finir de m'en dire les phases.

Tous parlent et se complètent, et j'entrevois la scène :

Épargné par les balles, le monarque court en chancelant vers le trône doré, élevé tout au fond de cette grande salle. Il y va pour mourir ! Décision instinctive au moment du danger, d'un homme point habitué à le prévoir !

Comme il vient de s'asseoir, Kèo l'a aperçu, l'a saisi et l'entraîne. « Il ne faut ni qu'ils vous prennent ni qu'ils vous tuent ! »

Et ce Cambodgien qui laisserait périr son propre roi plutôt que d'en toucher la personne sacrée, emporte sans scrupule sous la fusillade ininterrompue, le vieillard dont je lui ai confié la garde.

Mais les portes sont prises. Il faut sortir par le côté opposé à celui de l'attaque, celui des dépendances. Un fils du Roi et le phya de Peunom, les joignent. A coups de sabres on entr'ouvre la palissade et le Roi passe avec ses compagnons.

Kèo.

« Fuyons vers la montagne ? »

« Non », dit le Cambodgien, « vers le Mé-Khong et vers M. Pavie ! »

Et on roule au bas des vingt-cinq mètres de berge.

Alors des trompettes sonnent. Une troupe de Hos postée par groupes tout au long de la rive, dirige sur eux le feu de toutes ses armes.

Ils montent dans une pirogue, des fuyards accourent pour la garnir, l'un, en montant, tombe mort et la fait chavirer.

Les fugitifs à la nage, en gagnent une autre. Aux dorures dont elle est ornée, les Hos croient savoir qui elle porte, et voici qu'ils s'acharnent, on la crible de balles. En un instant le sang de six blessés l'inonde !

Le courant est violent, elle est bientôt hors de portée.

Alors la poursuite commence. Le jeune prince et Kèo font feu sur ceux d'une barque qui cherche à les atteindre et, qui revient au bord, faute d'assez de rameurs et d'assez d'avirons.

Au tapage des fusils, la population a fui dans toutes les directions. La grande masse des gens, au fleuve, se dispute les pirogues. Le Mé-Khong de ce côté comme de l'autre, se couvre de fuyards.

Préoccupé sans doute de l'idée du pillage, l'ennemi s'oppose mollement à l'enlèvement des barques par la foule, nombreuse dix fois comme lui, et qui pour la majeure partie, se voit, faute d'embarcations, réduite à se sauver à pied le long de l'eau.

Des bruits divers circulent de barque en barque. Le Prince Ratsampan blessé est parti vers le mont Seuhon. Le second Roi est mort !

Quand on cesse de parler, le Roi fugitif me regarde, puis tristement gémit :

« Tous mes vieux serviteurs, tous mes fidèles amis, cernés dans ma maison vont être massacrés ! »

Et ses yeux désolés se reportent sur Kèo comme pour lui reprocher de le forcer à vivre.

Ma barque étant arrivée près de notre pirogue j'y prends ma trousse et des médicaments, et je panse les blessés.

Parmi eux se retrouvent deux de mes connaissances : le chef des bonzes de Wat Maï, une cuisse traversée par une balle, et le phya de Peunom, village où repose la dépouille de Mouhot, la cheville d'un pied fracassée. Les quatre autres ont reçu des balles qu'il va falloir extraire ? Ce sera pour la halte !

Le Mé-Khong offre alors un spectacle étrange et saisissant : des barques s'y choquent chargées d'enfants, de femmes, de vieillards ; encombrées de nattes, de bagages malpropres, de paniers pleins de choses ramassées à la hâte, de tas de vêtements d'où le soleil ardent, dégage en tièdes vapeurs, l'eau d'une averse fâcheusement survenue.

La plupart des rameurs aident à peine le courant, personne ne semble désireux de montrer le chemin dans les rapides proches ; c'est d'habitude le rôle de bateliers experts, et aujourd'hui les barques sont montées au hasard des familles, et bon nombre des gens, voient comme moi, cette partie du Mé-Khong pour la première fois.

On descend silencieux. Par instant cependant des voix dominent le bruit de l'eau, le choc des avirons, elles invitent qui connaît bien la route à passer en avant ; elles racontent l'attaque, imitent le sifflement des balles, et le son lugubre des longues trompettes des Hos.

Sur les deux rives, des files de gens chargés de paquets, portant ou traînant des enfants, suivent en hâte les sentiers difficiles et rarement fréquentés.

Les habitants des villages riverains, regardent atterrés, puis, presque sans rien dire, viennent allonger l'énorme exode.

En temps ordinaire, c'est une règle admise jamais enfreinte, qu'une barque ne saurait s'engager, à la descente, sur ce fleuve torrentueux sans être garnie de bambous en nombre suffisant pour la faire flotter même fût-elle pleine d'eau. Aujourd'hui on va désarmé contre les pièges du Mé-Khong. A peine une barque sur dix est en état de marcher dans les conditions qu'exige l'expérience.

Et je ne puis, malgré moi, regretter d'être dans ce brouhaha. En dépit de la charge des barques, les Laotiens se lancent hardiment dans les premiers rapides qu'ils bénissent, disant : « Les Hos n'oseront les franchir ! » Et le courant violent, emporte petites pirogues, grandes barques et radeaux entre les roches traîtresses et personne n'est inquiet et pas une ne chavire !

Leur audace devant ces dangers est égale à celle déployée par les Hos dans leur marche intrépide ! Que ne l'ont-ils mise à leur barrer la route ! Elle est d'autant plus remarquable que les trois quarts de ces hommes, venus des rives des affluents du fleuve ou des campagnes intérieures, ne sont pas des bateliers du Mé-Khong et ignorent tout des obstacles où nous nous engageons.

5 *heures*. — Le soir approchant, halte à Pak Nan, sur la rive gauche.

Il faut s'organiser pour le campement un peu plus loin, car on n'oserait par la nuit noire se confier au Mé-Khong.

Le Roi monte sur le radeau de sa famille, le kaluong en fait de son côté autant, et je vais m'installer sur mes pirogues jumelées en un radeau.

Le Keng-Louong (Roi des rapides), nous attend demain ; chacun va se mettre en état de le franchir, en saluant et priant les génies protecteurs des pauvres Laotiens !

Les dernières barques nous joignent, leurs rameurs prétendent que les Hos poursuivent le Roi montés sur les pirogues des joutes ! Ceci semble impossible pour des gens ne connaissant pas le fleuve, aussi l'on ne s'en inquiète pas.

Il n'en est pas de même du bruit qu'apportent des fuyards descendant par une route qui très courte, joint Luang-Prabang au village, et d'après lequel une bande les serre de près.

Cette nouvelle, peut-être tout aussi fausse, met cependant tout Pak Nan en déroute.

Pour rassurer le Roi et chacun, je dis :

« Soyez tranquille, s'ils arrivent de nuit, je les arrêterai au moins le temps que vous preniez l'avance. »

A mesure qu'on est prêt chacun s'en va vers la rive droite, mais quand le dernier je veux quitter la berge, je n'ai plus de rameurs ! Ce que j'ai dit au Roi, leur a donné l'alarme, tous les six sont partis ! Force m'est de rester là avec mes Cambodgiens !

11 *juin*. — Au milieu de la nuit le feu prend aux maisons.

Les grandes lueurs éclairent la rive droite, me montrent les barques s'en détachant dans un trouble sans pareil. On pense sans doute au campement que la bande signalée est là, et qu'elle brûle le village pour mieux voir sur le fleuve.

La berge étant très haute, les flammes laissent mon radeau dans l'ombre. Mes hommes tiennent un instant leurs armes dans leurs mains, puis le silence n'étant troublé que par le bruit du feu, Ngin grimpe sur la rive, elle est déserte !

L'incendie doit être accidentel. Un foyer, oublié non éteint, l'aura sans doute causé.

Une averse torrentielle vient à propos limiter le malheur.

L'action des grandes pluies de ces derniers jours, dans le haut pays, commence à se faire sentir; le fleuve grossit rapidement augmentant dans cette période première de la crue, les dangers du voyage.

Au jour nous nous abandonnons cependant au courant. On tâchera d'arrêter l'embarcation avant le grand rapide.

A ce moment une petite pirogue accoste mon radeau. Le Roi sachant mon embarras, m'envoie un de ses fils et deux blessés pour m'en tirer.

Impossible de trouver même à prix d'or un seul rameur solide. Chacun a sa famille et soi-même à sauver. Nous sommes de trop dangereux compagnons ! Les blessés sont surtout venus à cause des soins que je puis leur donner, mais ils connaissent le fleuve et guideront les Cambodgiens qui tour à tour tiennent le gouvernail.

Quand nous approchons du Keng Louong, de nombreuses barques sont amarrées aux berges. Les gens coupent des bambous pour servir de flotteurs et assurer leur marche, car ce bruit court de bouches en bouches, que plusieurs pirogues viennent d'être englouties dans ce rapide fameux, et il oblige aux précautions élémentaires négligées jusqu'ici.

Des rameurs vont par terre l'examiner avant de s'y risquer, d'autres reviennent de le voir, et leur inquiétude met l'étreinte dans les cœurs.

Le Roi est déjà loin, je décide de le suivre sans arrêt.

Beaucoup veulent m'imiter. « C'est trop à la fois, » disent les gens d'expérience, « il faut craindre le heurt des barques entre elles en franchissant les tourbillons ; ce serait mieux de ne s'engager qu'à la file. »

Impossible de rien régler, chacun va à sa guise !

Vertigineusement entraînés, nous passons en tournoyant entre les récifs, que dans son grossissement, le fleuve achève d'envahir.

Dans chaque embarcation, les femmes et les enfants prient agenouillés.

Soudain nos regards, fièvreusement attachés à la marche du radeau, se fixent consternés sur un îlot rocheux !

Des femmes, des jeunes filles, échappées pour surcroît de terreur et d'angoisse à l'engloutissement de leurs pirogues, y parcourent en tous sens le peu que l'eau laisse encore à couvrir. Cherchant une issue ou un moyen de fuir, elles vont affolées, les cheveux ruisselants, dévêtues de leurs écharpes et de leurs jupes que dans l'inconscience première du péril et se croyant sauvées, elles ont étendues, au sec, sur les rochers !

Je vois encore ces trois ou quatre corps blancs courant sur la pierre noirâtre lumineusement tachée dans le déclin du jour, de vêtements aux éclatantes couleurs ! J'entends, j'entendrai toujours ces appels déchirants et aux hommes et au ciel !

Et lorsque ayant pu arrêter plus bas notre barque à la berge, nous avons lentement remonté jusqu'au rapide, une heure avait passé, les roches étaient couvertes d'une nappe nivelée comme un marbre funèbre ; une jeune mère, seule échappée sur un tronc de bois mort passé à sa portée, courait le long de l'eau, demandant aux échos son enfant disparu !

Un peu après je retrouve le Roi qui a voulu m'attendre.

12 *juin*. — Partout nous constatons l'abandon des villages, les gens sont dans les bois ou partis chercher asile chez les Khas des montagnes. C'est ce qu'ont fait aussi tous ceux qui le premier jour marchaient le long des rives.

13 *juin*. — A midi nous atteignons Paclay. Les habitants n'y sont plus.

Nous trouvons le kaluong installé à terre dans une case isolée.

Dès arrivé je lui demande de joindre enfin mon courrier au sien pour Bangkok.

Il n'expédie rien. Il a la tête perdue !

« Que dire dans un rapport, il faut le temps de réfléchir, attendons une semaine ou dix jours ? »

— « C'est bon, j'envoie le mien. »

Je choisis Kèo :

« Marche le jour, la nuit jusqu'au Mé-nam, prends y une pirogue rapide ; tu dois le premier apporter les nouvelles à Bangkok. Dis aux chefs des villages sur la route l'urgence de ta course ; loue des bêtes s'il y en a, dors dessus s'il le faut. Ne te laisse ni retarder, ni rattraper, ni dépasser. »

Il prend le paquet, se le lie au corps, s'agenouille pour saluer, et le voici parti, accompagné du guide que lui donne le Roi, et qu'il devra changer de hameau en hameau.

14 *juin.* — Pao, l'un des trois Cambodgiens que j'envoyai au Roi, arrive vers onze heures. Il rapporte le fusil Snider d'un Chinois tué, montre la contusion qu'une balle morte lui a faite à une jambe, et conte ce qu'il sait :

« Il n'y eut pas combat à proprement parler, chacun s'étant enfui, surpris par l'attaque brusque. Trois Nhious, une cinquantaine de Laotiens et de Chinois morts, sont restés étendus dans le palais, dans les rues ou sur la berge. Vers trois heures le feu fut mis à la ville puis aux villages les plus proches, rive gauche. »

Soc, une femme laotienne dont Bac Mao a pris la fille auprès de qui elle est restée un jour, dit que ce chef avec sa bande, a couché à Pak Lun, le soir de l'affaire ; que l'intention des ennemis est d'atteindre Pitchay sur le Mé-nam, et menacer Bangkok ; que le trésor pris à Luang-Prabang, envoyé vers le nord, va servir à faire descendre toutes les bandes qu'il sera possible de soudoyer.

Suivant elle, plus de cent femmes, jeunes filles ou enfants ont été enlevés.

Successivement d'autres habitants joignent le campement, et tout ce qu'ils racontent effraye et est pris comme la vérité.

Le kaluong impressionné par ces nouvelles, presse le Roi de partir pour Bangkok ; mais celui-ci résiste. Une discussion s'engage.

Le kaluong sent son rôle difficile, mais sa jeune femme le presse, et il a pour espoir que je suivrai si l'on quitte le pays, et Bangkok l'approuvera de m'en avoir sorti.

Refusant de céder à son insistance, le Roi parlant avec force devant la foule qui entoure sa barque, lui dit :

« Vous voulez m'obliger à aller à Bangkok pour nous éloigner du danger, je ne me séparerai pas de mon peuple.

A Luang-Prabang quand rien ne paraissait à craindre vous dirigiez tout avec pleine assurance ; lorsque les choses ont été graves, vous m'avez abandonné, tous les Laotiens l'ont vu.

Vous avez empêché que j'accepte l'aide de M. Pavie ; ce sont ses hommes qui m'ont sauvé ! C'est, depuis mon malheur, lui qui veille sur moi, sur ma famille, je suis vêtu de ses habits, j'ai sa natte pour ma couche !

J'ai fui presque nu, vous êtes-vous occupé de me venir en aide ?

Votre devoir, suivant la lettre de Bangkok que vous m'avez montrée, était d'être toujours entre M. Pavie et moi, intermédiaire forcé de nos conversations ; depuis quatre jours vous tenez la tête des fuyards ; aujourd'hui je suis sur le fleuve cherchant à réunir mes malheureux sujets, vous êtes sur la lisière du bois, prêt à partir à une alerte. Vous me manquez près de M. Pavie. Vous ne craignez donc plus qu'à Bangkok on se fâche ?

Je suis vieux, je sens le besoin de me fier à quelqu'un, de me laisser conduire par lui, mes grands fils sont absents ; puis-je avoir confiance en vous maintenant, répondez ! Venez dans la barque de M. Pavie, demandons-lui conseil, le sien est le seul que je veux suivre ».

Et le kaluong arrive avec le Roi. Il parle le premier :

« Nous sommes en déroute. Il n'y a plus d'organisation. Il en faut une autre ; suivant l'usage du pays le Roi du Siam y pourvoira. Je propose qu'on s'en aille à Bangkok, et pour être conciliant, si on n'accepte pas, je demande de descendre à Vieng-Chang mais qu'on ne reste pas ici, le danger est trop grand. Le Roi s'en rapportera à vous, veuillez nous donner votre avis ? »

— « Bangkok n'est pas, je crois le but qu'il faut choisir. Pour y aller d'ailleurs, il faut des éléphants, vous n'en avez pas. Pour aller à Vieng-Chang, il faudrait des rameurs, les nôtres sont partis, même, vous n'avez plus de barque ! Que deviendraient les milliers d'habitants groupés autour du Roi ? La fuite au delà de Paclay n'apporterait-elle pas dans les villages paisibles sur la route, le trouble et la panique ? Qu'y a-t-il besoin d'une autre organisation, les chefs sont tous ici. Restons-y pour le moment. Attendons des nouvelles. Rendons le calme aux gens.

« Je demande simplement qu'on installe les blessés sous des abris en face de mon radeau afin qu'il me soit plus facile de les tirer d'affaire. »

Alors le kaluong dit qu'il va aviser.

15 *juin.* — Le Roi me prévient que le kaluong fait chercher des éléphants dans les villages de la forêt pour s'en aller seul.

Le bruit de notre présence à Paclay s'est vite répandu, les habitants reviennent, et quantité de barques qui avaient fui plus loin, arrivent s'amarrer à la plage qui devient comme un immense marché.

16 *juin.* — Le prince Ratsampan qu'on disait blessé, nous rejoint avec deux jeunes fils du Roi, et Khè, le troisième des Cambodgiens que j'avais envoyés au Roi la veille du dénouement. Il a fui à pied cinq jours avant de pouvoir trouver une barque !

Fils de l'ancien second Roi, et neveu du Roi, il a quarante ans ; et tient le cinquième rang dans la principauté.

Mon pavillon, le seul déployé, l'amène à mon radeau, je lui indique celui du Roi tout auprès ; il saute sur la grève, y court, s'agenouille à vingt pas, salue le vieillard et commence son récit.

Le bruit de son arrivée s'est vite répandu ; le campement entier, inoccupé, fait cercle autour de lui.

Sa main gauche s'appuie sur un fusil emprunté à ma barque pour la circonstance, car il lui a fallu jeter le sien en route.

Il parle bruyamment, et semble s'enflammer en retrouvant le peuple groupé sur le rivage.

Sa tête, son cou, sont chargés de ces sortes d'amulettes que les soldats français appellent des « gris-gris ». Sa veste blanche est couverte de caractères bizarres, de combinaisons de chiffres, de phrases « porte-bonheur ».

Le Laotien rustique, pour éviter les accidents de guerre, a autrement confiance en tout çà qu'en lui-même !

Un caillou du Mé-Khong enfermé dans un filet d'argent, sort sur son front, comme un pompon, de ses cheveux ébouriffés. Le pauvre prince serait ridicule si la foule simple comme lui, ne pensait comme lui.

Tous les regards sont sympathiques, bienveillants et disent combien on sent qu'il est sincère, et jusqu'où on sait qu'on peut, dans le danger présent, comme en toute occurrence, compter sur sa bonne volonté.

Sa voix est éraillée ; pour ceux qui l'écoutent, la cause c'est l'épuisement, la fatigue et la lutte.

Il parle éloquemment et avec tout son cœur, au vieux Roi penché sur le bord de sa barque ; ne voit que lui, n'attend que ses hochements de tête approbatifs qu'il salue jusqu'à terre.

Et tous, lui savent inconsciemment gré d'être dédaigneux d'eux, et si bien à son rôle, de les tenir dans leur malheur, émus quelques instants par un récit, répétition de leur propre odyssée qu'ils oublient pour s'apitoyer sur l'infortune commune. Et le soir jusque tard, on redira autour des feux de veille, ce qu'on aura gardé de son exposé des lamentables misères par où passe le pays.

« Bac Mao, en tête des Chinois, était parti derrière phya Kiabann, pour voir le terrain que vous leur offriez, rive droite du Nam Khann.

« Le second Roi et moi nous vous suivîmes, Roi de Luang-Prabang, dans la grande salle où vous nous fîtes asseoir et manger avec vous.

« En face de la fenêtre, j'étais très bien placé pour voir toute la cour et ceux qui s'y trouvaient ; à droite : des mandarins et une soixantaine d'hommes assis dans les petites paillottes, bureaux des secrétaires.

« L'idée que tout allait très bien marcher, en avait fait partir autant à cette heure du repas matinal.

« Tout au long de la maison, face à la palissade, assis, couchés sur le sol ou appuyés au mur, les vingt Nhious, engagés, causaient entre eux.

« Devant la porte de l'appartement le canon que personne ne savait manier, était braqué contre la porte extérieure faisant très bon effet.

« Le côté gauche de la cour était inoccupé.

« Roi, vous aviez déjà fini votre repas et étiez dans la cour ; je buvais une tasse d'eau quand j'aperçois les Hos entrant en masse par la grande porte laissée ouverte.

« Comprenant que la suite allait devenir grave, je dis au second Roi : « Sortons, les Chinois pénètrent dans l'enceinte » !

« Il laisse le morceau qu'il tenait à la main, se lève, prend son fusil, nous marchons vous rejoindre. »

« Nous n'étions pas dehors, que la fusillade éclatait tout à coup ! Qu'est-ce qu'on s'était dit, avant de commencer. Je ne l'ai pu savoir. Le second Roi avait déjà fait feu quand j'épaulai mon arme. A ce moment la grande glace, don de M. Pavie, brisée par des balles, tomba en morceaux dans la salle. Surpris, je n'ai pu voir où a porté mon coup, mais n'en suis pas inquiet, les Chinois étant en un tas que j'avais bien visé.

« Dans ce court temps, je vous vis, Roi, rentrer, je vis la cour se joncher de morts et de blessés, tous les nôtres chercher le salut dans la fuite, quelques-uns sans faire feu. Je vis Bac Mao, tout auprès de la porte, crier aux Laotiens que ses hommes fusillaient : « Ne tirez pas je veux parler au Roi », et le coup de fusil qu'en se sauvant, phya Sen Tuk lâcha sur lui et qui le mit par terre.

« Les Nhious dont trois ou quatre avaient été tués par la première décharge avaient fui comme les autres.

« Je me sauvai par la rue dans laquelle est la case du Chao Ratchavong, l'aîné de vos grands fils. Je ne sais pas par où le second Roi a pu se retirer et crains que ce ne soit par la rue du Chao Ratchabout alors remplie de Hos.

« Quand j'atteignis le fleuve, je vis quelques barques fuir sous le feu des Chinois et votre fils Kompam chercher à emmener celle contenant le trésor. Il avait seulement deux rameurs, et dut comme eux sauter à l'eau pour échapper, la barque en un instant ayant été saisie par les pillards remplissant deux pirogues.

« J'ai alors, suivant la berge au plus près des maisons, couru vers le sud. Les Hos étaient partout par groupes sur le chemin, tuant les hommes, gardant les femmes, pillant le bagage des familles qu'ils parvenaient à joindre.

« Des malheureux sortis des cases dans l'épouvante de la bataille, étaient morts sur leurs portes, des enfants accroupis près d'eux les regardaient en pleurs !

« Deux ou trois fois, sans m'atteindre, on a tiré sur moi. Je n'ai pas riposté, et j'ai mis mon fusil dans les broussailles au passage du ruisseau séparant Luang-Prabang de Sangkaloc.

« Les Hos étant devant moi, derrière moi dans le sentier étroit du bord du fleuve, j'entrai sous bois dans les bambous, et gagnai la hauteur où je repris haleine.

« Le tableau alors sous mes yeux, est pour toujours dans ma mémoire.

« O Cher bon roi Ounkam ! O beau pays des millions d'éléphants et du parasol blanc ! Luang-Prabang brûlait de tous côtés : votre palais, vos magasins, la maison élevée par mon père, la mieux faite du royaume !

« Du Mé-Khong chargé de barques, une rumeur désolée s'élevait jetant la terreur sur ses rives où les gens couraient les uns le long de l'eau, les autres vers la forêt.

« Les Chinois poursuivaient en barques les barques, tuant et pillant sur l'eau, tirant sur les fuyards des berges.

« Une immense fumée s'en allait vers le nord, emportant dans la brise, le parfum perdu de cinq cents piculs de benjoin dévorés par le feu ! J'en avais pour ma part, douze dans ma maison !

« Le riz pour subsister l'année, celui pour les semailles, tout est brûlé ! Où irons-nous en chercher d'autre ? Reverrons-nous nos champs à temps pour les faire produire cette année ? Une pareille ruine se peut-elle réparer ?

« J'ai marché jusqu'au soir par un sentier conduisant chez des Khas dont j'ai partagé le repas, et pour la nuit, l'abri.

« Le lendemain j'ai trouvé deux de vos fils, et Khè que M. Pavie vous avait envoyé. Mangeant chez les Khas et couchant n'importe où nous avons marché cinq jours avant de trouver un bateau.

« Le deuxième jour, une troupe de ces Khas, était installée prête à combattre dans un passage étroit entre des roches sur notre route. « Si les Hos viennent », nous avaient dit ces pauvres gens, armés de lances et d'arcs, « nous défendrons jusqu'à la mort de notre dernier homme, cette porte du village ! » Leurs femmes, leurs vieux et leurs enfants, étaient en sûreté dans la montagne; eux ont dû les rejoindre après un jour ou deux. Aussi bien leur village tout entier n'a pas la valeur d'un seul sac de benjoin. Les Chinois s'ils y passent y mettront le feu sans autrement y prendre garde !

Le prince Ratsampan.

« Notre voyage en barque a été marqué par un acte contre nous, que j'ai honte de vous dire : Des Laotiens, tout près de Tha-Dua, ont fait feu sur notre pirogue, nous criant d'arrêter, nous croyant un bagage ! Je me suis fait connaître, ils ont fui dans le bois !

« Deux bandes de voleurs ont été signalées plus au sud. La misère fait naître le brigandage, et serions-nous débarrassés des pillards de Chine qu'il nous faudra compter avec ceux de notre propre pays.

« On n'osera plus marcher qu'en groupes forts ou qu'en convois nombreux, et le résultat sera peut-être grave. Les bandes se grossiront. Songez que le tiers des hommes de Luang-Prabang adonné à l'opium, ne saurait s'en passer ! Comment s'en fourniront-ils !

« Tout le long du chemin, j'ai rencontré des gens désespérés. L'un a fui sans sa famille et en demande des nouvelles à tous ceux qu'il rencontre. Le Chao Krom-mahatlec, chef de votre garde, cherche sur le dire de quelques-uns, sa femme et ses enfants dans les bois près de Luang-Prabang, et ils sont ici, je les ai vus en arrivant.

« Un des enfants du Chao Kompam, votre fils, a été emporté dans la forêt par sa nourrice affolée, on n'a pu retrouver leurs traces.

« Au Keng-Louong, cet infernal rapide, une barque tenant la tête d'un groupe, s'est lancée dans une passe autre que celle qu'il faut suivre ; dix-sept pirogues et radeaux la suivant, ont sombré après elle ! Plus de soixante personnes ont péri ! Les îlots étaient couverts de malheureux n'osant se confier, à la nage, à la violence du courant, attendant que la décroissance de l'eau leur permît de se sortir de là. Des barques et des débris arrêtés par l'obstacle, l'ont encore aggravé.

« Un Laotien rencontré hier, vous le verrez, il vient, nous a conté que pris par les Hos à Pak Lun, il leur a donné tout son bagage, cinquante ticaux et une boule d'opium, et a eu la vie sauve. « Va vers ton Roi », lui ont-ils dit, « porte lui nos paroles : s'il veut combattre qu'il vienne ; quant à nous, après avoir fouillé les mausolées des pagodes nous quitterons ce pays. »

La fin de ce récit donne la note à la foule, elle prend pour point trompeuse l'information qui la termine, et chacun se retire, pensant : si les Hos ne sont pas partis, ils sont près d'être en route.

19 *juin*. — Cette impression a été si profonde, qu'aujourd'hui, sept ou huit barques se sont acheminées vers Luang-Prabang. Le but de ceux qui les montent est pour les uns, retrouver leur famille. On ne doute pas que les autres iront chercher dans les décombres, ce que les Hos auront négligé d'emporter.

Le kaluong a renoncé à partir, et s'arrange pour séjourner ici.

Le Gouverneur de Xieng-Kang arrivé le 17, va avec une vingtaine d'hommes remonter le fleuve pour y assurer l'ordre.

Khè ne m'a rien appris de plus que le récit du prince Ratsampan. Comme lui il a jeté son fusil dans la brousse et croit le retrouver lorsque nous reviendrons.

Le Chao Kompam, ce fils du Roi chargé de la garde de la barque contenant le trésor, me dit :

« Le matin de l'attaque, j'avais de bonne heure demandé au Roi l'autorisation d'emmener le trésor près de ma mère et vous ; il s'était fâché, et avait répondu : « Il ne faut quitter la berge que si les Chinois tirent le « canon qu'ils ont à leur campement. » J'ai attendu ; quand le canon a fait feu il était trop tard, je suis parti dans l'eau, heureux de n'avoir pas été tué par les balles en nageant. »

Le trésor se composait de vingt-huit jarres pleines de monnaies d'argent ; et de quatre caisses contenant des objets d'or : couronne, ornements royaux, sabres à fourreau d'or, vases, boîtes, bijoux, etc.

Quant au Roi il avait fui n'ayant que son sabre, et à peine vêtu à cause de la chaleur. Je lui avais offert un de mes habillements, et ma petite natte matelassée du Cambodge.

C'est tout ce qu'il a pour lui-même dans sa barque : sa femme en se retirant à temps, avait emporté quelques objets indispensables avec des vivres.

On estime à cent piculs la quantité de benjoin actuellement dans les barques à Paclay, et à trois cent cinquante, celle abandonnée à Luang-Prabang et qui a dû brûler, les Hos étant connus pour ne point s'en soucier et ne rechercher guère que l'or et que l'argent.

21 *juin*. — La nuit dernière, un orfèvre du Roi, resté caché après l'affaire du 10, dans les environs de Luang-Prabang, est venu apporter la nouvelle du départ des bandes, effectué dans les journées des 12 et 13.

Celui qui donne ce fait comme certain, a vu la ville abandonnée, et parle pour le reste, d'après le récit d'un vieillard, qui pris comme guide par les Hos, s'est vu forcé, la corde au cou, de les conduire à Pak-Nam Hou.

Mis en liberté là, le prisonnier lui rapporta que tout ce qu'il avait pu savoir d'un des chefs des Chinois au sujet du second Roi, c'est qu'un homme boîteux avait été tué.

Tout le monde, ici, voit dans ces paroles prêtées au chef chinois, un moyen, le moins cruel possible, employé par le serviteur du Roi pour apprendre le malheur à son maître, car la claudication du second Roi était bien connue de tous.

Après la fuite de la population, les Hos auraient pillé puis incendié les maisons du Roi, du second Roi et du Chao Ratsampan ; l'incendie se serait éteint de lui-même, le feu n'aurait ensuite été mis qu'aux villages des alentours. Une grande partie de la ville resterait donc intacte.

22 *juin.* — Le Roi fait partir un de ses fils pour Luang-Prabang. Des habitants en certain nombre partent également. Les travaux des champs vont donc pouvoir se faire.

Les dix-sept blessés que je soigne ici, ont presque tous été atteints en barque. Malgré mon inexpérience, j'ai réussi l'extraction des quatre balles, toutes les blessures sauf une à la poitrine sont en bonne voie de guérison.

Paclay, le 22 juin 1887.

23 *juin*. — Le Roi ne quittera Paclay qu'à l'arrivée, du Siam, des aînés de ses fils.

« Sûrement », m'a-t-il dit, « leur marche sera prompte après que de Kèo, ils auront entendu la désastreuse nouvelle ».

Cela nous mène à ..... loin, au moins deux mois ! Il faudra à Kèo quinze jours pour descendre à Bangkok par étapes doublées ! Les princes à la montée, ne peuvent mettre moins du triple sans compter la préparation au départ.

En même temps que le Roi passera de ma garde sous leur garde, je compte m'acheminer vers Luang-Prabang par une des voies de terre, laquelle, je n'en sais rien ! Là j'examinerai comment je pourrai bien reprendre ma marche vers le nord !

Au bord de ce chenal étroit où entre d'invisibles murs de granit le Mé-Khong court, au long de l'immense plage lit majeur du fleuve encore à sec, nos deux barques se touchent, une planche les unit. Des centaines d'autres, à notre suite ou en avant sont confusément amarrées.

J'ai raconté ailleurs[1] comment le vieillard vient chaque jour, à l'heure du repas pris, partager avec moi un peu de café sauvé dans le désastre. Appuyé sur la vieille Reine, il marche lentement les trois pas de la planche. Tandis que je lui tends la main, Ngin et Som maintiennent les bateaux dans le clapotis bruyant du courant.

Devant leur radeau dont la hutte, arrangée en minuscule salon, est ouverte sur la plage, constamment des familles défilent et s'agenouillent. Les unes viennent prendre congé, prêtes à rallier la ville, d'autres disent leur attente du retour de rameurs d'expérience ; enfin le plus

1. Mission Pavie. *Recherches sur l'Histoire*. Introduction, page XXIX.

grand nombre annoncent que provisoirement elles restent à ce campement dont le Roi est le chef.

Toutes le remercient d'avoir arrêté sa retraite à Paclay : s'il était parti pour Siam, on n'eût plus su que faire, personne ne commandant avec autorité, le désordre eût été au comble.

Et chaque fois le Roi répond qu'il a pris mon conseil, que je suis son ami, leur ami, qu'il faut que chacun se souvienne!

Lorsque ensuite tout le monde passe près de la barque où l'on me voit écrire, des saluts discrets, des sourires bons et tristes, familiers et polis, me disent ce qu'on pense, et qu'à cause du travail dans lequel je m'absorbe, nul n'ose me déranger.

Je n'insiste jamais pour attarder leurs pas, craignant de voir sur eux quelque reproche amer du kaluong siamois, susceptible de reprendre son ancienne attitude.

24 *juin.* — Onze Laotiens blessés sont en haut de la berge dans des petites cabanes où chaque jour deux fois, je leur donne des soins. Les autres vivent sur des barques voisines de la mienne dans la ville flottante si subitement formée.

Dans le nombre le Satou de Wat Maï et le phya Peunom me montrent une gratitude sincère au point, j'en ai la conviction, que le souci les tient d'établir autrement qu'en paroles que leur cœur est à moi.

Par eux je comprends l'esprit de la foule désœuvrée circulant sur la plage ou qui par groupes nombreux, accroupis sur le sable, gémit sur la présente misère, et je sais qu'on m'est reconnaissant d'être auprès du vieux Roi, d'aider à la cohésion dans l'exode, et d'avoir préféré misérer avec eux plutôt que, vers Bangkok, être allé chercher l'aise.

Les événements où j'ai trouvé un rôle, m'ont donné l'occasion de me dévouer à tous, et permis de semer sans effort, au Laos, un bon germe nouveau d'aimable attention pour la France.

Ce résultat, compensation encourageante à mon échec vers le Tonkin, je n'aurais point osé l'espérer si rapide, il donne à ma résolution et à celle de mes hommes, une force encore plus grande, et il nous semble à tous que le succès final sans obstacles nouveaux, serait bien affaibli.

25 *juin*. — Dès qu'à Luang-Prabang, j'avais su, du Satou de Wat Maï, l'existence d'une chronique du Lan-Chang, j'avais tenu à faire, tout au moins pour la forme, la démarche voulue auprès du kaluơng lui exposant le désir et le but raisonnables de l'avoir en mes mains.

Sa réponse ne m'étonna pas, même elle était prévue : Une pareille demande, s'il la transmettait, causerait au vieux Roi le très grand chagrin de décliner d'y accorder suite. Mieux était d'attendre le Chao-meun, huit jours, de s'en rapporter à son avis sage.

C'est ce que je fis.

Quand j'eus l'occasion, je parlai au chef sur le même sujet.

Il s'y attendait. Très aimablement il me rassura : la demande par lui, serait sans retard présentée au Roi.

Je le priai cela ne suffisant pas, d'orner mon désir de son agrément pour qu'un bon accueil fût le résultat.

Alors il craignit d'être catégorique. Je trouvai pourtant qu'il était très clair :

« Il est bien douteux que le prince confie même pour peu de jours, semblable document, unique exemplaire, vénéré de tous à un étranger ! »

Puis il oublia... Le bon roi Ounkam en me l'apprenant, vient de me permettre de faire le possible pour me procurer à Luang-Prabang dans les bâtiments ruinés par le feu ou dans les pagodes qu'il a épargnées, les vieux manuscrits : histoire ou légendes qu'il me paraîtra bon d'examiner.

Aujourd'hui, j'ai dit au Satou après le pansement de sa jambe blessée, mon ambition d'avoir les chroniques et la permission donnée par le Roi.

« Si j'avais le plus tôt possible ces cahiers précieux, nous travaillerions sans désemparer à leur traduction en attendant la marche prochaine ! »

Dans l'immobilité qu'impose la blessure, le bonze sur sa natte, le visage heureux, regarde son frère ; posément il lui dit ce qu'il devra faire : au fond de quel coffre la bibliothèque de son propre temple garde les manuscrits qu'il apportera !

Sauf chez le Roi, il faudra tout taire jusqu'au résultat.

Avec quelle joie je donne un peu d'or pour louer la pirogue et pour tous les frais !

Avant midi, le frère a rejoint un groupe d'autres barques formant un convoi vers Luang-Prabang.

Le voilà en route confiant dans nos vœux ! Brave Laotien !

26 *juin*. — Un phya, parti des premiers de Paclay, revient rapportant de Luang-Prabang des détails tout frais sur l'état actuel.

Son embarcation lourdement chargée de fusils anciens trouvés par les rues, a sombré avant-hier dans le Keng Louong : un vieillard, un enfant noyés, toutes les armes au fond !

Le campement entier est autour de lui, chacun veut savoir ce qui l'intéresse.

Le Roi me résume ainsi son récit :

« Du second Roi la triste dépouille n'est pas retrouvée, sa mort cependant ne fait aucun doute.

« Il est inexact que Bac Mao soit tué.

« Les bandes, en route le 13, se sont divisées à Pak Hou. Les soldats de Laï, piroguiers habiles remontent la rivière. Les Chinois, par terre, suivent par la rive droite la route du Nam Bac.

« Des femmes, des jeunes filles, des enfants, très peu d'hommes, une centaine en tout, sont menés captifs par l'une et l'autre bandes.

« Le nord de la ville est un grand champ noir ; l'autre moitié est ruinée par places.

« Dans l'enclos du Roi, aucun bâtiment ne subsiste plus. Les belles cases des princes, ma jolie paillotte, les grands magasins : armes, ivoire, benjoin, laque, cornes, mon bagage, tout a disparu.

« L'entrepôt du riz étant isolé est resté intact. De même les pagodes :

leurs espaces libres, les tuiles de leurs toits, et leurs grands ombrages les ont protégées.

« De nombreuses familles sont sur la rive droite. Les émanations provenant des morts ou bien des décombres, rendent le côté gauche presque inhabitable.

« La voix populaire accuse timidement quelques mauvais gas, tous fumeurs d'opium, de complicité du sac de la ville. On cite des Siamois auteurs de pillages, le secrétaire même de notre kaluong, a pris des ivoires placés dans un temple.

Ce dernier fait rapporté en pleine assurance, les intéressés vont au Kaluong.

Il a répondu ;

« S'il ne les eût pris, les Hos les brûlaient.

— Alors il faut rendre ?

— Cà, c'est autre chose. Il a eu la peine de les emporter ils sont donc à lui ! »

27 *juin.* — Stationné ici, sous la hutte de palmes de l'embarcation, j'utiliserai, m'instruisant des choses de ce beau pays, les jours estivaux au cours desquels le ciel laisse s'ouvrir toutes ses cataractes, grossit le Mé-Khong jusqu'au maximum.

J'ai dit, au cher Roi :

« Je ne sais encore rien ou presque rien sur les territoires au delà du fleuve où mon rôle m'appelle. J'ai très bien compris qu'une consigne précise était répandue pour laisser les choses obscures à mes yeux et même me tromper. Quel bonheur pour moi si je vous devais l'entière vérité ?

— Interrogez-moi, je vous répondrai, mon fils quand il reviendra ne peut qu'approuver. Notre pays n'est pas une conquête du Siam. Luang-Prabang voulant protection contre toutes attaques, volontairement offrit le tribut. Maintenant par son ingérence notre ruine est complète. Je voudrais ne plus le connaître. Si mon fils consent, nous nous offrirons en don à la France, sûrs qu'elle nous gardera de malheurs futurs.

« Laissons l'avenir, laissons les affaires, tout s'arrangera pour des jours tranquilles, je m'y emploierai. Parlons simplement de ce que j'ignore. »

Alors il appelle trois vieux serviteurs. Ils viendront en aide à sa mémoire faible ; ensuite, dans ma barque, ils se relayeront les jours de travail.

Dès ce premier soir, je suis mis au point sur le sujet des territoires liés au Laos dont avec persistance les agents siamois ont pu me cacher l'exacte situation.

Les Sip-song chau thaïs, sans que j'aie un doute, dépendent de l'Annam.

Le Chao-meun lors de sa conquête, pensant les soustraire à toute discussion, retira aux chefs: titres et cachets donnés par l'Annam en des temps lointains. Il offrit en place, des papiers tout neufs, des cachets siamois.

Seul Kam Seng, le vieux chef de Laï fut récalcitrant. Ses fils capturés, payèrent son refus de leur liberté. Emmenés prisonniers, l'invasion suivit. Et voilà pourquoi nous sommes à Paclay !

Ces explications m'ont montré la cause du silence siamois tout autour de moi : Kam Seng est Français !

Que ne l'avais-je su par le moindre avis lors de l'enlèvement !

Ses fils, réclamés à Luang-Prabang, eussent pu être sauvés des fers de Bangkok ! Et quant la situation se fut aggravée, si, au courant de tout, j'avais eu près du second Roi allant vers les bandes, la place deux fois demandée, mon contact avec Kam Oum n'eût-il pu avoir une conséquence différente du malheur actuel ?

Le Roi et la Reine et leurs vieux amis y songent maintenant ! Leurs regards unis, dirigés sur moi réclament, humides, des paroles d'espoir !

Épris du rôle que je vois m'échoir, j'expose mon idée pour la suite des choses :

« Les fils de Kam Seng seront délivrés. Avec eux j'irai jusqu'à Muong Laï ; j'en ramènerai les captifs de juin.

« Le mal sera réparé autant qu'il se peut. On doit en donner la bonne assurance à toutes les familles !

« Je vais de suite faire la lettre de réclamation. »

Ils poussent un soupir, ils me remercient.

Dans leur grande confiance, tous deviennent joyeux, on dirait qu'ils voient ces faits s'accomplir.

Comment expliquent-ils la présence des Hos dans la troupe de Laï, lors de l'invasion ?

Dans le temps même où le Chao-meun s'emparait des fils du vieux chef Kam Seng, des Pavillons jaunes laissant le Fleuve Rouge devant les Français, s'installaient à Laï. Cela était su au camp des Siamois, et cet embarras pour le petit canton y donnait confiance que sa soumission ne pouvait tarder.

Mais tout au contraire : vengeant ses enfants, dégageant son sol, pour une forte somme Kam Seng engagea la bande des Chinois, elle doubla sa troupe. Conduits par Kam Oum, guidés par Bac Mao, tous partirent en guerre vers Luang-Prabang.

Quelles relations, dans ces derniers temps, Laï avait-il eues avec le Laos ?

Ce canton de Laï, plus occidental des Sip-song chau thaïs, était autrefois avec le Lan-Chang en très bons rapports. Ils avaient cessé dans des circonstances curieuses à connaître.

Le canton de Theng qui les séparait devait un tribut annuel à Luang-Prabang.

Sous le règne de Chann, frère du roi Ounkam, Laï et Theng eurent lutte. Theng eut le succès. Kam Seng alla porter plainte à Luang-Prabang. Chann réconcilia ses voisins entre eux. Kam Seng, escorté, rentra au pays, redevable à Chann d'une grosse somme d'argent. Il laissait Kam Oum, l'aîné de ses fils, ôtage pour le prêt dans une des pagodes où il étudiait. Après deux années la somme fut rendue et Kam Oum partit.

Quand Ounkam régna, un rebelle de Laï put s'enfuir à Ngoï. Kam Seng au courant, envoya Bac Mao avec cinq soldats. L'homme de Laï fut tué. Bac Mao arrêté fut mis en prison à Luang-Prabang. Il y a trois ans la prison brûla ; Bac Mao s'évada. La brouille de Kam Seng et du roi Ounkam fut la conséquence de ces derniers faits.

On comprend par cet exposé la facilité de l'envahissement.

28 *juin.* — Les vieillards, serviteurs du Roi, dont j'ai le concours, m'ont dit ce matin :

« Depuis le désastre, des employés thaïs près du Kaluong affectent sans cesse un dédain grossier pour les Laotiens : princes, mandarins, peuple. Notre peu de courage a permis, disent-ils, le sac de la ville. Un éloge outré des soldats siamois suit leurs insolences. Sous tous leurs sarcasmes nous baissons la tête n'osant contester qu'ils soient mérités.

« Cependant chacun sait que du manque d'organisation le mal est sorti. Nous avons le cœur, mais faut savoir que faire ! Tout le monde comptait sur la troupe siamoise. Sa présence était la sécurité. Son départ au moment critique, sans que rien remplaçât sa force, sans que personne montât les courages, a fait qu'on n'a songé qu'à fuir le péril.

« Que répondrons-nous qui fasse taire ces gens, simples serviteurs ?

— Allez au Kaluong, dites-lui les offenses, répétez vos simples paroles. Et pour mettre fin aux comparaisons avec la troupe de Bangkok rappelez que celle-ci est plus qu'aux deux tiers faite de Laotiens [1]. »

1. *La composition des troupes du Chao-meun lorsqu'elles arrivèrent à Luang-Prabang, était la suivante :*

Soldats instruits à Bangkok, Siamois 100, Laotiens 100, Pou thaïs 60, Cambodgiens 40. . . . . = 300

Soldats incorporés et instruits en route, Siamois 100, Laotiens de Muong Sâ 100, id. de Sisaket 100, id. de Luang-Prabang 100, id. de Muong Nan 300. = 700

1er *juillet*. — Remontant le fleuve, hier sur sa rive droite, quelques heures de manœuvre des perches m'ont mené en barque — le kaluong causant avec moi — à l'étroite entrée d'un cours d'eau paisible, nommé le Nam Poun, circulant sinueux et très ombragé dans une belle vallée prise par la forêt.

Le but de la course était la visite d'un bosquet de tecks dont l'exploitation serait plus facile que partout ailleurs, tous les arbres étant — cas peu ordinaire — à proximité du cours d'eau propice qui — le moment de la coupe venu — les emporterait hors de la forêt sans qu'aucun obstacle retardât leur marche.

Les chefs du pays étaient désireux de savoir de nous s'il serait possible de trouver la vente des mille deux cents arbres qui le composaient.

Ils parlèrent ainsi :

« Sur l'autre versant du faîte de ces monts, tributaire du fleuve Chaophya Mè-nam, le teck se vend bien, le prix est connu mais sur celui-ci vers notre Mé-Khong on n'a pas tenté de tirer parti de ce bois précieux.

« Plus qu'aux cataractes de Lipi ou Kong, barrières effrayantes mais qu'on peut franchir, le motif en est qu'en suivant le fleuve on quitte ce pays pour les territoires soumis aux Français.

« Que nous direz-vous qui nous donne espoir en l'avenir proche ; pouvons nous rêver de nous enrichir ? »

Le kaluong me laissa parler. Je leur répondis :

« Je sais en effet, pour les avoir vus, que les Laotiens livrés au négoce font descendre aux barques les rapides de Kong, où ils forment ensuite les immenses radeaux qui portent le riz et autres produits jusqu'en Cochinchine.

« Il est évident qu'où passent les pirogues les bois peuvent passer. Cependant voici :

« Le commerce du teck ne saurait se faire sur si mince échelle. Il faut qu'un envoi fournisse pour le moins le fret d'un navire. L'entreprise exige une grosse mise de fonds. La préparation des arbres choisis

Fig. 42. — Forêt de Tecks.

demande plusieurs ans pour qu'ils puissent flotter avantageusement vers le port final. De fortes sommes d'argent doivent être dépensées avant tout profit : écorçage du tronc, son séchage sur place ; puis, pour moins d'ennuis, on n'exécute guère le dernier transport qu'autant que l'achat est bien assuré.

« Vous savez cela ; vos ressources infimes vous ôtent par ailleurs tout

Fig. 43. — Éléphants employés au transport du teck. Bassin du Mé-nam.

espoir sérieux de travailler seuls avec résultat. L'acheteur doit donc venir de Saïgon — port de chargement — pour vous visiter, voir la marchandise, entrer en affaires.

« Mais avant toutes choses, des règles de droit sont à mettre au point entre les deux pays de France et de Siam. Ma présence vous dit que cet objectif est envisagé. Il y a encore la sécurité qu'il faut assurer. Comptez qu'à ces buts ma bonne volonté saura s'employer. »

Alors ils nous montrent le bois en détail, se pressant d'en dire tous les avantages, causes de notre venue.

« Comme d'une plantation — et c'est pur hasard — les arbres sont égaux en grosseur et taille. Sur ce grand terrain sans ondulations, ceux

Fig. 44. — Tecks attendant une crue dans le lit d'un torrent. Bassin du Mé-nam.

qu'on abattrait tomberaient presque à l'eau qui les emmènerait tant ils en sont proches. »

— Mes sincères louanges à cette belle futaie ! quelle économie si toutes vos forêts avaient leurs gros tecks dans ces conditions ! Cependant sur ce versant-ci, sans être fréquent, le cas n'est pas rare : Xieng-

Haï et Xieng-Sen, Xieng-Kong et Paclay ont de beaux endroits, que j'ai visités, dans les fortes réserves qui attendent la hache !

— Au contraire dans l'autre bassin, Mé-nam Chaophya — je l'appelle comme vous — plus de coupes commodes pour le bûcheron. Tout y est

Fig. 45. — Tecks assemblés pour attendre une crue. Bassin du Mé-nam.

détruit dans les places faciles depuis bien longtemps. Partout sur ma route, Xieng-Maï vers Xieng-Sen en janvier dernier, un nombre infini d'hommes et d'éléphants, à des frais énormes, peinaient au transport par monts et ravins, des troncs aux torrents. Encore ces cours d'eau, sinueux, pleins de roches, gardent leurs dépôts souvent de longs mois même des années ; il faut que des crues fortes à l'extrême — circonstances rares — déblayent leur lit, portent le bois au fleuve.

— Entretenez donc votre belle forêt ; développez s'il vous est possible son élargissement dans toute la vallée. Jusqu'ici les tecks vendus en Europe, viennent tous du Siam ou de Birmanie : vous pouvez être sûrs qu'à très courte date, celui des forêts, rive droite du Mé-Khong, vierges d'exploitation, prendra comme ces autres dont les mines s'épuisent, la route d'un grand port. »

Par quelle omission la nature a-t-elle dépourvu de teck le bord gauche du fleuve tandis que le droit est favorisé ? Le sol est semblable, quelle serait la cause sinon un oubli que l'homme dans l'avenir pourra corriger !

Je me trouve à l'aise, tant que je puis dire, dans la compagnie des bons Laotiens. Je subis le charme de les voir confiants. J'aime les entendre dans l'effort qu'ils font en leur langage simple fait de phrases concises, dépourvues d'ambages, circonlocutions, pour parler très clair et que je comprenne ! combien moi aussi ne m'ingéniai-je pas à dire ma pensée en des expressions mises à leur portée, faciles à traduire, faciles à saisir.

4 juillet. — Le jeune Chao Som, fils du second-roi, dix-sept ans à peine, blessé à Luang-Prabang tandis qu'à la nage il fuyait au large, sa barque ayant chaviré, vient de m'être conduit par le kaluong.

Arrivé par terre après un voyage extrêmement dur, souvent arrêté au cours de sa marche et pour plusieurs jours par suite des souffrances que cause la blessure, et par les grandes pluies, il est exténué.

Quand je vois la plaie, au bas de son cou, je reste confondu. Une balle demi-morte, a frappé sans force sur l'épine dorsale. Visible en partie, elle est restée là depuis trois semaines personne ne tentant de la retirer !

Pour fuir la douleur qu'appelle tout mouvement, il se tient courbé et comme engourdi, n'osant ni parler ni regarder rien, se laissant conduire.

Peut-être cet état est-il mieux la suite de l'ébranlement de tout l'organisme que causa le choc, ou de la présence du morceau de plomb en pareil endroit.

Quand je lui ai dit : « Le temps que ma pince soit entre mes mains et vous allez voir la balle qui vous brise », il s'est accroupi sans tenter un geste.

L'extraction facilement faite, j'ai baigné la plaie avec un peu d'huile, le médicament — je n'en ai pas d'autre — dont je fais usage avec mes blessés, et je l'ai bandée. Soulagé de suite sentant son cou libre, il a peu à peu relevé la tête, et s'est redressé remerciant des yeux, puis il a parlé comme auparavant.

La démarche des chefs près du Kaluong, il y a cinq jours. a eu pour effet le renvoi au Siam des plus agressifs de leurs insulteurs.

Ils sont partis hier avec un courrier qui comme d'habitude a laissé mes lettres ! Pour ces omissions que je sais voulues, je ne dis plus rien. Il est inutile que le Kaluong, une fois encore, me fasse comprendre qu'il n'a pas souci qu'on les lui reproche.

8 *juillet*. — La pluie tombe à flots presque tout le jour depuis une huitaine. Une chaude embellie suivra ; égale en durée elle abaissera le niveau du fleuve de la moitié du bond qu'il achève de faire.

Entre leurs talus, les champs gardent l'eau de ces grains fréquents. Les riz se repiquent ; ils changent leur vert tendre en vert plus foncé sous l'ardent soleil que les travailleurs supportent gaiement tout à fait ravis de voir son action suivre leurs prévisions, aider leurs efforts.

Les champs de Paclay sont sur l'autre rive.

C'est une grosse fatigue, chaque jour renouvelée, que de traverser le lit du grand fleuve pour le repiquage. Le courant rapide exige qu'on remonte fort loin la rive droite, plus d'un kilomètre, avant de passer côté des rizières.

Par beau temps ou pluie, toutes les pirogues de ce gros village à l'heure matinale que le soleil fixe, longent nos radeaux. Gens âgés et jeunes semblent sans soucis, s'entraînent en chantant, marquant la cadence à coups de pagaies.

Comme salut au roi, aussi à la reine, à moi en même temps, ils cessent de ramer juste devant nos barques, suspendent le chant sur les lèvres ouvertes qu'un sourire aimable anime un instant, puis vigoureusement, très à l'unisson avec la chanson, retrouvent la vitesse que le court arrêt avait ralentie.

9 *juillet*. — Depuis ce matin mon regard anxieux interroge au nord l'étendue du fleuve y cherchant la barque qui ramènera le frère du Satou, porteur des chroniques.

Nos calculs nous disent qu'il ne peut tarder.

A-t-il pu trouver ce trésor pour moi ? Des ennuis, en route ou là-bas, ont-ils fait obstacle au but poursuivi ?

Journellement Satou prie pour le succès !

Mé-Khong tumultueux, sois-lui bien propice !

Dans l'attente patiente, j'ai déjà réglé ce que nous ferons dès les livres venus.

Si l'on nous questionne, soit indifférence, curiosité ou malintention ; je possède le lot, et puis voilà tout.

Car la traduction que je vais en faire, ne peut être célée ; je souhaite au contraire que tous la connaissent.

Les vieux du vieux Roi qui depuis quinze jours sont mes hôtes fréquents, y travailleront avec Ngin et Som, tout autour de moi. Chaque passant verra les livres dans nos mains, chaque visiteur, dès qu'il entrera, sera au courant.

Le Satou dont la jambe blessée reste paralysée, porté par la barque qu'il ne peut quitter ne viendra vers nous que pour être soigné. Ngin ira à lui lorsqu'apparaîtra la nécessité de tirer au clair des passages obscurs.

Parce que Ngin et Som, mes braves Cambodgiens, instruits dans leur langue et en laotien, ignorent le français, et que je ne puis sans leur assistance dépouiller les textes, on fera ainsi :

Tour à tour les vieux liront des fragments ; si nous comprenons ils passeront outre, dans le cas contraire ils expliqueront ou commenteront, puis chaque page, lorsqu'elle sera sue, sera mise par Som en langue cambodgienne — que je connais mieux que le laotien — et alors en français par moi, et tout ira bien.

Pour la nourriture, depuis la débâcle, le choix n'est pas grand au bord du Mé-Khong : des poulets, des œufs, du riz, du poisson, l'eau du fleuve filtrée ! Si l'on y ajoute les pousses des rotins et celles des bambous, patates douces, concombres, on aura idée des mets habituels qu'une sauce au carry rend appétissants.

A rien n'ont servi les belles provisions lentement apportées à dos d'éléphant au bord du Nam Kok, et que de Xieng-Sen à Luang-Prabang, les hommes des radeaux préservèrent si bien de toutes avaries !

Conserves en boîtes, chocolat Menier, un peu de Bourgogne, la revalescière que j'avais cru sage d'avoir en réserve pour me remonter en cas de fièvres fortes, tout s'est évanoui dans le grand brasier avec un bagage plus précieux encore : livres et vêtements, chaussures, papier, plumes, plaques photographiques !

Je songe parfois non sans un regret à cette destruction, à la grande fumée qui emporta tout ! L'idée du plaisir que me procurera le renouvellement, si lointain soit-il, efface peu à peu l'impression première. Quant aux privations, conséquence forcée de la catastrophe je n'en souffre point, de si longue date j'y suis habitué !

Un peu de café, assez de quinine, voilà tout mon luxe et on me l'envie !

Seul le vieux Roi partage le café. Quant à la quinine, toute ma provision était dans mes mains au jour du désastre ; sans en être prodigue j'en puis donc user avec les malades dont le nombre croît. La fièvre en effet, secoue fort les gens tout dépaysés qui sont à Paclay.

Tous mes blessés, même le petit prince, ont leurs plaies fermées, et phya Peunom dont l'os de la cheville a été brisé, commence à marcher.

Je suis étonné d'un pareil succès, mais les Laotiens n'en sont pas surpris. J'ai l'air si confiant dans la guérison quand je soigne l'un d'eux, qu'ils n'imaginent pas que je puisse échouer.

Le pauvre Satou est bien convaincu que je parviendrai à rendre la vie à sa jambe inerte ! Lui laissant l'espoir, j'ai pour toute ressource de lui persuader qu'au Tonkin seulement je pourrai trouver la drogue efficace.

10 *juillet.* — Dans quelle joie je suis, le frère du Satou vient de m'apporter les livres attendus ! Il n'en manque pas un !

Arrivé de nuit, avec des marchands, il repart de suite, sur sa même pirogue pour un autre but.

Il évite ainsi : questions indiscrètes et soupçons fâcheux, car il craint l'impression mauvaise qu'un dépit outré pourrait bien faire naître — chez qui nous savons — si l'on apprenait qu'il me sert si bien.

11 *juillet.* — Mon bon roi Ounkam est tombé malade ! Il quitte sa barque pour aller à terre loger dans une case où l'aise est plus grande. J'irai journellement lui donner mes soins ; j'ai tant peur pour lui ! il supporte le poids de tant de misères et porte tant d'ans !

13 *juillet.* — La fièvre fait des siennes ! hier deux hommes sont morts !

Le kaluong est aussi malade, il me l'a fait dire. Je lui ai porté un peu d'ipéca. Grâce à la quinine, dans deux ou trois jours il sera remis.

14 *juillet.* — Le Roi va mieux ce matin. Je me montre si sûr que le malaise dont il est atteint est tout passager, que personne, dans son entourage, ne se montre inquiet, pas même la Reine. Leur tranquillité est pour lui un bon réconfort qui vaut bien une drogue.

15 *juillet.* — Je viens de passer les cinq derniers jours à noter les titres de mes manuscrits, à en relever les dates citées dès au commen-

cement et en dernier lieu, et à recueillir une impression claire sur leur contenu.

L'ensemble comporte huit épais cahiers de feuilles de palmier. Copies d'œuvres qui semblent avoir été mises sur un premier pied vers le milieu du quatorzième siècle, et tenues depuis assez au courant, elles furent retranscrites il y a trente ans par des bonzes instruits, et âgés sans doute car ils demandent, dans les dernières lignes, qu'on veuille excuser l'écriture tremblée ; la main est raidie !

Ces chroniques racontent l'histoire du Lan-Chang (Millions d'éléphants), nom heureux pour peindre la nature sauvage de Luang-Prabang, trouvaille certainement de l'élégant poète qui nomma aussi : « Millions de rizières, » les vastes plateaux des sources du Mé-nam et « Millions de greniers », son si riche delta.

En des préambules complétés entre eux, ils disent l'origine des choses au Laos.

Dans des pages naïves où la morale prime, l'imagination des auteurs relie sans les embrouiller, toutes les traditions à l'aide d'une légende imitée de l'Inde. Le texte s'en développe avec un mélange d'idées, de préceptes brahmano-bouddhistes, caractéristique du temps où commence le récit des faits composant les livres.

Le style est charmant ; citer quelques phrases prises de-ci, de-là, c'est faire sa louange et prier qu'on veuille jeter un regard sur un genre d'écrits qui donne une note nouvelle et curieuse, sur les sympathiques populations chez qui je me trouve.

Deux solitaires à la recherche d'une terre favorisée, arrêtèrent leur barque devant une colline régulière comme un amas de riz dont le fleuve, large et tranquille, répétait à leurs yeux l'image et les couleurs. Au sommet un flamboyant haut de soixante coudées couvrait les pentes de ses fleurs rouges, l'eau en plusieurs endroits tombait limpide des roches ; le soleil, le matin d'un côté du mont, était le soir de l'autre. Le lieu leur plut.

. . . .

Ils y fonderont une capitale. Ils s'adressent au Phya Theng le maître du ciel :

Nous voudrions un roi n'ayant pas le cœur mauvais, le visage double, ne se conduisant pas suivant son inspiration mais d'après les usages et la tradition, et que les chefs, grands et petits soient calmes, bons pour les conseils . . . .

. . . .

Les habitants de nos contrées disent que les Theng (anges) entendent tout; qu'ils font pleuvoir et retiennent l'eau, qu'ils inventèrent la musique . . . .

. . . .

Un Theng, Koun Borom, descend sur terre pour être roi.

Il choisit pour monture l'éléphant Nack Kèo, fils d'Erovan. Il avait le corps blanc, les yeux noirs, les oreilles noires, la ligne du dos noire. Il était beau comme ceux qu'on dessine. Ses défenses étaient courbées et transparentes. . . . .

. . . .

Le pays où il arrive sera le Muong Theng (pays des anges).

Il n'y avait pas de peuple ; on perça des courges que Thao Yeu, membre du cortège avait coupées.

De la première sortirent en quantités impossibles à dire : hommes, femmes, éléphants, chevaux, or, argent, richesses de toutes sortes et graines de plantes. . .

. . . .

La reconnaissance du peuple pour Thao Yeu se montre toujours parmi nous, C'est en souvenir de lui que les Laotiens disent avant de manger : « Chin Yeu » avant de sortir : « Pay Yeu », c'est-à-dire : « Mangez le premier Yeu ». « Passez le premier Yeu », et cela qu'ils soient seuls ou bien plusieurs. Tandis que chez d'autres peuples oublieux, on dit : « Partez », « Venez », « Mangez le premier », à celui avec lequel on sort ou mange . . . .

. . . .

Borom partage gens et biens entre ses sept fils. Il désigne l'aîné Koun La, pour aller au lieu choisi par les solitaires, les autres iront dans diverses contrées.

On lui apporta un vase d'or rempli de l'eau consacrée, ses enfants s'approchèrent ; hommes et femmes unirent leurs mains, et le roi les pressant avec les siennes, les plongea dans l'eau lustrale.

Parlant aux princes, il leur dit :

« Je vous demande d'être des rois bons pour vos peuples, de faire qu'ils vous aiment. . . . .

« Ne tuez pas vos femmes pour des fautes, phya Theng le veut ainsi ; elles sont les premières qui soient nées, les tuer serait appeler le malheur sur le pays, rendre le règne des rois courts. . . . .

S'adressant aux épouses :

« Couchez-vous avant vos maris, et soyez toujours levées les premières. . . .

« Ce que vous entendrez dans votre maison ne l'allez point dire au dehors. . .

« Enfin vous tous mes enfants, qui êtes créatures humaines.. . . . . . .

« Ne buvez pas d'eau de vie jusqu'à oublier, et ne fumez pas d'opium choses honteuses.. . . . .

« Que ceux qui seront respectueux de mes paroles soient heureux dans toute leur race ; que ceux qui les oublieront ne vivent point. . . . .

Ayant achevé de parler, Borom sortit leurs mains de l'eau sainte et fit approcher tous les chefs pour la cérémonie du sacre de ses fils.

. . . .

Ayant ainsi fait d'une naïve légende sur l'invasion thaïe, l'introduction d'un livre d'histoire, le bon chroniqueur mentionne à sa suite les indications de la tradition sur l'heure imprécise où il met en scène le fils de Borom au bord du Mé-Khong.

Ces indications disent la croyance qu'en ces temps lointains, les peuples primitifs de la grande vallée eurent un lien intime avec le Cambodge.

Elles montrent en effet, l'envahisseur thaï s'emparant du sol qu'habite une race dont les chefs d'alors avaient pour ancêtre le Pra Rothisen, né d'un roi d'Angkor et devenu l'époux de Néang-Kangrey la dernière enfant des princes du pays.

Elles disent que les collines en face de Luang-Prabang reçurent les noms de ces deux aïeux en témoignage pieux de reconnaissance et pour qu'un souvenir du passé lointain que gardaient les cœurs, restât sous les yeux des populations jusqu'aux siècles futurs.

On les trouve ailleurs, sous forme du récit d'une des existences du bouddha actuel, invariable base des œuvres littéraires en pays bouddhiste, conséquence aimée du dogme moral de métempsycose. Par suite, cette part du texte donnerait l'impression qu'elle est fabuleuse en totalité si, dans les annales chinoises de l'Empire d'Annam, point du tout suspectes, le rôle du Cambodge dans ces hautes régions n'était établi d'une façon formelle depuis le VIIIe jusqu'au XIIIe siècle.

L'ancien nom qu'elles donnent à la capitale est Sawana-Pum (la ville des Yacks), d'un mot sanscrit et d'un mot cambodgien que les arrivants prononcèrent Swa puis qu'ils remplacèrent par Xieng-Dong, Xieng-Tong. Le resplendissant titre d'aujourd'hui est le nom béni d'une statue antique de l'illustre (*louang*) bouddha (*pra*) et surnommée *Bang*, don du roi d'Angkor par qui le Laos eut les saints préceptes.

Parlant brièvement des âges éloignés, l'auteur apprécie la période obscure que jusqu'à 1316, première date citée, il leur donne pour suite, comme ayant duré le règne de vingt rois.

A partir de là jusqu'à 1845, la vie du Lan-Chang se trouve racontée parfois en détail, mais le plus souvent avec beaucoup trop de concision.

Les événements les plus importants inscrits dans ces livres, sont :

L'épopée-légende du rude roi Fa-Ngom (1316-1356), l'introduction du bouddhisme pur (1353), une grande guerre faite par l'Annam contre le Laos (1469), la séparation du royaume en deux (Luang-Prabang et Vieng-Chang, 1707), l'invasion birmane (1783), et, en dernier lieu, la chute de Vieng-Chang devant les Siamois (1828).

18 *juillet*. — La mauvaise période que traverse le Roi semble proche de son terme. L'indisposition est restée bénigne ; les forces effacées reviennent peu à peu.

Comme un enfant il attend toujours avec impatience mes stations chez lui, à cause du café qu'avec précautions Ngin m'accompagnant porte dans une tasse, et pour les causettes où, en des idées pleines d'inattendu, sa curiosité sur la France et sa colonie, se donne large cours. Ces fréquentes visites m'ont donné de voir combien est nombreuse la population formant sa maison : ses femmes, ses enfants — trois générations — tous les serviteurs !

Dans cette vaste case sur le clayonnage élevé à deux mètres sur des pilotis, j'éprouve un charme de tous les instants à regarder vivre ce monde paisible tout autour de lui. Très respectueusement assis sur les nattes, agenouillés ou marchant inclinés, ces jeunes, ces vieillards, marquent par leurs gestes, par leur attitude, quel attachement pieux ils ont pour leur Roi, maître, aïeul, grand-père, père. Sur l'ancien radeau ils n'avaient pas place ; ils logeaient alors de côté et d'autre. Ici, très à l'aise, ils se sentent chez eux : ils parlent, vont et viennent, s'agitent, servent, reposent, s'amusent sans... presque faire de bruit ! Quel éducation parfaite en son genre j'ai lieu d'admirer !

« Comment, cher bon prince, en si grande détresse, pouvez-vous fournir le riz quotidien à toute cette foule ? »

Il semble surpris que pareil souci ait pu naître en moi :

« Des petits emprunts, suivant nos usages, chez l'un et chez l'autre des cantons voisins, dont on tiendra compte en des jours meilleurs, ont permis la vie à toutes les familles. »

Puis sans transition :

« Vous m'avez promis votre photographie — âge de la jeunesse, tenue militaire — et celle du vieux temple proche de la maison où vous êtes né, les apportez-vous? »

Je les présentai.

Pour me témoigner, en son amitié, quel fort souvenir il souhaitait garder de notre rencontre, il avait rêvé, quelques jours avant, en parlant tous deux, que si le Lan-Chang devenait prospère comme je le croyais, il ferait vêtir sa petite garde, du même uniforme que j'avais porté ; et donnerait, au mausolée blanc d'une nouvelle pagode — qu'il édifierait avec l'espérance d'augmenter la somme des mérites acquis, utile à son âge pour la vie future — la forme du clocher recouvert d'ardoises qui m'émerveilla quand j'étais enfant !

Fig. 46. — ... du même uniforme que j'avais porté.

Tandis qu'il regarde les deux cartonnets un étonnement, tout de vif plaisir, se peint dans ses yeux.

Il a pour seuls points de comparaison les choses du Siam ou celles du Laos:

« Vous étiez simplement soldat ! Quels hommes éminents doivent être les chefs dans votre pays ! »

Et trouvant charmante la forme de la flèche de l'église gothique :

« Les nôtres, toutes massives ne sauraient surgir au-dessus des temples. Toute notre ambition en les construisant auprès des pagodes,

Fig. 47. — Il donnerait au mausolée blanc qu'il édifierait, la forme du clocher qui m'émerveilla...

c'est de les faire hautes le plus possible. Nos bons architectes pourront par exemple aidés du Satou, établir le plan d'un gros bloc de briques, assis sur le sol, formant mausolée, qui rappellerait dans son élégance, le sujet gracieux de cette belle image. »

Et je m'inclinais : « Les artistes d'Europe ont perfectionné vos originales créations d'Asie. » Et je l'approuvais, heureux de la joie qui montrait son cœur ouvert à l'avenir, redevenu fort après les tristesses des mauvaises journées, oublieux du mal qui l'avait cherché.

21 *juillet*. — Notre kaluong se trouve rétabli. Dans la matinée j'ai eu sa visite ; des remerciements pour mes attentions en étaient l'objet.

Maître de la fièvre il paraît tout fier de l'avoir vaincue.

Il s'est inquiété de mon propre sort :

« Vous nous soignez tous, nous ne saurions pas vous rendre la pareille. Les vieux guérisseurs de ces pays-ci sont sans armes sérieuses, la plupart du temps, contre les maladies. Il faut être en garde pour vous et vos hommes ! »

— Depuis bien longtemps — en voyageur simple — je suis mon médecin. En cette tiède saison échapper au mal c'est, vous le croyez, avoir de la chance ; pensez autrement, prévenez la fièvre : à minime dose la quinine m'assure contre son atteinte. Pour mes compagnons, leur moral est la force que par-dessus tout je dois conserver. J'y mets tous mes soins. Leur confiance en moi et leur certitude de la mienne en eux servent au mieux ce but ».

J'avais d'abord cru qu'il venait encore me dire son projet de départ vers Siam, puis je réfléchis qu'à la date actuelle il ne restait plus pour lui et pour moi, qu'à attendre calmes, le premier courrier parti de Bangkok après l'arrivée des fâcheuses nouvelles portées par Kéo, et que des lettres vieilles de trois semaines devaient être en route pour notre campement. Supputant les jours que durerait l'attente, je lui exposai ce que je pensais de leur contenu :

Écrites à la hâte sous l'effet d'un choc rude et stupéfiant, et sous la pression de l'inquiétude causée par le doute sur la marche des bandes, elles énuméreraient — pour rendre l'assurance aux populations — les préparatifs en face d'un péril aussi menaçant. A lui, elles apporteraient l'ordre du retour vers son cher Bangkok, délivrance souhaitée d'une tâche qui lui pèse. Au Roi, elles diraient des condoléances, la très proche venue de ses fils aînés — son meilleur désir — et lui promettraient la réparation, la sécurité. Et moi, j'en saurais l'impression produite dans la capitale par l'envahissement du nord du Laos et quelles dispositions, prises par les Siamois, favoriseraient ma marche future..... ou bien l'entraveraient.

Son espoir était — me répondit-il — que sa propre part de mes prévisions se réalisât. Songeant cependant que mon Cambodgien avait précédé de beaucoup de jours sa correspondance, il montra la crainte que ma narration et les longs récits demandés par tous à ce brave garçon, témoin oculaire, n'eussent près de son Roi une autorité qui porterait dommage à sa situation.

Je le rassurai. Kèo, ignorant du reste, raconterait ce qu'il avait vu. Personne mieux que lui n'était qualifié pour parler de cette phase du drame. Mes rapports avaient eu pour but : dire les événements et prévoir l'avenir au point de vue français. Ce que tous ses chefs en pourraient connaître leur causerait plutôt un ennui extrême de ces témoignages et de ma présence qui établissaient avec trop d'éclat, des péripéties regrettables pour Siam qu'on ne pouvait plus tâcher de cacher, ni même d'affaiblir. Leur mauvaise humeur serait contre moi, il en profiterait. On lui saurait gré, ayant été là, d'avoir contrarié, quels qu'ils eussent été, mes conseils et vues. Toute son action deviendrait un titre. Le Chao-meun d'ailleurs ayant le cœur haut prendrait à sa charge, et sans les compter, les fautes reconnues ; puis s'il le fallait, il l'aiderait encore faisant remarquer quelle forte secousse, sa raison, en ces jours critiques, avait supportée.

Tout en m'écoutant il riait convaincu. Acceptant l'augure de mes pronostics, il sortit content.

25 *juillet*. — Le temps passe bien vite à mes traductions ! Presque constamment quelques désœuvrés s'asseyent parmi nous. Ils commentent les textes, disent leur avis, content les traditions gardées dans les cases et citent d'autres livres mais peu différents de ceux que je lis. Tous s'amusent de voir combien me passionne l'histoire du passé de leur beau Laos. Personne ne s'ennuie !

Même le kaluong est parfois des nôtres faisant bonne figure ! De ces chroniques-là, il ne savait — m'a t-il assuré — que leur existence. Je n'insiste pas lorsqu'il parle ainsi, certain cependant que lui et ses chefs n'avaient pas de doute qu'elles ne contiennent sur les temps modernes bien des vérités, et qu'à cela tenaient les obstacles créés à l'acquisition que j'ai tant souhaitée.

Je n'aime pas beaucoup qu'il me fasse visite à ces moments-là. Sa présence éloigne des personnes présentes, en empêche d'entrer d'autres qui le voudraient. Ils doivent être prudents les bons Laotiens dans leurs relations avec... le Français ; le kaluong pourrait bien rester au bord du Mé-Khong quand j'en partirai, et... rotin ou bâton ont un très grand rôle dans l'usage Siamois !

31 *juillet.* — Depuis l'examen très superficiel qui m'a révélé ce que j'apprendrais par le dépouillement de mes manuscrits, j'arrive à la connaissance de nombreux détails et l'intérêt croît.

La part du roman et du merveilleux a pour ainsi dire disparu des livres dès les premières dates, et l'exactitude du reste des textes n'autorise ensuite l'incrédulité que lorsqu'ils indiquent les chiffres d'armées où les hommes se comptent par plusieurs millions ou centaines de mille, manière ingénieuse — c'est assez possible — de frapper l'esprit de celui qui lit, mieux qu'avec les termes, par trop usités, multitude ou nuée...

Ce qu'on y relève sur les relations avec les voisins : Chine, Annam, Birmanie, Siam est très suggestif en ce qui touche ce dernier empire.

C'est avec surprise qu'y cherchant les traces du droit de domination dont l'agent siamois sans le préciser s'étonne que je doute, je n'y ai trouvé à rares intervalles, que de courts passages où Siam soit cité.

Écrits, c'est incontestable en la plénitude de la liberté, ils donnent une note nettement négative de ses prétentions.

Ils disent que des quatre pays, le Siam est le seul devant qui jamais le Luang-Prabang ne dut s'incliner. Ils disent qu'aux anciennes époques Siam rendit hommage aux rois du Lan-Chang, que se prévalant de son origine commune par Borom, il gagna ensuite leur bonne amitié et obtint leur aide devant chaque danger.

Ils disent qu'en leurs guerres, Siam fut le vaincu, et jusqu'au moment de clore le récit, ils indiquent des rapports surtout pacifiques, établissant que quand Vieng-Chang tombe (1828) sous l'effort siamois, Luang-Prabang est, depuis plus d'un siècle, séparé en droit de cette sœur rivale, et que plusieurs guerres contre elle, malheureuses pour lui, ayant effacé tout lien fraternel, il a été le passif témoin de sa destruction.

Par contre on y voit l'affirmation souvent répétée que Luang-Prabang vassal de la Chine lui doit le tribut de dix en dix ans.

Ces constatations m'ont montré pourquoi les agents siamois avaient désiré me voir ignorer, sur ces territoires, tout sauf le présent.

De curieuses figures, très inattendues, ayant eu un rôle utile ou fâcheux qui ne s'oublie pas, y sont mises en scène.

Parlons de deux reines.

Prince le plus guerrier que le Laos eut, toujours sous les armes, le roi Fa-Ngom règne (1353). Dans la grande presqu'île tout ce qui n'est pas Annam ou Cambodge est de son royaume ou lui paie tribut. Même le Lan-Na (Millions de rizières. Xieng-Maï) et le Lan Pyiéa (Millions de greniers. Siam), sont assujettis, le premier par force, le second par la renommée de ses grandes victoires.

Ses hommes ont en mains le sabre et la lance ; ils ont parcouru ce sol en vainqueurs ; ils n'ont aucune crainte ; rien n'est respecté. Les anciens soldats se disent ou se croient tous invulnérables, font ce qui leur plaît.

Le pays ignore la bonne religion ; prières et vœux vont aux seuls ancêtres.

Nang Kèo, la reine, ne peut supporter l'oppression du peuple par les grands guerriers :

.....elle dit au roi son mari : « Je vois qu'on ne suit aucune doctrine, qu'on n'observe aucune règle, aucun usage. Le fort fait la loi au faible comme une chose naturelle ! Permettez roi et maître que j'aille retrouver mon père ? »

Fa-Ngom répondit à Nang Kèo, fille du roi d'Angkor :

« Eh bien ! non, écoutez ; nous allons envoyer demander au roi votre père, les Écritures et des prêtres pour enseigner la religion. »

De suite il désigna un ambassadeur auquel il remit les présents destinés au grand roi. . . . .

La mission étant arrivée à Angkor, le vieux roi dit : mes enfants n'ont pas les préceptes je vais les leur envoyer........

Il dit aux Maha Teng, Maha Passaman Chao et Maha Teng Tépa Lanka de se préparer à partir avec vingt disciples en même temps que l'envoyé du roi Fa-Ngom et leur annonça qu'ils emporteraient avec eux la statue nommée : *Pra-Bang !*

Sous cette forme simple, éloge de la reine gracieusement bonne — dont mes trois lecteurs ont, tout en lisant, salué la mémoire d'une inclination de tête naïve et touchante — la vieille chronique précise et explique l'introduction du Bouddhisme — dit, pur, — dans l'est du Laos.

Continuant les règnes, elle parle hâtivement — comme si elle était confuse d'un contraste qui laisse trop bien voir que l'adoucissement des mœurs laotiennes ne fut pas subit — du rôle d'une reine, méchante et cruelle, Nang Sèo Pumpa, qui avait été la première des femmes du fils de Fa-Ngom, le roi Samsenthaï dont le successeur le prince Lam-Kan-deng venait de mourir.

Elle avait le titre de Maha-Tévi (la plus grande reine).

Elle ne sut pas faire le bien dans la situation où la mort de son mari la plaça. Le pays souffrait de la grande autorité dont elle abusait constamment. Les mandarins, les prêtres, le peuple se plaignaient, lui donnaient de sages conseils, elle n'écoutait rien du tout, faisait ce qui lui plaisait.

Prom Koman, petit-fils de Samsenthaï, fut appelé au trône, mais au bout de trois ans la Maha-Tévi le fit tuer à Kok-Tonn.

Kai-Boua-Ban, son petit-fils, auquel les astrologues avaient fait espérer un heureux avenir, fut choisi pour prendre la place de Prom-Koman. Neuf mois après il apprit que la Maha-Tévi avait donné des ordres pour sa mort ; il s'enfuit ; elle le sut, le fit poursuivre et tuer à Pa-Khoa.

Elle plaça alors sur le trône de Lan-Chang le Thao Xieng-Sa... Un an et demi après elle le fit mettre à mort à Kok-Hèo...

Nang Maha-Tévi envoya alors chercher le Phya de Pak-Houé-Louong... il vint, mais dix mois après il retourna à Pak-Houé-Louong ; il y mourut au bout d'un an.

Nang Maha-Tévi envoya demander à Péan-Koa-Passak d'arriver pour être roi ; il refusa.

Alors ayant su qu'une esclave de Samsenthaï avait un enfant très bien élevé qu'on disait fils de ce bon prince elle le prit pour être roi... il mourut deux ans et deux mois après...

Sur ces entrefaites la reine prit pour mari le fils de son père nourricier... Les choses allant de plus en plus mal, le sénat et le peuple les saisirent tous les deux dans le palais de Xieng-Tong, et on les tua sur la roche de Pa Diho.

Nang Maha-Tévi avait 95 ans.

Son ancienne compagne Mé-Kha demanda ses restes, et les déposa dans une pagode qu'elle construisit (1438).

Dès lors, dans le calme des pagodes, les narrateurs successifs seront — sur les feuilles blanches des palmes, — moins avares de détails. Prenons entre autres exemples, la mort de Potisarach, au cours du siècle suivant.

Régnant depuis vingt-sept ans, au faîte de la puissance, ce roi revient d'installer son fils Sétak à Xieng-Maï dont tous les chefs et le peuple l'ont acclamé souverain.

En s'en retournant il ordonna que dans les grands et les petits cantons jusqu'à Muong Saï on capturât des éléphants sauvages... Entre mâles et femelles il y en eut deux mille... Les phyas Vieng et Sen-Nakon prirent des gens du Muong-Kebung pour les conduire au roi à Muong-Saï...

Potisarach mit la reine en route par terre vers Luang-Prabang et s'embarqua pour revenir par le fleuve... En arrivant il s'installa au roung Xieng-Maï, maison à l'extérieur de la ville.

Dans ce temps arrivèrent : Mang-Viek, Ratsatinat, Sipa-Boum et Nhikamsi tous quatre envoyés du roi de Birmanie que les gens appelaient Mang-Ta. Avec eux étaient le quan Koha et le Naï Visoun que le roi avait fait partir pour visiter le royaume de Birmanie. Il y avait aussi des envoyés de quinze pays différents.

Le roi les ayant reçus dans le palais les invita à attendre l'arrivée des éléphants capturés.

Peu après ceux-ci ayant été amenés à Nam-Dong, Potisarach appela les Phyas Horasoun et Sisatam et leur dit de faire venir les ambassadeurs des quinze pays dans la salle de Xieng-Maï à Nam-Dong.

Quand ils furent là, le roi monta sur l'éléphant Nang-Rhai.

En le voyant tout le peuple salua.

Il se dirigea vers la masse des éléphants sauvages.

Ceux-ci prirent peur, cherchèrent à fuir, se renversèrent les uns sur les autres, et celui de Potisarach étant tombé dans la mêlée, le roi se trouva à terre pris sous le corps de sa monture.

Dans cette confusion les gens se précipitèrent au secours, et portèrent le roi dans sa maison. Celui-ci pria les phyas Horasoun et Sisatam de reconduire les envoyés chez eux.

Au bout de sept jours voyant qu'il allait mourir, il appela la reine, et le sénat tout entier, leur donna ses dernières instructions et peu après expira (1447).

De ces citations ne ressort-il pas une bonne impression de véracité? J'en tire l'espoir qu'on la partagera comme elle m'a gagné.

Pourrait-on révoquer en doute la sincérité d'une chronologie qui, parmi les règnes, donne ces faits divers, leur simplicité ne semble-t-elle pas comme une garantie qu'ils sont authentiques?

1577. Apparition d'une comète qu'on peut voir de tous les pays.
1578. Invasion de sauterelles, mauvais présage.
1579. On entend dire que le roi Prachey Sétak est ressuscité sur le plateau d'Attopeu.
1591. ...le pays est inondé.
1603. Cette année pas de pluie.
1618. Apparition de deux comètes.
1624. Le Phya de Vien-Chang veut trahir, il brûle le tribunal.
La même année les habitants de Muong Nan quittent leur pays et viennent s'installer à Luang-Prabang.
1627. Beaucoup d'habitants meurent de la variole.
1634. Pas de pluie.
1635. Pas de pluie.
1642. Tremblement de terre, le premier du 5e mois on voit le halo (?).
1691. Le pays est inondé.
1776. Le 10 du 6e mois un éléphant féroce vient dans la ville.
1803. Le sommet de la pyramide, Thât Chom Si, est foudroyé.
1824. Le choléra règne. Le nombre des morts est incalculable.
1825. Apparition d'une comète dont la queue est dirigée vers l'est. Tremblement de terre partout. On n'avait jamais vu rien de pareil. Voici la liste des monts qui s'affaissent : Cha-En, Pha-Tuong...
1826. Invasion de sauterelles. Elles se battent entre elles... Les corbeaux et les vautours se battent entre eux depuis trois ans.
1840. Le Nam-Hou déborde le 9 du 8e mois. Les rochers s'enfoncent, les montagnes s'éboulent depuis Sop Ban jusqu'en bas.

En leurs divers genres, ces écrits curieux, parmi les qualités montrent des défauts. On relève entre autres des fautes nées certainement dans la succession des copies multiples mais, pour le moment, elles contenteront. Ce sera l'affaire d'un autre chercheur de relier plus tard tous ces documents aux trouvailles futures et d'en faire un tout. Leur exactitude dans les grandes lignes, je l'ai contrôlée à l'aide des annales : Cambodge, Annam, Siam; elle suffit au but que j'ai, avant tout, cherché à atteindre : connaître au mieux les actes du passé avec les voisins, questions de limites, de domination et de sujétion.

Voici, pour finir toutes les allusions qui y sont faites au Siam :

Vers 1350 le roi du Laos Fa-Ngom marche sur le Siam.

..... il envoya un courrier au roi d'Ajuthia... lui demandant s'il avait, ou non, le désir de le combattre.

Le roi d'Ajuthia envoya sa réponse, il disait : « Nous sommes frères depuis Borom. Voulez-vous augmenter votre royaume, prenez de Dong-Sam-Sao à Pou-Phya-Phâ... je vous enverrai chaque année du sucre en tribut et dès que ma fille, Nang Kèo Yopha, sera en âge je vous la ferai conduire pour femme. Préparez nattes et oreillers ». A ce message étaient joints 50 éléphants mâles, 50 femelles...

Sept ou huit ans plus tard, sous le règne de Samsenthaï, fils de Fa-Ngom :

Le roi d'Ajuthia envoya alors Nang Kèo Yopha ; elle fut la troisième femme de Samsemthaïs. Il lui fit élever une habitation au-dessus de Sup-Dong. Le lieu reçut le nom de Hong-Xieng-thaï.

. . . .

1492. Tonla était roi depuis un an, lorsque le roi Chakapati son père mourut âgé de 83 ans... le Phya Phaï, roi d'Ajuthia ayant été prévenu, fit faire une châsse d'or et une autre en bois de chan et envoya le koun Sirasakossa les offrir ainsi que 500 coudées de soie...

Après les funérailles le koun fut rendre compte à son maître. Celui-ci fit alors partir les kouns : In, Prom et Sirasakossa pour offrir les insignes royaux au roi Tonla.

Dès lors les royaumes furent amis et Tonla dit : « Si mon aîné a besoin de quelque chose, laque ou benjoin, qu'il me l'envoie demander. De mon côté je m'adresserai à lui pour les étoffes, etc. Les envoyés qui viendront d'en bas s'arrêteront à Houé Nga-Pi-Pavat, ceux venant d'en haut iront jusqu'à Nong Boua, marchands ou gens de service devront stationner à l'un de ces points suivant le cas ».

. . . .

1529. Le Phya Ek, parent du roi d'Ajuthia, poursuivi par lui, se réfugia près du roi du Lan-Chang, Potisarach qui refusa de le rendre.

Le roi d'Ajuthia Atit, voulut faire la guerre.

Le roi du Lan-Chang campa à Vieng-Pan-Ngam, et provoqua le roi d'Ajuthia qui effrayé ne vint point combattre...

L'année suivante les Saos-Thaïs (Siamois), conduits par leur roi vinrent camper à Muong Kouc...

Le jeune frère du roi, Pra-Sam, et le fils du Phya de Lakon les attaquèrent.

Le roi d'Ajuthia, blessé, mourut en arrivant dans son pays. Son éléphant fut pris dans la bataille après laquelle les Saos-Thaïs ne revinrent plus combattre.

. . . .

1560. Le roi Sétak alla s'installer à Vieng-Chang. Le roi d'Ajuthia voulant renouveler l'amitié lui envoya une de ses filles... mais celle-ci ne plut pas à Sétak qui la renvoya.

Le roi d'Ajuthia en fit partir une autre aînée qui fut acceptée...

1562. Peu après le roi d'Ajuthia fit connaître que son gendre, le Chao Sang Kao, était passé du côté des Birmans et demanda qu'on l'aidât à le prendre...

Quatre ans plus tard le roi de Birmanie marcha sur Ajuthia dont le roi envoya demander aide au roi de Luang-Prabang, disant : « Venez au secours de votre beau-père ».

(Suit le récit d'une guerre désastreuse pour Siam et le Lan-Chang.)

1586. Phya Kèo un de ceux ayant le plus la confiance du roi (on l'appelait le cœur du roi), se sauve à Ajuthia.

1588. Phya Kèo revient avec Latsi.

1589. Les Phyas remportent la victoire sur Latsi, arrêtent le Phya Kèo et le brûlent vivant.

. . . .

1774. Des ambassadeurs du roi de Siam arrivent à Luang-Prabang chargés de demander l'établissement de relations amicales...

1776. Sauria Vongsa fait partir des fonctionnaires avec une lettre pour le roi de Siam répondant à son offre et l'acceptant.

1778. Les Rois de Siam et de Luang-Prabang qui avaient eu beaucoup à souffrir des incursions des Birmans se mettent d'accord pour se défendre... Dès lors ils cessent les relations avec le royaume d'Ava...

Quelques années plus tard le Siam et le Laos sont dévastés par les Birmans (1783).

1827. Le roi de Vieng-Chang envoie demander au roi de Luang-Prabang de s'allier avec lui contre le Siam avec qui il va être en guerre. De son côté le roi de Siam lui demande également de l'aider.

Le roi de Luang-Prabang se dit : « Si je prends parti pour l'un, et qu'il ne réussisse pas, l'autre portera la guerre dans mon royaume. Dans cette circonstance je ne prendrai parti pour personne et je ferai bonne figure aux deux pays ».

Il chargea le Thao Muong Then d'aller auprès du roi de Vieng-Chang et de le tenir au courant des événements. Il envoya au Siam le Chao Souka Seum pour le même objet.

. . . .

Le roi de Siam ayant placé à la tête de son armée le Phya Soupha Védy celui-ci fit tomber Vieng-Chang et se mit à la poursuite du roi Anouc qui avait pu s'échapper pour gagner l'Annam.

Le roi de Luang-Prabang voyant comment les choses tournaient avait envoyé une armée de 3000 hommes pour augmenter l'armée siamoise à Vieng-Chang.

1828. Les Siamois s'emparent du roi Anouc de Vieng-Chang.

. . . .

1845. Les Siamois et les Laotiens vont faire la guerre au Muong Pou Eun, ils s'emparent des Chaos Koung et Khan-Rot qui sont amenés à Bangkok.

Cet ensemble justifie pleinement les paroles du roi de Luang-Prabang quand le 27 juin je l'interrogeai : « *Notre pays n'est pas une conquête du Siam* » et l'exacte situation est celle présentée par cette autre phrase dite au même moment : « *Luang-Prabang voulant protection contre toutes attaques, volontairement offrit le tribut.* »

N'est-il pas frappant de constater que dans ses chroniques, le peuple Laotien s'incline devant le prestige des Chinois, des Annamites et des Birmans et qu'il se place constamment vis-à-vis du Siam dans une situation de supériorité ou d'égalité.

En réalité le Siam actuel, né depuis un siècle à peine, débute d'hier comme protecteur dans ces régions, à cette époque même où finit le livre.

La situation de tributaire d'autres contrées, recherchée dans ces régions par leurs voisins plus faibles — reconnaissance par de périodiques offrandes d'une supériorité de force — y équivaut à une sorte de garantie — par l'État puissant — de la sécurité des tributaires dont les territoires forment par ailleurs pour lui, une zone protectrice des invasions. Jamais les usages locaux n'ont admis que ces sortes d'accords donnassent à l'État puissant un titre pour s'immiscer dans l'administration intérieure ou les relations extérieures des tributaires. Les Annales établissent au contraire qu'on pouvait être tributaire de plusieurs pays en même temps, et c'est le cas de Luang-Prabang vis-à-vis de la Chine et du Siam.

Ces constatations contribueront, je l'espère, à écarter toute idée d'acceptation par la France d'une Convention qui serait la reconnaissance de la possession de Luang-Prabang par le Siam.

1er *août*. — Depuis ma présence devant ce village, lettres et journaux partis de Bangkok avant que la ruine de Luang-Prabang n'y ait été sue, me sont parvenus à longs intervalles. Par eux j'ai appris la visite au Siam d'une mission française, conduite par M. Klobukowski, chargée d'assister à l'élévation — comme prince héritier — de l'aîné des fils du jeune souverain.

Content de savoir qu'un de nos agents et ses compagnons ont reçu du roi un accueil flatteur, j'ai eu comme l'espoir que cette circonstance a peut-être vu naître l'heureuse détente qui modifierait l'attitude siamoise et amènerait un accord meilleur que la Convention. Mais le Kaluong, bien mieux au courant des vues de la Cour, garde sa manière gênée et inquiète qui semble me dire : rien ne changera.

6 *août*. — J'ai eu ce matin une courte visite de l'agent siamois.

Faisant de son poids pencher le radeau : « Je suis bien malade », dit-il en entrant.

Je le fis asseoir. « Qu'avez-vous, la fièvre » ?

— C'est là que je souffre » ! voulant indiquer un mal tout moral, il montrait l'endroit où se trouve le cœur.

Pensant qu'un courrier, venait d'arriver, porteur de dépêches contrariantes pour lui, je le questionnai :

« Non, pas de nouvelles », me répondit-il, « mais elles sont prochaines. Le Prince Ratchabout, second fils du roi de Luang-Prabang, dans deux jours au plus aura joint son père. Un mandarin thaï, parti de Bangkok en sa compagnie, apporte des ordres sur tous les sujets qui nous préoccupent » !

— Et quoi vous rend triste » ?

« Votre intention est-elle donc toujours d'aller vers le Nord et Luang-Prabang » ?

— Assurément oui » !

D'un air très peiné, sans en dire plus, il se retira.

Je ne doutai pas que des instructions pour m'accompagner si je retournais dans le haut-Laos, étaient dans ses mains, sa mine chagrine était pour montrer combien mon désir de courir encore, le désobligeait.

7 *août*. — Dans l'attente patiente des premières nouvelles qui me permettront quelques précisions sur mes courses futures, un rapide regard, jeté en arrière, va remémorer la situation telle qu'elle me fut faite, et telle qu'aujourd'hui, elle est modifiée par les événements. Pareil examen n'est pas inutile pour la juste note sur l'action siamoise que je connais mieux depuis que je marche.

Aussitôt qu'elle lui est soumise la création d'un poste d'agent français à Luang-Prabang met la Cour de Bangkok en émoi.

Elle vient précisément d'envoyer des troupes dans les hautes régions ! Elle semble craindre que nos vues nouvelles ne veuillent contrarier le but qu'elles poursuivent.

Elle discute notre proposition cherchant à pénétrer nos intentions et fait ses efforts pour la faire échouer.

Ce qu'elle doit conclure de l'inutilité de ses efforts, c'est que l'occupation de l'Annam et du Tonkin rend, de plus en plus, le Mé-Khong intéressant pour nous et que nous jugeons le moment venu d'aller sans plus tarder, étudier sur les lieux une situation que nous ne faisons que soupçonner, et il semble qu'elle envisage comme conséquence, que la possession de la vallée du grand fleuve pourra lui être contestée.

Dès qu'elle sait que l'agent est désigné et prêt à partir, elle cède, mettant toutefois à son consentement l'acceptation par nous d'une convention analogue à celle admise par l'Angleterre pour la principauté de Xieng-Maï, et dans laquelle elle voit un palliatif suffisant aux desseins qu'elle nous suppose.

La facilité avec laquelle nous prenons cette condition en considération semble l'inquiéter, elle essaie de subordonner le départ de l'agent pour son poste à la ratification par les Chambres françaises de la convention présentée à leur examen.

A quoi tient sa défiance ? Elle a pour origine une connaissance de la situation dans les hautes régions du Mé-Khong aussi exacte que notre ignorance en est absolue. D'autre part, elle nous a présenté Luang-Prabang à peu près comme étant une province siamoise, et malgré les réserves faites par M. Harmand en 1883 au sujet des titres du Siam sur le Laos, et maintes allusions dans la presse sur le même sujet, nous n'avons pas fait d'observations ! Elle en est étonnée et se dit sans doute que de notre ignorance vient notre facile accueil. Elle ne se dissimule pas qu'un court séjour de notre agent sur les lieux l'aura vite dissipée et amènera peut-être le refus de la ratification.

Elle paraît alors croire important de retarder un départ qui peut avoir un résultat aussi craint, et juge utile de faire en sorte que le vice-consul ne puisse joindre Luang-Prabang à temps pour nuire à l'acte en préparation.

Cependant, devant notre insistance et la conviction que je me mettrai en route en simple voyageur à mes risques et périls en cas de son refus, elle accepte l'époque des hautes eaux comme date extrême de mon départ, ayant l'espoir que dans l'intervalle la Convention sera discutée, et qu'avant ma présence au nord, ses troupes y auront achevé leur campagne.

A ce moment des facilités de voyages me sont offertes, peut-être est-ce avec la pensée de m'empêcher de rien préparer. Quand le terme fixé approche sans que l'acte ait été soumis au Parlement, sans que rien fasse prévoir s'il y aura bon accueil, la défiance siamoise s'affermit, elle se traduit par une mauvaise grâce qui n'échappe à personne à Bangkok. Nombre de gens y pensent que le Siam considère l'installation du poste de Luang-Prabang sans convention, presque comme un acte hostile, et nul n'y ignore que le roi qui a refusé de me recevoir à mon arrivée, refuse également de me voir à mon départ pour le Laos.

Les facilités promises sont réduites à l'autorisation de joindre mes barques à un convoi déjà trop fort pour le petit vapeur donné pour sa remorque ! Encore ce mode de voyage impose-t-il de suivre la voie de Xieng-Maï, le Gouvernement siamois la déclarant seule possible à parcourir, le chemin ordinaire — Pitchay à Paclay — étant par suite de l'expédition militaire au nord, totalement dépourvu des éléphants nécessaires aux transports.

A peine en marche, l'abandon du convoi par le vapeur, triple la durée du voyage sur le Mé-Nam, et quand j'arrive à Xieng-Maï, la volonté des autorités de me retarder n'est plus déguisée; je suis retenu deux mois pendant lesquels faisant diligence, un topographe anglais et un kaluong siamois vont sur les lieux, le premier pour joindre le chef des troupes, le second pour préparer, d'accord avec un collègue déjà sur place, Luang-Prabang et ses chefs à la présence d'un agent français.

Lorsque cinq mois après mon départ j'atteins cette ville, les kaluongs, obligés d'y subir ma présence, ne peuvent me cacher longtemps les instructions qu'ils ont évidemment l'ordre de dissimuler et qui semblent se résumer ainsi : Tant que la convention ne sera pas ratifiée, isolement et surveillance de l'agent français ; aucun prince, aucun chef, nul du peuple — en dehors de ceux choisis — ne devra le voir seul. Les kaluongs seront intermédiaires de ses conversations avec le roi qui pour leur rendre le rôle facile, feindra la surdité. Ni achats ni locations d'éléphants, barques ou habitations ne pourront se faire sans leur intervention. La consigne bien observée montre que des recommandations sévères ont été faites.

Voulant éviter toute difficulté pouvant faire obstacle à ma marche vers le Tonkin, je mets mon attention à ne paraître m'étonner de rien, à ne donner aucun prétexte d'exagérer la note.

Bientôt les troupes siamoises du nord opèrent leur rentrée à Luang-Prabang. L'autorité des kaluongs passe à leur colonel.

Lui ne doit pas avoir d'instructions différentes des leurs mais il semble en comprendre autrement l'exécution. Désireux de me voir m'éloigner avant son départ pour Siam, il accueille mes projets d'installation future puis favorise ma mise en route dans des conditions qui, il est vrai en me permettant d'aboutir, feront de mon voyage à travers les régions qu'il vient d'organiser, un passage si rapide et si peu éclairé que je ne pourrai qu'y reconnaître l'exactitude des vues qu'il désire me voir adopter.

Le succès de cette marche lui paraît si certain qu'il n'envisage pas la possibilité de la retraite. Lorsque cependant elle doit être effectuée, il ne semble pas croire à l'importance de l'invasion qui me ramène en arrière, et il quitte Luang-Prabang suivant qu'il l'a antérieurement décidé, laissant le pays à la merci des envahisseurs.

Un kaluong m'attend à Luang-Prabang avec des instructions pour m'emmener à Bangkok. Ne pouvant me décider à l'y suivre il renonce à partir et reprend son ancienne attitude : isolement et surveillance de l'agent français.

La catastrophe survient. Je me passionne à me rendre utile au roi, à me faire connaître aux chefs et au peuple sous un jour différent de celui sous lequel depuis six mois on me présente à eux ; nos cœurs se comprennent, j'apprends ce qu'on a voulu m'interdire de connaître et deviens en mesure de mettre mon pays en garde contre le projet de convention.

Quant au roi pour prendre une décision, il attend auprès de moi le retour de son fils aîné le Chao Ratchavong.

8 *août.* — Le Chao Ratchabout, arrivé enfin, me fait exprimer sa reconnaissance pour mes soins donnés au vieux roi son père. Au jeune cousin qui parle pour lui, échappe l'aveu que si l'arrivant ne vient pas lui-même c'est que le kaluong s'y est opposé.

9 *août.* — Un mandarin siamois, Pra Enthiban, me fait remettre des lettres de Bangkok, et annoncer sa visite pour le soir.

Avec quelle hâte je lis !

Kèo accomplissant une course digne des temps héroïques, a, le 28 juin, remis au consul le paquet que je lui ai confié le 13 !

Reconnaissant envers ce serviteur dévoué, j'ai lu sa lettre la première ayant au cœur pour lui de chauds remerciements.

L'énergique garçon raconte longuement, fièrement, comment fuyant toute cause de retard, entraînant pour ainsi dire, un guide constamment renouvelé par des chemins qui presque tout le trajet empruntent le lit des torrents, et courent de monts en monts de Paclay à Pitchay, il a après ces 250 kilomètres, descendu en barque le Mé-nam, forçant de rames et la nuit et le jour, ayant pour seul souci le service du chef dont il a la confiance, heureux de pareille occasion de montrer comment un Cambodgien s'acquitte du devoir, et mettant toutes ses forces dans l'effort qui le fera précéder du plus de jours possible, le courrier siamois venant derrière lui.

Le Consul l'a de suite emmené au palais.

Le roi ne peut pas croire au désastre dont mes lettres apportent la nouvelle ! Le rapide voyage du messager lui apparaît comme un mensonge ! Il interroge Kèo !

Pour ne pas semer la panique, pour que nul avant lui ne puisse parler des choses, Kèo durant sa marche s'est retenu de dire le malheur du Laos, mais il en a sans cesse vécu les dramatiques heures, et quand agenouillé, le front à terre, respectueux il répond ce ne sont ni le prestige du souverain, ni le ton de sa voix bienveillant et hautain, qui causent son émotion, l'exaltation du jour de lutte est revenue, elle l'anime et donne à ses paroles une chaleur convaincante.

Frémissant le roi fait aussitôt appeler Chao-meun Vaï-Voronat !

Plein de stupeur, mécontent peut-être d'être informé par des soins étrangers d'une catastrophe dans un royaume qu'il compte de son empire, il félicite Kèo de bien servir son maître, le remercie d'avoir dans le péril sauvé le roi Ounkam, ordonne qu'on lui remette une livre d'argent, puis il le congédie, pressé de s'occuper des mesures qu'il faut prendre.

Bientôt on s'enquiert des hommes de la barque dont le bon Cambodgien a d'abord fait à tous une éloge empressé. Des mandarins les cherchent. Eux saluent contents imaginant une récompense, mais... ils sont sujets siamois, leur concours au transport du courrier d'un Français leur vaut des compliments inquiétants d'ironie, et l'ordre de regagner sans retard leur village ! Ils se hâtent alors, conscients que là-bas le souci les attend !

En quelques heures les nouvelles ont couru du palais dans la ville provoquant la surprise et l'émoi. On s'informe des effectifs occupant les casernes, les uns songeant à la défense, les autres à la vengeance ! Même la possibilité de l'envahissement du pays est envisagée, et l'on attend avec une impatience extrême, les renseignements que le kaluong a, de son côté, dû expédier d'urgence. Dans ce trouble et dans une croissante irritation, quinze jours s'écoulent avant qu'ils n'arrivent ! Pendant ce temps Kèo est devenu l'homme que tous voudraient entendre ou voir ; mais, surtout désireux de venir me rejoindre, il se confine aux ordres du consul.

D'autres correspondances confirment et complètent la sienne.

Elles disent aussi que précisément à l'heure où s'accomplissait la ruine de Luang-Prabang, le roi de Siam faisait en présence du peuple et assisté de sa Cour, un triomphal accueil au Chao-meun et à ses soldats. Dans le pompeux cortège à la suite du chef et de l'armée proclamés vainqueurs, figuraient comme de nouveaux sujets acquis par la victoire : les princes de Luang-Prabang, les jeunes gens de grandes familles laotiennes récemment amenés à Bangkok, les chefs des cantons thaïs du nord, les représentants des Pavillons Noirs et des Pavillons Rouges que j'avais vus en mars, et, en évidence parmi les otages, les quatre jeunes captifs du pays de Laï, fils et gendre du vieux Kam-Seng, libérés de leurs chaînes.

Nommé général, le colonel avait reçu en échange du titre de Chaomeun celui plus élevé de phya Surrissak.

Maintenant que venait d'être connu l'anéantissement de l'œuvre glorifiée, il organisait, par la volonté de son souverain, une prochaine campagne vers les mêmes régions mettant ses efforts et son dévouement à assurer d'éclatante façon le relèvement dans tout le Laos du prestige Siamois ainsi abattu.

Cependant, en dépit de préparatifs qui doivent calmer les populations, le départ probable sera fin septembre, plutôt même octobre, aux dernières pluies par crainte de voir l'armée décimée par la fièvre des bois avant d'être au but. Seuls, les fils aînés du vieux roi Ounkam et du second roi, enfants du pays, iraient en avant avec quelques hommes, de même origine, vers le milieu d'août.

Mon brave Kèo se mettrait en route avec leur convoi.

Enfin ce courrier, parti après l'arrivée du rapport du kaluong, m'apporte un avis qui fixe ma marche.

Notre chargé d'affaires m'informe qu'il montera le Mé-nam pour me rencontrer le 15 octobre à Pitchay, que s'il en est empêché le chancelier fera le voyage.

Il ajoute que le roi de Luang-Prabang a l'ordre de venir à Bangkok, et qu'il a compris qu'on l'y gardera.

Cet ordre à mon cher vieux roi va le bouleverser! Dans l'attente du fils venant de Bangkok qui devait le ramener à Luang-Prabang, il reçoit l'avis d'aller prendre sa place ! Pour adoucir le chagrin extrême dont je suis certain, je lui offrirai, allant à l'entrevue qui m'est annoncée, de faire dans sa compagnie la route de Pitchay, après quoi le laissant à son fils aîné, je me dirigerai sur Luang-Prabang par la voie de Nan et du haut Mé-nam.

Dans l'après-midi le Pra Enthiban vient à mon radeau. Il m'est présenté par le kaluong.

Il apporte au roi l'invitation d'aller à Bangkok, quant à lui, après une semaine il s'embarquera pour Luang-Prabang.

Très aimablement il m'a demandé si nous ne ferions pas cette route ensemble.

Son étonnement a été très grand quand j'eus exposé que Pitchay était maintenant mon but. Autant le kaluong sembla satisfait autant le Pra Enthiban fut déconcerté.

Je vis facilement qu'ils ne croyaient pas à ce rendez-vous donné comme motif du subit changement dans mes intentions, mais qu'ils comprenaient que la cause était le départ du roi, même, qu'ils se persuadaient que j'escorterais le vieux souverain dans la capitale.

J'eus vite fait la part de leur impression. Le Pra Enthiban partant en enquête avec, pour cortège, vingt des habitants, aurait été aise de ma compagnie.

Quant au kaluong, mon retour au Siam est depuis longtemps le but qu'il poursuit ; il le croit atteint, et va l'annoncer, j'en suis convaincu dans sa première lettre comme le résultat d'habiles efforts.

Il n'a voulu faire aucune attention à mon insistance pour bien établir qu'au bord du Mé-nam j'arrêterais cette course, et qu'ensuite j'irais tout droit vers le nord.

M'entendant parler, il semblait me dire avec complaisance : Je comprends très bien, vous ne voulez pas qu'il soit établi que pour plaire au roi et lui continuer votre protection, vous l'escorterez pendant son voyage ! Je n'insiste pas !

De son air heureux j'ai ri malgré moi, il en a conclu qu'il avait vu juste et a déclaré qu'il sera des nôtres.

Je lui ai demandé de m'accompagner jusque chez le roi à qui j'allais dire ma résolution, il s'est excusé, espérant sans doute que j'exposerais sans aucun détour mon but évident à mon vieil ami, et qu'il le saurait.

Chacun à Paclay sait la résistance que le roi a faite aux instances passées de ce kaluong, et son refus ferme d'aller à Bangkok, aussi tous devinent sa peine de l'affront et souffrent avec lui. Ils se croient bien sûrs qu'un motif méchant a décidé l'ordre et échangent tout bas la pensée commune :

« En l'absence du Siam de son fils aîné partant aux frontières, le roi grossira avec sa famille, la foule des otages ! On voudra surtout le dire responsable d'une manière publique de la catastrophe dont il est victime, et lui faire porter le lourd poids d'une faute dont on ne veut pas de la tache pour Siam. »

Il ne vient, par contre, à nul la pensée que l'invitation puisse être tout aimable et veuille adoucir chez leur prince aimé, le souvenir triste des pertes qu'il pleure, et lui procurer le moyen d'attendre dans les sympathies, et dans l'abondance d'une Cour luxueuse, qu'une autre maison lui soit édifiée, et que dans sa ville la sécurité avec le bien-être aient fait oublier la cruelle épreuve.

J'ai dit aux lecteurs de mes manuscrits que cette opinion pouvait être la bonne, mais le plus âgé, comme s'il ne pouvait supporter l'idée que l'hésitation soit dans mon esprit, a ainsi parlé :

« Lorsqu'un de nos chefs reçoit pareil ordre en ces circonstances où l'exécution est bien obligée, on sait qu'il faudra pour qu'il nous revienne que l'intérêt du Siam voie dans ce retour une nécessité. Notre cher roi Ounkam ne peut être utile, son rôle est passé, on le gardera.

« Il se le persuade, et se complaisant à bien établir qu'il part malgré lui — sans ménagements pour ceux qui l'oppriment — il gémit d'aller, au déclin de l'âge, livrer sa personne aux sarcasmes siamois, offrir sa famille — dépourvue de tout, même des vêtements insignes du rang — aux plaisanteries des femmes des jeunes princes ! Il gémit d'aller vingt jours en forêt et sur les montagnes, dans une saison où chacun s'abrite autant qu'il le peut contre les atteintes des fièvres des bois — et dont à Bangkok pour bouger les troupes on attend la fin — traînant à sa suite de plus vieux que lui, des femmes enceintes, des femmes en couches, sans un seul tical pour leur entretien (nous sommes cent cinquante), obligé de vivre jour par jour d'aumônes présentées par ceux qui causèrent sa ruine, et qui se payant avec perfidie en méchancetés, jetteront sans égards sur son infortune le fiel des injures !

« Mais quelque affaiblie que soit sa mémoire, jusqu'au dernier jour, elle lui montrera le tableau affreux de ce jour néfaste où abandonné par ceux qui l'appellent à l'heure présente comme s'ils l'accusaient, il a vu couler le sang laotien, et a vu sa vie un peu prolongée par des hommes de France venus malgré Siam à Luang-Prabang !

« Soyez-en, certain quelque crainte qu'il ait de toutes représailles contre ceux qu'il aime, il saura trouver l'instant favorable pour dire aux Siamois ce que tient son cœur !

« Le kaluong, satisfait de cette façon dont tournent les choses, nous montre sa joie comme s'il triomphait, nous l'en détestons encore davantage ! »

La lamentation du vieux Laotien a tout ému Ngin qui m'aide à comprendre.

Songeur, je revois — souvenir précis — quand je cheminais près de Sysophône, il y a trois ans, un vieux souverain, dernier roi d'Oubône, trouvé le cœur gros sur la route du Siam avec sa famille et ses serviteurs — cent cinquante personnes montées la plupart sur des éléphants. Un appel semblable, venu de Bangkok alors qu'il était au bord de la tombe, l'amenait mourir en désespéré sous les yeux des maîtres !

Quand de cette case où l'on m'attendait, j'ai gravi les marches, chacun observait une attitude morne ; le roi et ses femmes, enfants, serviteurs nul ne se donnait l'air indifférent, ne pensait non plus à cacher sa peine.

Depuis l'arrivée du Chao Ratchabout, le roi connaissait l'ordre si fâcheux. Si le kaluong mit opposition à ce que ce prince vînt me visiter c'est qu'évidemment il voulait me dire lui-même la nouvelle.

Le Chao Ratchabout est près de son père, sa mère à genoux se tient en arrière.

Qui reconnaîtrait dans la pauvre reine ainsi abîmée dans un lourd chagrin, l'énergique femme qu'il y a deux mois je vis à Paclung brandir en furie le sabre du roi !

Non plus que son maître, elle n'oubliera pas les mauvais instants où elle entendit, à maintes reprises, l'agent Siamois me prier de fuir en abandonnant les siens et son peuple, elle et son mari !

A mon compliment et à ma question, le roi répondit :

« L'aîné de mes fils le Chao Ratchavong, va quitter Bangkok, je devrai m'y rendre, le Siam me l'ordonne. J'espère pouvoir sans trop de fatigue en faire la route. »

Le Chao Ratchabout, contenant son cœur tout plein d'amertume, continue ainsi :

« J'accompagnerai le roi et ma mère ; ils vont malgré l'âge accomplir avec tous les nôtres, un voyage pénible ; suivre des chemins presque impraticables pour nos éléphants — jeunes pour la plupart — dans cette saison où le sol des monts est rendu glissant par les pluies constantes ;

parcourir après notre frontière franchie, une région du Siam remplie de bandits d'autant plus à craindre que nos cornacs ne sont point habiles à garder la nuit leurs bêtes des voleurs. Le roi se sent fort, il ira monté sur son éléphant; son plus jeune fils, assis près de lui, de ses jeux d'enfant pourra le distraire des pensées trop tristes que notre misère viendrait évoquer. On devra porter sur des clayonnages de bambous tressés, couverts de feuillage, ma jeune femme, mère d'avant-hier, plusieurs autres dans le même état, et cinq oncles et tantes ! »

Je regarde la reine :

« Ainsi que le roi sur un éléphant je ferai la route ; nous voulons montrer aux populations que nous les quittons en très bonne santé, bien sûrs qu'elles souhaiteront nous revoir de même. »

Tristement le roi a hoché la tête : « Lorsqu'ils nous auront dans leur capitale, les Siamois, dit-on, voudront nous garder ; je le crains aussi, que nous direz-vous qui puisse nous fixer ? »

Ses yeux et leurs yeux sur les miens se portent disant leur angoisse avec une prière sans humilité. Je vois bien qu'ils m'aiment comme je les chéris, et qu'ils me croiront; qu'ils sont convaincus que j'ai de ces choses où ils sont mêlés une idée exacte, que j'apprécie juste ce qui les attend, et que ma réponse dira le destin.

Leur si grande confiance me touche et me trouble. Je ne voudrais mettre personne en erreur, le désir m'obsède que notre parole soit crue par eux tous comme je sais qu'ils doutent de celle des autres !

Tout mon embarras leur oppresse le cœur, et le pauvre roi pousse un gros soupir !

Le Chao Ratchabout comme s'il prévoyait que Siam accusera l'auteur de ses jours, balbutie encore :

« Qu'est-ce qu'on pourrait reprocher aux nôtres ? Ne sait-on donc pas que nous sommes braves dans notre famille ? Tout jeune je fus blessé aux frontières ! Qu'aurait-on pu faire à Luang-Prabang sans soldats ni armes contre cette horde habile à la guerre qui l'a dévasté ? »

La reine, les mains sous son front penché, s'est presque allongée en se rapprochant.

Pour la vérité, je n'aurais qu'à dire la phrase de la lettre reçue ce matin du Chargé d'affaires, mais combien la confiance de ceux qui espèrent aide l'inspiration ! Sous leurs bons regards, ma réponse naît ; je songe tout à coup qu'au Siam on saura le fort attachement que cette chère famille et tant de braves gens ont déjà pour moi et que j'ai pour eux, et ces quelques mots lentement égrenés, les éclairent soudain sur la suite des choses :

« Pour revenir, vous n'aurez qu'à vouloir, on sera bon au Siam pour vous tous, on voudra être aimé plus que nous... « je me repris, plus qu'avant. »

« Ils sourient : L'idée à peine jetée a déjà mûri ; il semble qu'ils la voient se réalisant, puis comme s'ils craignaient que je sois inquiet, je devine qu'ils pensent : quoi qu'il advienne, notre souvenir vous sera fidèle.

J'ajoutai alors : « Je vais au Mé-nam, si vous le voulez nous ferons ensemble la route de Pitchay ? Le kaluong imagine, quoique prévenu, que je vais vous suivre dans la capitale, il n'en faut rien croire. Après la rencontre du consul français qui m'est annoncée, je remonterai vers Luang-Prabang en passant par Nan et les sources du fleuve. »

Puis je les quittai, content de les voir bien réconfortés, désireux sans doute de parler entre eux de cet horizon qu'ils voyaient ouvert.

Pendant que je prends le repas du soir, un des fils du roi s'approche de ma barque : « Notre père est vieux, au cours de la route il peut être malade, nous serions heureux si vous voyagiez dans le même convoi. Le roi a la crainte que le kaluong ne vous détermine à quitter Paclay le jour avant nous ou le jour après. »

— Je ne suis pas pressé. La date m'est indifférente. Je partirai donc le jour même du roi. »

11 *août*. — De Muong Pré, principauté laotienne sur la branche centrale du Mé-nam, vient d'arriver le gendre du chef de ce pays. Son beau-père l'a chargé de se renseigner sur les événements de Luang-Prabang et de présenter en cadeau au roi, cinquante ticaux (150 francs).

La reine a dit à Ngin : « Nous sommes devenus si pauvres que cette offrande minime a été reçue avec reconnaissance. »

Que n'ai-je aussi le moyen de venir en aide à tant de misère ! Mais tous savent combien peu me restera après le voyage !

12 *août*. — Les astrologues doivent suivant l'usage fixer le départ ; le roi vient de leur faire dire qu'il faut procéder à leur examen des astres et du temps !

Au kaluong qui me demandait quand je partirais, j'ai répondu : « avec le roi. »

— Vous pourriez quitter le Mé-Khong avant ou après lui, le voyage serait ainsi plus agréable qu'avec ces Laotiens ignorants des usages ? »

« Leur compagnie me sera un plaisir. Même, d'être de leur convoi me paraît un devoir, le roi est vieux, je puis lui être utile. Je suis décidé. »

— Je ne sais si dans ce cas il sera possible de vous procurer les éléphants nécessaires ? » Et il laisse entendre qu'il lui est facile de me faire obstacle !

« Préféreriez-vous me voir gagner Luang-Prabang avec Pra Enthiban ? »

Ces paroles, vraie menace pour lui, le décident : — Combien vous faut-il de bêtes ?

« Quatre pour moi et les hommes que j'emmène. »

16 *août*. — Le Pra Enthiban s'est embarqué sur de longues pirogues avec deux jeunes mandarins et vingt hommes de Pitchay. Tout ce monde ignorant du pays part moins que rassuré.

18 *août*. — Les astrologues ont indiqué la date du 26.

Parce qu'il pleut sans interruption depuis trois semaines, ils en ont conclu qu'on peut espérer quinze belles journées, et qu'en plus la lune jettera sur nos nuits son grand éclairage.

Beaucoup de ceux qui s'y trouvent vont quitter Paclay. Les uns suivront le roi, d'autres descendront vers Xieng-Kang et Nongkay, quelques rares familles regagneront le nord.

Je laisserai ici mes barques et quatre hommes, ils monteront avec le Satou à Luang-Prabang quand le Ratchavong, fils aîné du roi, fera le voyage.

Cette disposition, indice d'un retour sans doute rapproché, cause un gros ennui à notre kaluong. Il fait ses efforts pour me dissuader de laisser hommes ou bagages, quitte à me fournir d'autres éléphants. Même, sur son désir, les chefs du village m'ont représenté qu'après notre départ la sécurité n'existera plus au bord du Mé-Khong.

19 *août.* — Caressant toujours l'idée qu'il a eue de me faire marcher séparé du roi, cet agent siamois compte sur le vieillard pour me décider à abandonner mon intention. Il l'en a prié. Un des fils du roi vient m'en aviser en me demandant de ne pas céder à son insistance.

20 *août.* — Le kaluong m'a redemandé : « Quel jour partez-vous ? »

— Le 26 avec le roi. »

Alors il m'invite à l'accompagner chez le souverain pour tomber d'accord.

Le chao Ratchabout est l'introducteur.

Dans la pièce voisine, sans porte ni rideau, le roi s'amusait à la confection d'un panier à riz. Nous le regardions tresser prestement malgré son grand âge, les petites lamelles de bambou poli. Avant de venir pour nous recevoir, il devait attendre au moins cinq minutes — nouvelle étiquette voulue par Bangkok. Ne sachant pas trop quel maintien garder pour être dans la règle ennuyeuse pour lui, il faisait semblant de ne pas nous voir.

Si j'arrive seul, le vieillard m'attend ayant pour souci de me voir plus vite : mais le kaluong l'instruisant ainsi de certains usages, doit être le premier à s'y conformer.

En riant j'ai dit : « Les cérémonies seront observées à Luang-Prabang et devant la Cour, qu'à Paclay du moins notre roi soit libre. »

Le kaluong ayant approuvé, le roi enchanté est venu à nous.

Mon compagnon parle le premier comme c'est convenu :

« En quittant Paclay votre caravane sera très nombreuse, beaucoup de familles, soixante éléphants, plus de vingt chevaux ; ne pensez-vous pas qu'il serait meilleur que M. Pavie, un jour avant vous ou un jour après parte avec moi? »

« Il éviterait ainsi les ennuis qu'il est bon de craindre dans les grandes foules? Chao Ratchabout, vous qui connaissez la voie de Pitchay, dites-nous combien nous aurons d'obstacles et tous les dangers qu'offre le trajet ».

— Ah oui », fait le roi, « racontez cela à M. Pavie » ?

Le Chao Ratchabout sait ce qu'il doit dire ; Il parle des pluies, des torrents gonflés, des eaux débordées, des noyades possibles, des arrêts forcés pour attendre la baisse de certaines rivières ; du manque d'abris, du manque de tout; des sentiers abrupts, des ravins profonds, de l'ascension de hautes montagnes, des chutes d'éléphants dans les précipices, des fièvres qui tueront sûrement bien du monde, des pillards connus des bords du Nam-Patt ! Son ton assuré, son accent sincère ne veulent pas qu'on doute, et le kaluong est tout effrayé. Je comprends surtout que le fils du roi tient à nous redire combien est fâcheux en cette saison l'inutile départ de son bon vieux père, et cette pensée dicte ma réponse :

« Mon cher kaluong, confiant comme vous dans l'avis du prince, je vous conseillerai d'éviter au roi une pareille fatigue, d'écrire à Bangkok qu'ayant reconnu quelles difficultés comporte le voyage à l'époque mauvaise, vous pensez bien faire en y renonçant n'ayant pas de doute qu'on approuvera. J'agirais de même, près du consulat pour mon rendez-vous, puis nous partirions pour Luang-Prabang. »

Le roi tout surpris, dit au kaluong : « à vous de parler ? »

— Le Chao Ratchabout, dans son exposé, n'avait pas en vue notre découragement, il voulait montrer qu'en la circonstance la marche par groupes a des avantages d'aise et d'agrément. C'est l'avis du roi, nous en parlions hier. »

« Oui, je m'en souviens » grommelle le vieillard, « mais M. Pavie que décide-t-il ? »

— Si le roi permet, mon petit convoi s'unira au sien, on s'entre-aidera en cas d'embarras ? »

« Sûrement je veux bien, et le kaluong viendra avec nous ? »

— Non » fait celui-ci, « je ne partirai que le lendemain. »

Je prends congé d'eux tandis que le roi dit au kaluong :

« Négligeriez-vous la lettre de Bangkok, ne défend-elle pas de vous séparer de M. Pavie ? »

Au silence gardé par l'agent siamois resté interdit, le roi a compris qu'il lui reproche d'avoir trop parlé, il tient à montrer qu'il n'a pas eu tort, et j'entends encore, en me retirant :

« Vous avez déjà manqué à cette lettre, lors de notre fuite de Luang-Prabang ; n'ai-je pas raison de la rappeler lorsque c'est utile ? »

Dans l'après-midi le roi m'a fait dire que le kaluong s'était résigné au convoi unique.

21 *août.* — Pour la location de mes éléphants Ngin est allé voir l'agent de Bangkok.

Celui-ci a dit : « Le roi est très vieux, il devient enfant. Que M. Pavie ne s'inquiète pas de ce qu'il peut dire ; l'aîné de ses fils conduira bientôt toutes les affaires. »

Cette confidence ne m'a rien appris. La population connaît que le roi, depuis plus d'un an, bien avant la ruine de Luang-Prabang, a voulu laisser le gouvernement. Si rien ne s'est fait, jusqu'à aujourd'hui, c'est que Siam voudrait un rôle nouveau dans l'investiture, établissant mieux que par le passé que Luang-Prabang est sa dépendance.

25 *août.* — Le courant à Paclay semble inoffensif, seul un gros tourbillon — facile à éviter — vers le milieu du lit, fait songer au danger. Par intermittences le grondement assourdi de ses bouillonnements brusquement soulevés, prévient les bateliers qu'ils doivent longer la rive.

Il s'en faut de trois brasses que le fleuve ait atteint le haut bord de ses berges. Jusqu'à présent cinq crues ont été constatées, d'autres viendront bientôt. Le niveau à chacune s'est d'abord vite haussé de trois ou quatre mètres, puis une baisse immédiate de la moitié du bond les a toujours suivies.

Le thermomètre depuis mon arrivée a presque invariablement marqué de 24° à 25° le matin, et de 28° à 31° à deux heures après-midi.

Dès après mon départ Som avec le radeau, ira joindre la barque dans laquelle le Satou est toujours étendu. Jusqu'à Luang-Prabang ils ne se quitteront plus.

L'intérêt que le bonze blessé témoigne à son ami français, semble le rendre suspect aux yeux du kaluong, mais lui se prévalant du titre que mes soins ont à sa gratitude, fort de l'approbation de son vieux souverain, s'attache à m'éviter tous les futurs ennuis.

Il s'est bien renseigné sur la route prochaine qu'en longeant le Mé-nam je devrai parcourir, souvent, depuis ces derniers jours, il vient me mettre au point; je passe alors de ma barque sur la sienne avec mes vieux lecteurs, et Ning et Som, et longuement nous causons.

Escomptant le succès, il me parle parfois des pauvres Laotiens que les bandes emmenèrent en juin, et dont confiant en moi, il rêve la délivrance. S'il arrive qu'il voit mes yeux arrêtés sur sa jambe demi-morte, il comprend que je songe à la faire revivre, et dans son sourire bon je lis le gré qu'il m'a.

Mes quatre éléphants sont loués à un chef du pays de Nam-Pât premier canton siamois vers l'est. Pour les conduire j'aurai six cornacs; tous hélas adonnés au vice de l'opium sont de plus considérés comme voleurs d'éléphants — pour leur maître — de ce côté-ci des frontières. Aussi, lorsqu'à leur première visite j'eus dit mon désir d'acheter plus tard six de ces animaux, je ne fus pas surpris de les entendre répondre : « Notre maître pourra vous les vendre, même il vous louera les cornacs et répondra — si vous le désirez — et des hommes et des bêtes ».

— Il en a donc beaucoup ? »

« Non, seulement six, mais il s'arrangera pour n'en pas manquer en vous contentant. »

Par suite de l'état des chemins complètement noyés autour de Pitchay, c'est vers Fang, petit village laotien un peu plus au nord que nous irons chercher le Mé-nam.

26 *août.* — La caravane du roi avance avec lenteur, il m'avait prévenu. Les tout petits enfants, nombreux dans sa troupe, et lui-même, craignent les secousses brusques du pas des éléphants lorsqu'il s'accélère. Ceux-ci d'ailleurs jeunes pour la plupart, ne sauraient sans dommage être forcés dans l'allure. Parti une heure après le convoi, je l'ai rejoint avant l'étape.

Le chemin suit le Nam Lay, torrent dont l'embouchure donne son nom au village que nous avons quitté. Dans un trajet rendu peu commode par les constantes montées et descentes des hauteurs entre lesquelles coulent les ruisseaux affluents — roches au sommet, boue à la base — il traverse le courant de deux à trois pieds d'eau, chaque fois que la rive opposée devient plus praticable. Parce qu'il est très fréquenté la végétation, tout exubérante qu'elle est, n'y peut créer d'obstacles. Composée de bambous et de diptérocarpées, elle n'a de particulier qu'une petite quantité de tecks dispersés çà et là, encore inexploités. Partout elle limite l'horizon aux yeux du voyageur laissant parfois à son admiration des petits paysages surtout captivants lorsque le sentier à pic sur le torrent montre, dans un cadre verdoyant dans un décor sauvage, l'eau écumant sur les rochers au fond d'un ravin assombri.

A 650 mètres d'altitude, Muong Houa, premier échelon de la ligne de partage des eaux, entouré de champs de coton, riz, maïs, cannes à sucre et pastèques compte soixante-dix cases. Ses quatre cents habitants, exempts de tout impôt, se doivent au service des transports pour lequel ils ont une trentaine d'éléphants ; ils entretiennent de plus, au premier col dans la montagne, un petit poste de garde contre les voleurs communs à la frontière.

En raison des fréquents voyages qu'ils doivent accomplir entre les deux fleuves, les éléphants domestiques de Luang-Prabang vivent généralement dans la forêt proche ; les maraudeurs connaissent bien les lieux où ils sont parqués, et des vols fréquents diminuent beaucoup la valeur des bêtes.

27 *août.* — Contredisant l'avis des astrologues, la pluie tombe à torrents aujourd'hui comme hier. Assis, mal abrité dans la cage sur mon éléphant, je puis simplement tracer l'itinéraire et dois sous les averses continuelles, renoncer à prendre des notes.

Le roi ayant des bagages en retard nous séjournons à Muong Houa.

28 *août.* — Nous sommes entrés dans le bassin du Nam Pan autre gros torrent joignant le Mé-Khong au sud de Paclay. Une barrière ferme la route au col, c'est là qu'est le poste contre les voleurs qui bien entendu savent l'éviter.

J'ai recueilli pour le Muséum, sur le sol humide de très jolis crabes d'une belle nuance jaune d'or, tachés noir de jais.

Comme le premier jour, la marche dure huit heures. Même terrain très accidenté, même végétation. Halte en lieu désert.

Les moustiques à mon grand dépit, montrent leur présence ! J'en avais à peine vu depuis Luang-Prabang !

Afin d'isoler un peu mes pieds nus de la terre mouillée, je jonche le sol de ma tente d'une couche de branchages protégeant aussi les cinq petites caisses de mon mince bagage. Celles-ci, tout juste longues et larges pour être chargées sans difficulté sur le bât des bêtes, ont $0^{m},60$ sur $0^{m},35$. Jointes bout à bout, couvertes de ma natte, elles me font une couche en même temps qu'un siège.

29 *août.* — Marche sur des plateaux, sol argileux, végétation forte, pins semés çà et là, onze gros ruisseaux allant au Nam-Pan.

Des espaces libres d'arbres m'ont permis de voir les hauts sommets de la ligne de partage entre le Mé-Khong et le Mé-nam. A leur base le chemin rentre en terrain montueux pour atteindre le col, frontière de Luang-Prabang marquée par une borne à 750 mètres d'altitude. De là la descente commence dans le lit, bien plus qu'au bord, du torrent Pa Dou.

Marche pénible, rendue désagréable par des sangsues qui des arbres se laissent tomber sur les éléphants et ceux qui les montent, et qu'on retrouve nombreuses à la halte dans l'herbe.

Campement au bord du Nam Patt naissant, en un lieu inhabité dit des « sept manguiers » d'après la tradition, car personne ne se souvient d'avoir vu ces arbres.

Il ne pleut plus mais une humidité pénétrante nous enveloppe.

30 *août*. — De petits plateaux en petits plateaux, la descente s'accentue. A droite s'aperçoivent les monts Dam Chang dont les forêts sont très fréquentées des éléphants sauvages.

Toujours bambous et diptérocarpées peuplent les abords du chemin.

Halte après huit heures de marche ininterrompue au lieu désert dit : Peunh Pao, altitude 650 mètres.

Je suis fatigué et me sens fiévreux.

31 *août*. — Par une succession de torrents nous sortirons aujourd'hui des montagnes et entrerons dans la vallée cultivée du Nam-Pât proprement dit.

Le roi, suivant son habitude est parti le premier.

Étant un peu malade je compte le dépasser ; je l'aurai vite rejoint.

Dans un défilé étroit entre des éminences rapprochées comme les bords d'un sillon monstre, le sentier circule resserré ; les convois l'ont creusé en remuant l'argile qu'un petit ruisseau et les pluies entraînent. Dans cette boue la marche est encore ralentie.

Instinctivement les yeux se portent inquiets à gauche, à droite sur ces pentes roides et si garnies de bambous qu'on ne saurait tenter de les gravir. Quel magnifique terrain pour une embûche ! Avec des éléphants on ne peut qu'aller devant soi, reculer serait impossible, dix hommes y arrêteraient n'importe quelle grosse troupe.

J'exprime ma pensée au cornac et il dit : « Des bœufs jetés parmi nos bêtes en un pareil endroit causeraient une panique telle que personne de la caravane n'en sortirait indemne. Ce moyen, les brigands l'emploient parfois dans nos forêts, les éléphants surpris se dispersent affolés semant de tous côtés voyageurs et bagages. La bande arrive alors et ramasse le butin. »

Ce lieu dont l'aspect éveille ainsi une idée de danger, m'a fait ressouvenir des paroles du Chao Ratchabout lorsqu'il y a dix jours il parla des ennuis possibles du voyage. J'écoute encore le ton d'amertume qu'il donne à ses paroles, je revois le roi résigné, l'air effrayé du kaluong.

Vers neuf heures je rejoins la queue de la colonne. Pressé d'être à la halte, je dépasse — la route devenant large — les éléphants l'un après l'autre.

Ce sont — en majeure partie — de jeunes serviteurs, les anciens bien dressés se vendant un fort prix pour le transport des tecks, du côté du Mé-nam.

Ils avancent nonchalants, glanant de ci de là, un tronc de bananier, une jeune tige de bambou, une touffe d'herbes humides jetant sur la campagne des yeux doux et paisibles tout autant que craintifs.

Depuis bientôt dix ans que sur des éléphants je parcours constamment des chemins comme ceux-ci, je me suis passionné pour ces bons animaux. Je leur dois d'avoir bien souvent transformé de durs itinéraires en promenades de rêve. Maintenant familier de leur vie, je me complais à prendre en toute occasion, pour conduire le mien, la place du cornac, et m'attache à comprendre : barri et sifflements, tous leurs cris et battements de trompe, véritable langage qu'un Laotien expert ne saurait méconnaître tant chacun d'eux diffère, tant aussi ils expriment de la même manière presque sans variations une même impression, un même sentiment : impatience, fatigue, douleur, crainte, effroi, chuchotements amoureux, joie, langage maternel.

La moitié des cornacs sont des fumeurs d'opium qui béatement somnolent sur le cou de leurs bêtes le croc mis de côté. Quelques-uns vont à pied laissant des petits princes conduire leurs éléphants pour s'amuser et pour apprendre.

Quatre ou cinq éléphanteaux courent taquins, agaceurs entre les jambes des mères et des mâles de la troupe qui lourdement chargés tremblent de les piétiner, et pour les éloigner poussent des cris effrayants, hurlent et grognent sans cesse. A chaque instant la trompe d'une mère s'abat sur le dos d'un petit corrigeant quelque gaminerie mais ceux-ci semblent n'en avoir nullement cure, ils se roulent dans les mares ou se jettent à plat ventre pour teter, barrant la route à toute la bande qui en grondant se résigne et stationne.

Des voix enfantines — des pleurs et des ris — partent des litières que les éléphants balancent en marchant, et où de jeunes mères en étant bercées, bercent leurs enfants.

Les femmes ont drapé sur leurs vestes des écharpes grenade ; les hommes sont vêtus de toutes les façons, les enfants d'aucune.

Chacun sur sa monture, suit à son rang la file, gais les petits, soucieux les grands. On me salue ou des yeux ou des mains — sourires aimables, gestes gracieux — et comme je passe vite, on s'empresse de faire place.

Le roi pour pénétrer en territoire siamois s'est habillé d'une tunique lilas apportée de Bangkok par son fils Ratchabout.

Penché au bord de sa litière il regarde rêveur dans la forêt profonde et se retourne comme son éléphant au bruit du lourd pas du mien.

En le saluant je dis : « Je me sens fatigué, et par cette grande chaleur, j'ai hâte d'être au but, permettez-vous que je vous précède ? »

— C'est cela, allez vous reposer au bord de la rivière et faites faire le café ! »

Quand j'entre une heure après dans la plaine des rizières, un superbe éléphant à une allure très vive arrive à notre rencontre.

« C'est, » me dit le cornac, « le phya Sukhothay, gouverneur de Pitchay », et il murmure ces mots dont je reste surpris : « Sans doute il a trouvé que le roi tarde trop. Nul besoin de soldats pour hâter sa venue, de belles paroles suffiront bien ! »

Je reconnais de suite mon ancien kaluong. Il me dit en passant : « A bientôt, à la halte ; le roi est l'hôte du Siam, je cours le recevoir. »

Depuis déjà quatre heures, sur le bord sablonneux de la rivière Nam-Pât, j'attends la caravane, étonné d'un retard jugé inexplicable, lorsque six éléphants paraissent tout à coup précipitant le pas. Surpris du petit nombre et de leur marche pressée, je pars au-devant d'eux.

Pang, un jeune fils du roi, en tête du groupe me crie :

« Une terrible panique dans le convoi du roi, a eu pour résultat le plus affreux désastre ! Mon père n'a aucun mal. Voici des blessés, j'implore vos soins ! Ma femme a une jambe déchirée de la cheville jusqu'au genou, j'ai un pied brisé, notre enfant et nous, sommes tout meurtris ! Les cornacs valides apportent sur des claies le reste des blessés !

Dans le temps qu'il parle, un autre éléphant arrive près de nous, phya Sukhothay amène le roi. Tous vont vers ma tente, et je suis leurs pas.

Dès qu'il est à terre le pauvre vieillard, les yeux pleins de larmes, dit ce qu'il a vu.

Il tenait la tête de la caravane quand à un détour du chemin sinueux, l'éléphant qu'il monte s'est heurté soudain, demi-endormi, à la bête énorme du phya Sukhotkay. Tremblant sur ses jambes l'éléphant peureux s'était affaissé laissant échapper un cri d'épouvante. Lui il avait pu de son éléphant, passer sur celui qui causait le trouble et s'était juché près du kaluong. Une panique sans nom avait éclaté dans le même instant au centre de la troupe. Tous les animaux secouant les cages des litières, voulant s'en défaire, avaient brusquement jeté sur le sol et parmi les branches, ceux qui les montaient avec leurs bagages, et piétinant tout, avaient disparu s'enfonçant sous bois. Les seuls voyageurs en tête et en queue avaient eu le temps de jeter à terre leurs affaires précieuses, et de se sauver laissant fuir leurs bêtes dont six seulement ont pu être reprises. Le Chao Ratchabout, resté sur les lieux, remédie au mal autant qu'il le peut.

Sitôt déchargé ce groupe d'éléphants, augmenté des miens, repart porter aide.

1er *septembre.* — Nous devrons rester pour le moins trois jours au bord du Nam Pât à cause des victimes de la catastrophe, et pour retrouver bêtes et bagages.

Quelle navrante soirée s'est passée hier ! Vingt blessés dont cinq sont mourants, parents ou serviteurs du roi, presque tous des femmes arrivèrent au camp avec des familles dans le désespoir. Les blessures les moindres sont la suite de chutes ou de chocs violents contre les troncs d'arbres ; les autres plus graves sont le résultat du piétinement par les éléphants.

Les cornacs valides cherchent chacun sa bête au milieu des bois ; trente-deux manquent encore !

2 *septembre.* — Sauf deux ou trois, tous les éléphants sont enfin rentrés. On répare cages et litières, on compte les bagages. Nous partons demain.

Deux blessés sont morts. Les autres nous suivront sur des civières ou en éléphant.

4 *septembre.* — La dysenterie d'une attaque brusque vient briser mes forces.

Ngin portant au roi sa tasse de café l'en a prévenu afin que tantôt, s'il ne nous voit pas venir à l'étape, il ne s'étonne pas.

L'état affaibli dans lequel m'ont mis toutes les privations, les longs jours de barque, m'a livré au mal presque sans défense ; les forêts humides, la chaleur très forte après les averses, les fruits abondants, l'eau traître des ruisseaux après celle assainie du fleuve, la nécessité de marcher pieds nus sur la terre mouillée ont pu faire le reste.

Aussitôt monté sur mon éléphant j'ai enveloppé chaudement mes pieds nus, et j'ai recherché ce qu'il faudrait faire. Ce n'est, en effet, pas la première fois que j'ai à lutter contre cette maladie toujours redoutée.

Un régime sévère, à peine du riz, la poudre d'ipéca par doses très faibles et très rapprochées amèneront, je pense, un état meilleur sans que j'interrompe le voyage vers Fang.

5 *septembre.* — Encore six jours avant d'être au fleuve! Nous aurons fait en moyenne trois kilomètres par heure, vingt-quatre par étape. Mon brave Kèo avait parcouru la route tout entière en quatre fois vingt-quatre heures !

J'ai à peine la force de relever notre itinéraire !

6 *septembre.* — La crainte pour ma vie que je viens de lire dans les yeux navrés de la vieille reine quand en la dépassant elle a remarqué ma mine défaite et mon teint pâli, m'a dit à quel point le mal dont je souffre inspire d'effroi aux gens du pays.

Je m'étais enquis des moyens employés par eux pour s'en rendre maître, et j'avais compris qu'en toute raison ils le jugent mortel dès qu'on m'eût cité comme médicaments les seuls astringents fournis par des fruits ou par des écorces.

« J'ai le bon remède, » ai-je dit en saluant, « dans trois ou quatre jours, la veille d'être au but, j'espère être guéri ! »

9 *septembre.* — Au village de Fang, centre laotien du royaume de Nan, au bord du Mé-nam à l'extrémité des terres élevées bordant le delta, ce quinzième jour après le départ, nous sommes arrivés très péniblement et presque à la nuit, — marche au long de champs pleins de l'eau des pluies gardée pour le riz.

J'ai pu mettre un terme à la dysenterie, mais une fièvre violente achève de m'abattre.

Les fils aînés du roi et du second roi venus de Bangkok avec phya

Nonn, mandarin siamois, se trouvent ici. Dans une huitaine, tous, accompagnés par un officier, Louang Datzakorn, et cent vingt soldats se mettront en route pour Luang-Prabang sur nos éléphants qui en attendant prendront le repos dont ils ont besoin.

Kèo de retour avec leur convoi, m'apporte aussitôt ma correspondance.

Me laissant l'espoir que la Convention est loin d'être soumise à la discussion de notre parlement, elle me donne l'avis que l'État-major des troupes du Tonkin étudie la marche d'une colonne française dans les régions thaïs que j'ai signalées en mars et avril.

Combien je souhaite à cette occasion que le consulat obtienne des Siamois, la mise en ses mains des quatre captifs, enfants de Kam-Seng dont j'ai réclamé la libération !

Leur rapatriement par des soins français aurait pour effet de nous acquérir leur reconnaissance. L'entrée de nos troupes sur leur territoire s'ils les conduisaient, s'opérerait sûrement dans les conditions les plus favorables.

Voici sur leur compte ce que sait Kèo, et ce qu'on dit d'eux depuis quelque temps.

Délivrés des fers lorsque le Chao-meun — rendu circonspect par la marche sur Theng de leur frère Kam-Oum — parvint à Bangkok, on leur expliqua que l'arrestation de leur petit groupe résultait d'un malentendu ayant eu pour cause de bonnes intentions; qu'ils devraient écrire à tous leurs parents qu'on les traitait bien, et qu'ils reviendraient à la belle saison avec les Siamois chargés d'occuper tous les territoires.

La subite nouvelle de la destruction de Luang-Prabang, augmenta encore la considération qu'on leur témoignait. On les assura que le sac de cette ville était excusé et que reconnaître Siam serait pour les leurs, le meilleur moyen de se garder libres devant les Français et indépendants des bandes chinoises. Ils promirent tout, et ils écrivirent, et Kam-Sam, l'un d'eux, fut de suite choisi pour porter les lettres.

Il a voyagé dans le même convoi que mon Cambodgien. Kèo le connaît, il sait sa demeure. Que je serais aise de l'entretenir !

Ngin s'est renseigné, et il vient m'apprendre qu'à notre arrivée on a expédié le fils de Kam-Seng dans un autre lieu avec huit soldats !

10 *septembre*. — Les princes laotiens sachant mon état, sont venus me voir avec phya Nonn, l'officier siamois et les kaluongs.

Le Chao Ratchavong en me remerciant pour tout le passé, m'annonce que son père reste près de lui une semaine à Fang après quoi content, il gagnera Siam.

Tous les six s'unirent en un seul souhait pour ma santé, dit par phya Nonn, et dans le conseil que j'aille à Bangkok comme le vieux roi pour m'y rétablir.

Je leur fis connaître mon intention d'aller à Pitchay, centre de ressource, le surlendemain, et de les rejoindre à Luang-Prabang après la rencontre avec mon consul.

Puis sans transition, devant leur silence désapprobateur :

« Vous avez ici dans votre convoi, un sujet français, je voudrais le voir, vous m'obligeriez en me l'envoyant. Il se nomme Kam-Sam ? »

Phya Nonn vers qui je me suis tourné, évite de parler. Il regarde les princes et les kaluongs tandis que j'ajoute : « J'ai fait à Bangkok pour lui et ses frères, une réclamation, n'en sauriez-vous rien ? »

Le Chao Ratchavong comprend l'embarras du haut mandarin, il glisse ces mots :

« Kam-Sam est parti hier pour son pays, phya Surrissak ramène ses frères. »

Et le phya Nonn, de plus en plus muet, d'un geste me répond : « Vous venez d'entendre ! je n'en sais pas plus ! »

Enfin quand j'exprime l'espoir d'être aidé par eux au voyage prochain, phya Nonn me dit cette phrase préparée :

« De votre mission nous ne savons rien. Seul phya Surrissak, le général que vous connaissez, aura qualité pour s'en occuper. »

— Et quand viendra-t-il ? »

« La date n'est pas sûre, tout est déjà prêt pour le recevoir et pour son voyage. Un grand nombre d'hommes, cinq cents éléphants réquisitionnés l'attendent ici ou bien à Pitchay. Il ne peut tarder. »

11 *septembre*, — Trois femmes blessées lors de la panique, viennent de succomber. Les autres victimes sont hors de danger.

Je vais quitter Fang. J'ai dit au revoir au roi et aux siens, à mes bons amis de sa caravane les assurant tous de notre proche rencontre à Luang-Prabang.

12 *septembre*. — Je suis à Pitchay, phya Sukhothay et le kaluong y sont avec moi. Si j'en suis capable, demain dans la matinée, ils me conduiront à un prince Siamois, demi-frère du roi, nommé commissaire chargé d'assurer les réquisitions en vue de la guerre.

Dès notre arrivée Kèo est allé aux trois bateliers qui au mois de juin le menèrent au Siam ; et il m'a appris qu'après une enquête ils furent condamnés à recevoir, partagés entre eux, cent coups de rotin ! La remise sans date de l'exécution n'a d'autre motif que notre présence !

J'ai interrogé phya Sukhothay. Il m'a confirmé la condamnation en niant le motif. « Leur faute c'est d'avoir pour cuire leur riz allumé du feu sur cette pirogue qui leur fut confiée — elle en porte la trace. »

— Ils ont fait ainsi, » lui ai-je répondu, « comme c'est l'habitude pour aller plus vite. La planchette noircie ne vaut pas cinq sous ! Personne n'est trompé, les populations sont ainsi prévenues que qui m'assistera en quelque manière, encourt de gros risques ! »

Et je lui ai dit : « ma plainte au consul ira jusqu'au roi ! » Mais j'ai bien compris qu'il s'en soucie peu.

13 *septembre*. — Affectant des manières urbaines sous de la contrainte, s'attachant surtout à bien laisser voir aux deux kaluongs — prosternés sur jambes et coudes comme l'entourage — que la considération

si mince soit-elle qu'il me témoignera, est toute de forme et bien obligée, le prince Samprassit m'accueille sans quitter la natte où il est assis.

Il se dit peiné de me voir malade, et sera heureux s'il peut m'être utile à m'en retourner vers la capitale.

Il accepte avec mauvaise grâce que je reste ici jusqu'au rendez-vous — à cause du passeport il ne peut faire moins — et il charge phya Sukhothay de se renseigner sur un logement pouvant m'arranger.

Quant à mon courrier, certain que j'envoie un homme le porter par le même convoi formé pour le roi de Luang-Prabang s'il ne s'en charge pas, il m'a demandé de le lui remettre le quatrième jour.

Dans l'après-midi Phya Sukhothay est venu me voir.

« Les cases de repos comme les pagodes, rien n'est disponible, tout est occupé ou est réservé aux troupes attendues ! »

— S'il en est ainsi je garde ma barque ! »

« Celle que vous avez ne peut être louée, il faudrait l'acheter ! »

— J'en passerai par là. » Et je l'ai payée.

Deux cent vingt ticaux — double de ce qu'elle vaut — ôtés de ma bourse l'ont bien appauvrie et je me demande comment je ferai si le 15 octobre, le rendez-vous sur lequel je compte venait à manquer.

14 *septembre*. — Notre kaluong a reçu l'avis qu'il doit sans tarder reprendre la route de Luang-Prabang.

J'en puis bien conclure qu'on est convaincu qu'avant peu de temps j'y irai aussi.

Par suite j'espère qu'on va renoncer à tous ces efforts dont le but était mon retour au Siam où je n'en doute point, on eût fait en sorte de me retenir indéfiniment.

3 *octobre*. — J'ai été gravement malade. Après une quinzaine de mauvaises journées, je sens aujourd'hui l'amélioration. On m'achète chaque jour des papayes bien mûres, elles me réconfortent, l'appétit revient.

Le 17 septembre j'avais fait partir l'important courrier qui depuis deux mois grossissait sans cesse. A peine dégagé de ce lourd souci, une réaction brusque s'opéra en moi. J'avais eu raison de la dysenterie, pour la mieux soigner j'avais observé moins scrupuleusement mon ancien régime — quinine préventive — la fièvre me reprit, et mes compagnons craignirent de me perdre.

Phya Sukhothay vint me visiter. Je lui demandai un médecin siamois.

J'ai le souvenir que l'excellent homme qu'il m'a envoyé était tout tremblant en me présentant un sudorifique ! Mes Cambodgiens eurent l'impression qu'il craignait autant les accusations de m'avoir sauvé ou de m'avoir tué ! Malgré leur opposition, je pris le breuvage : cardamone, canelle s'y mêlaient dans l'eau. Aucun changement comme conséquence ne se signala.

Pendant cette période maintenant obscure où la fièvre toucha souvent au délire, le vieux roi passa allant à Bangkok ; Ngin l'alla saluer. De même notre kaluong partit pour Luang-Prabang. Je ne les vis point.

Un jour que je reposais après un accès, un des serviteurs du prince commissaire vint dire à mes hommes que son maître avait un urgent besoin de deux cents ticaux. Informé ensuite, n'ayant pas la somme, je lui fis porter tout ce que j'avais, cent soixante ticaux. L'homme reçut l'argent.

Aujourd'hui m'apercevant que je n'ai plus rien, j'ai envoyé Ngin demander au prince d'en rendre partie.

En riant celui-ci lui a répondu : « Votre chef fut dupe d'un habile coquin ; l'homme s'est enfui emmenant une fille mon esclave. Je perds plus que vous, si on les retrouve je vous préviendrai ! »

Voyant mon chagrin Ngin me présente les économies de mon petit monde, disant : « Elles vous permettront d'attendre le consul. »

9 *octobre*. — Plus approche la date de mon rendez-vous plus je suis inquiet d'être sans nouvelles. J'ai peur d'un mécompte dont mon personnel serait malheureux plus encore que moi. Trois ou quatre jours ne

se passent pas, sans qu'un courrier destiné au prince n'arrive à Pitchay ; je n'ai aucun doute sur le parti pris, observé par ordre, de me taire tout.

Demain tentant un effort, je sortirai pour la première fois ; j'irai à la jonque où est installé phya Sukhothay ; peut-être rapporterai-je quelques précisions.

10 *octobre.* — M'appuyant au bras d'un des Cambodgiens et sur un bâton, j'ai fait le chemin en longeant le fleuve.

J'ai dit pour prétexte au vieux kaluong, mon désir de faire dans les premiers jours une visite au prince, puis j'ai essayé d'apprendre quelque chose !

Il s'est fait discret supposant seulement, avec tout le monde que d'un jour à l'autre les petits vapeurs traînant le convoi de l'ancien Chaomeun maintenant phya Surrissak, seraient signalés.

Plutôt mécontent du résultat nul de cette démarche, un peu fatigué par les cinq cents pas, j'accepte la barque qu'il tient à m'offrir pour rentrer chez moi.

Une brise presque fraîche, précurseur certain de la belle mousson ainsi commencée, souffle du Nord-Est.

En la respirant je me sens revivre, aussi, pour attendre l'heure du déjeuner, je vais reposer sur un tronc d'arbre mort laissé par les eaux au long de la plage et auquel ma barque se trouve amarrée.

Séduit par le charme de l'immense tableau, d'un regard j'admire la vaste nappe liquide, la blancheur des voiles semées çà et là, le ton vert des bords en opposition avec l'eau bourbeuse de la dernière crue ; puis mes yeux se portent sur le sud lointain laissant ma pensée aller comme en rêve.

Je revois entière la saison finie ne regrettant rien ni peine ni temps puisque j'en ai eu d'utiles résultats, et je souhaite qu'une suite plus fertile encore en bons avantages, soit la conséquence des marches prochaines rendues plus faciles par de beaux mois secs.

Un point vite grossi, une embarcation dépourvue de voiles, un léger panache de fumée noirâtre me ramènent soudain à l'état présent. Je crie : « ma jumelle ! » aux hommes de ma barque, songeant en moi-même : C'est le Surrissak, avec lui du moins je pourrai parler !

Le son affaibli d'un sifflet strident s'entend très distinct. Sur la berge nue des gens apparaissent ; leurs exclamations : « Phya Surrissak ! » attirent la foule vers l'appontement du prince commissaire.

Dans le même instant je peux distinguer les couleurs françaises !

Mes Cambodgiens débordant de joie agitent en tous sens et comme un signal mon vieux pavillon !

La chaloupe le voit, un quart d'heure après elle est près de nous !

Qui s'est présenté, pressant tout joyeux mes deux mains tendues ?

Camille Gauthier, négociant français venu du Tonkin, et M. Pinson, son interprète, sujet italien.

Quelle heureuse surprise ; elle me rend ému jusqu'au dernier point !

Délégué d'un groupe commercial et industriel, mon compatriote qui apporte un stock d'objets pour la vente, va faire une étude à Luang-Prabang et dans le Laos. Il a engagé Pinson à Bangkok.

Ils m'annoncent l'arrivée prochaine de M. Hardouin venant à la place du Chargé d'affaires.

J'ai de leur présence et de cette nouvelle un plaisir sans bornes, meilleur réconfort ! Mes hommes sont aussi contents à l'extrême, cet instant de joie monte leur courage, il semble qu'ils se croient tout près d'être en route !

Pendant qu'heureux nous nous réjouissons, la foule s'amasse autour de la case du prince commissaire. Au long de la rive les barques sont penchées chargées de curieux. Tous viennent pour saluer phya Surrissak, personne ne songeant à voir un Français !

Phya Sukhothay apparaît alors. Avec bonhomie d'un air entendu il me parle ainsi :

« Quand vous êtes venu chez moi ce matin vous étiez certain de voir vos amis ! Comment avez-vous connu leur voyage ! »

Je ris sans répondre. J'aurais beau lui dire que je l'ignorais, il n'en croirait rien !

Le regard inquiet, il salue ensuite les deux arrivants, reçoit leurs passeports pour les étudier, et émet l'avis d'une visite au prince dans l'après-midi plutôt que demain. Puis il se renseigne autant qu'il le peut, et il se retire vraiment contrarié d'entendre cette nouvelle, très vite répandue : « phya Surrissak attend à Bangkok l'ordre de partir ; de date de départ il n'est pas question. »

Le vieux kaluong devait bien connaître, je n'en doute pas, l'immobilité des troupes siamoises dans la capitale. Il l'avait ici habilement cachée, tous vont le comprendre !

Tandis que la foule s'éloigne déçue, des hommes en nombre, réquisitionnés pour l'installation des troupes attendues, et pour les transports, s'approchent du vapeur, ils en interrogent l'équipage siamois puis partent silencieux n'osant exprimer l'ennui qu'ils éprouvent du temps qu'ils vont perdre !

Ma correspondance vite dépouillée m'apprend qu'il n'est plus question de la Convention !

L'envoi d'une colonne française dans les cantons thaïs est bien résolu. Une Commission dont je suis le chef, ayant pour objet l'étude des frontières, vient d'être instituée, et deux officiers partant du Tonkin doivent me rejoindre pour en faire partie. Trois agents siamois suivront d'autre part pour le même but, la marche de nos troupes. Les frais du voyage seront à la charge du gouvernement chez lequel seront les uns ou les autres de ces commissaires.

Cette clause finale me rend soucieux ; les réquisitions, système ordinaire d'approvisionnement et pour les transports dans ce pays-ci ruineux et pénible pour les habitants, nuisible au prestige de quiconque l'emploie, ne peuvent convenir à un groupe français. Nous avons en vue de nous faire aimer surtout dans les territoires mis en discussion. Il faut que j'avise à mettre de côté une pareille manière. Nous serions haïs si nous l'adoptions.

Dans notre visite le prince s'est montré sous le même aspect que la première fois.

Il a refusé à M. Gauthier la moindre assistance pour la location d'éléphants ou barques en vue du transport de ses marchandises. Son passeport — du genre asiatique qui laisse compter sur une juste aide et n'accorde rien — ne l'y oblige pas.

L'inutilité pour notre négociant d'une tentative de s'organiser en dehors du prince nous est garantie par l'affaire récente des pauvres rameurs. Aussi, d'après mon conseil, s'est-il résolu au débarquement de tout son bagage. Renvoyant ensuite le petit vapeur loué onéreusement, il attendra la proche présence de M. Hardouin, dans cette pensée qu'une solution suivant ses désirs peut intervenir à cette occasion, et qu'au cas contraire il aura du moins la ressource finale de l'accompagner lors de son retour.

13 *octobre*. — Dans ces quelques jours j'ai fort apprécié mon compatriote. Sa forte santé, son tempérament calme et décidé, son caractère bon, conviennent très bien au but poursuivi.

J'ai aussi pensé que pour rendre plus sûrs les résultats de ma mission il serait utile de n'être pas seul. Avant peu de temps je pars vers le nord, qui sait quand le Siam laissera me rejoindre les deux officiers venant du Tonkin ! J'ai été malade, je puis l'être encore, à peine même suis-je convalescent ; deux hommes valent mieux qu'un à si grande distance, il faut tout prévoir !

De nos entretiens il est résulté qu'au cas d'un refus d'aide, persistant, M. Gauthier n'abandonnant pas l'étude en projet vendra à Pitchay le plus qu'il pourra de ses marchandises, renverra le reste, et — en volontaire — viendra avec moi à Luang-Prabang.

14 *octobre*. — Les forces disparues reviennent peu à peu. J'ai quitté ma barque pour la seconde fois, nous avons tous trois rendu sa visite au vieux kaluong.

Nous revenions quand parut en vue le petit vapeur de M. Hardouin.

Tandis qu'au collègue que je connais bien, j'exprime, charmé, mes remerciements d'avoir accepté de faire ce voyage, lui veut me parler de mon cher vieux roi qui est allé voir le Chargé d'affaires et me fait porter son bon souvenir. On l'avait reçu avec tous égards à la Cour siamoise, et il avait l'espoir de partir bientôt pour son beau Lan-Chang et de m'y revoir.

Puis Hardouin me nomme les deux officiers, futurs compagnons de mes prochaines courses : Cupet, capitaine au 2ᵉ de zouaves, lieutenant Nicolon, Légion étrangère, et il me fait connaître que quand la colonne expéditionnaire dans les cantons thaïs aura l'ordre de marche, j'aurai un avis pour la rencontrer.

Toutes les provisions dont j'attends l'envoi, sont sur son bateau dans soixante-dix caisses.

Une lettre passeport dont il est porteur, doit faciliter mon prochain voyage dans les conditions voulues par l'accord dont le résultat crée la Commission.

On ne sait au juste dans combien de temps phya Surrissak quittera Bangkok !

Comme la première fois, phya Sukhothay est venu saluer et se renseigner.

La coïncidence de cette arrivée d'un second vapeur à l'instant qui suit une seconde visite, étonne au possible le vieux mandarin plutôt soupçonneux. Il ne peut pas croire à un pur hasard. Aurai-je donc — il semble en douter — un moyen caché de correspondance ? En voulant détruire ses suppositions, je les affermis.

Dans l'après-midi j'irai vers le prince. Je lui présenterai mon ami Hardouin, dirai mon départ, et prendrai congé. La hauteur des eaux permet en effet au petit vapeur d'aller jusqu'à Fang ; remorquant ma barque, il y conduira notre petit groupe. Ce sera pour moi quelques jours d'avance.

Nous avons trouvé la même attitude chez le prince siamois.

La lettre passeport, loin de me servir devient une entrave ! Portant son adresse, il la gardera ! En fait elle supprime mon ancien papier. Me voici sans titre de circulation !

J'en demande copie. « C'est bien inutile, » m'est-il répondu, « phya Surrissak pourvoiera à tout. »

Cependant j'insiste, n'ayant pas souci d'attendre la venue du jeune général. Tout ce que j'obtiens c'est qu'un mandarin me délivrera une sorte d'avis disant qui je suis aux chefs sur la route.

Afin d'emporter le remplacement de mes provisions et de mon bagage perdus dans la ruine de Luang-Prabang, je demande à louer vingt-deux éléphants.

Le prince m'en offre six. C'est ce qu'il peut faire si je n'attends pas les troupes siamoises comme il le conseille. A son arrivée phya Surrissak — il en est certain — satisfera à tous mes désirs.

J'ai de suite compris qu'il avait des ordres, et qu'en me rendant la marche difficile il a essayé de me résigner au retard qu'il souhaite.

Depuis que j'en ai reçu la nouvelle, j'ai beaucoup songé à l'expédition de notre colonne dans les cantons thaïs ; et n'ai point douté qu'elle va contrarier au delà de tout, la Cour de Bangkok.

Fixée sur la non-valeur de ses propres titres, celle-ci comprend que le chef français prendra possession de tous les pays dont par la conquête de l'Annam-Tonkin, nous sommes les maîtres ; et elle se rend compte que si Surrissak avec son armée marche parallèlement aux soldats français, il devra garder un rôle platonique essuyant l'ennui de voir constater ses empiétements sur nos territoires.

Dans ces conditions il serait bien mieux que cette Cour convînt qu'elle fît une erreur ; tout s'arrangerait le plus simplement.

Mais que deviendraient ses projets au nord, et dont l'envoi à Laï du jeune Kam-Sam, indique l'ampleur, marque l'exécution?

Bien évidemment de ce côté-là, elle a entrevu la possibilité d'un échec pour nous.

Aussi persistant dans ses prétentions, elle prépare des troupes et, avec un chef instruit en Europe, nomme pour aller auprès des Français deux autres commissaires connaissant à fond tous les cantons thaïs.

Elle pense, je suppose : Si les habitants dont le Surrissak conserve les chefs captifs ou otages, accueillaient très mal la colonne française, fuyaient devant elle, se disaient Siamois, si cette colonne ne trouvait en route ni le Surrissak, ni MM. Pavie, Cupet, Nicolon, si dans ces cantons point encore connus, de langue ignorée, tout semés d'obstacles, elle avait pour introducteurs près des habitants les seuls commissaires venus de Bangkok, elle emporterait après un passage forcément rapide, l'impression spéciale que Siam peut souhaiter. Rien n'aiderait autant pareil résultat qu'un retard habile dans la mise en marche des troupes de Bangkok, surtout que l'absence de M. Pavie.

Ne serait-ce pas pour favoriser un semblable but que le Surrissak s'éternise au Siam et que tant d'ennuis naissent sous mes pas? Je dois le prévoir !

Mon parti est pris. Je vais faire en sorte de joindre nos soldats.

Sans récriminer ni laisser paraître ce que je devine, j'ai donc accepté les six éléphants.

Quant à mes bagages je m'en passerai.

Pour la forme j'ai encore réclamé de l'aide pour M. Gauthier, bien inutilement.

Demain la chaloupe d'Hardouin nous conduit à Fang.

21 *octobre*. — Depuis quelques jours, nous sommes à Fang nous organisant pour notre voyage. Des agents siamois, envoyés exprès, nous ont fait comprendre qu'ils ont pour mission de veiller surtout à ce qu'en dehors des six éléphants fournis par le prince, nous n'ayons pas d'aide.

Voulant emporter un bagage, le plus gros possible, vivres et tentes, plaques photographiques récemment reçues, nous renoncerons à monter nos bêtes et irons à pied.

Quel grand embarras pour la sélection de l'indispensable ainsi limité !

Deux des Cambodgiens resteront à Fang chargés de garder ma barque et mes caisses.

Hardouin, emportant la correspondance, devra exposer au Chargé d'affaires dans quelles conditions il nous voit partir et combien l'arrangement pour les commissaires est peu observé. Je voudrais aussi qu'il fût entendu que mes lettres aient droit à tous les courriers.

22 *octobre*. — Les six éléphants se sont mis en route, notre personnel les suit plein d'entrain. Comme à l'habitude je marche pieds nus, d'ailleurs ruisseaux et torrents, l'état des chemins à cette fin des pluies, m'y eussent vite forcé. Gauthier me voyant ainsi, sans hésitation ôte ses bottines, il les lance au fleuve et fera comme moi.

Des curieux en nombre : enfants, femmes et hommes, Laotiens, Chinois, sont autour de nous. Personne d'eux n'ignore les conditions dures de notre départ. Chacun a pu croire comme l'ont espéré les agents siamois qu'au dernier moment nous reculerions devant l'abandon de notre bagage. Visiblement notre résolution cause dans tout ce groupe des plus sympathiques une satisfaction égale au souci que montrent les chefs.

Jusqu'à la forêt, ceux-ci font cortège, suivis par la foule.

Lorsqu'Hardouin ému nous embrasse tous, les agents siamois s'approchent à leur tour avec embarras ; ils veulent l'imiter, ils semblent nous dire presque timidement : ce que nous fîmes vis-à-vis de vous, était notre devoir.

Tandis que la foule s'arrête étonnée, regarde respectueuse, sans faire de façons nous tendons nos bras.

Quand après cent pas nous nous retournons, tous ont disparu.

Longeant le Mé-nam, quittant la limite des terres d'alluvion, le sentier très large circule sous les arbres, il rencontre la roche, gravit des collines enserrant le fleuve et pénètre ensuite dans l'immense massif qui à l'infini s'étend vers le nord.

C'est l'époque active de l'exploitation des forêts de teck. Des buffles par couples et des éléphants traînent vers les berges des troncs de toutes tailles dont les mariniers forment des radeaux.

Sur cette rive gauche, un village, Patao, est au confluent du plus important des quinze torrents tour à tour franchis.

L'étape, Taluet, est sur l'autre rive. Le déchargement de notre bagage, son passage en barque, la lente montée d'un bord presque à pic haut d'au moins dix mètres nous mènent à la nuit.

Le chef du village accourt empressé, offre pour logis un temple bouddhiste comme il n'y en a pas à Pitchay ni à Fang, et dont les jeunes bonzes, pour nous recevoir, ont vite fait libre la salle principale.

Cet accueil charmant nous rend très heureux, nous sommes surpris de ne pas trouver les gens en défiance ; ces bons Laotiens n'ont pas auprès d'eux d'agent de Bangkok venant modérer leurs dispositions si hospitalières ; nous nous demandons si le prince Siamois voyant inutiles toutes ses tentatives n'a pas renoncé à nous entraver !

Quatrième fils du vieux roi de Nan, le Chao Maha Prom a depuis deux mois, réuni ici soixante éléphants pour le Surrissak ; à peine arrivés nous l'avons appris.

Nous savons aussi qu'un assez grand nombre d'autres éléphants restent disponibles.

Un espoir nous vient, peut-être mes caisses pourront-elles nous suivre ! J'irai voir le Chao, nous séjournerons le temps qu'il faudra.

Ngin va aussitôt prier celui-ci de me recevoir dès demain matin.

Le Chao Maha Prom connaissait déjà l'énorme retard de l'armée siamoise, et tout consterné d'avoir à garder peut-être longtemps cornacs et bêtes, il a expédié au prince à Pitchay une demande d'ordres. Ma venue sans doute est le bon prétexte qu'il a dû donner.

23 *octobre*. — J'ai fait ma visite.

Dix ou douze chefs entourant le Chao se lèvent lorsque j'entre, lui, fait quelques pas au-devant de moi ; nous nous asseyons sur un grand tapis au milieu duquel sont placés les boîtes et les vases d'or contenant tabac, arec et bétel et du thé fumant.

Parlant de son père que je vais connaître, louant son pays qui depuis hier nous laisse charmés, je dis le souhait que nous formons tous, que le bon vieillard soit très bien portant et que son pays garde le bonheur.

Empressé alors, heureux d'un sujet de conversation qui l'assure bien dans sa contenance, il salue le nom de son père et roi de l'inclination de tête la plus respectueuse, en nous apprenant que quoique dépassant 86 ans, il a ses cheveux et toutes ses dents — chose rare ici — et dirige seul avec son grand fils, toutes les affaires dans sa capitale. Ses autres garçons sont dans les cantons divers du royaume pour fournir de l'aide à l'armée du Siam.

Sitôt qu'il se tait les chefs continuent :

« Dans notre royaume nous faisons la guerre aux fumeurs d'opium, aux joueurs, aux voleurs — les uns valent les autres. Dès qu'il est prouvé qu'un homme a ces vices il est sans pitié, condamné à mort ! aussi sommes-nous tout à fait tranquilles, vivons-nous heureux ; le jeu et le vol sont presque inconnus, nul ne fume l'opium. Notre capitale est toujours très propre, ses pagodes sont riches, bien entretenues, vous serez content de votre voyage. Dans ce canton-ci nous sommes trop près des frontières siamoises, les gens vicieux et les maraudeurs venus du dehors s'y mêlent souvent aux bons habitants et nous forcent ainsi à des précautions de sécurité inutiles ailleurs. En allant plus loin vous remarquerez au long de la route l'effet de nos lois, et reconnaîtrez combien elles sont sages. »

Les événements de Luang-Prabang ont intéressé à un point extrême le Chao Maha Prom. Il a fait visite au vieux roi Ounkam lors de son séjour au village de Fang. Maintenant il voudrait savoir si je crois probable son retour bientôt au bord du Mé-Khong, et dit par avance, comme avec contrainte : « Le roi est très vieux, le mieux qu'on puisse faire c'est de le garder toujours à Bangkok ! »

En parlant ainsi il semble chercher une réponse plutôt dans mes yeux qu'au bord de mes lèvres — qui pourraient tromper — et son entourage timide l'imite.

Il n'est pas douteux que tous jugent prudent de paraître croire que le bon vieux roi doit porter le poids de l'invasion de Luang-Prabang, et pour affirmer qu'ils n'imaginent pas que Siam ait des torts, ils n'hésitent pas à déclarer juste que le pauvre prince finisse dans l'exil, les jours qui lui restent.

En se lamentant avec âpreté le 9 août dernier, mes anciens lecteurs avaient l'intuition que Siam voudrait voir cette catastrophe ainsi appréciée, et ferait au besoin, le malheur du roi pour se disculper.

Mon cornac aussi, sous une autre forme, m'avait révélé la note ayant cours dans le menu peuple quand le 31, nous avions croisé phya Sukhothay sur son éléphant.

Il est bien possible que les kaluongs et le commissaire, jaloux de garder son prestige au Siam, aient laissé prendre corps et faire leur chemin à de pareils dires, mais j'ai trop confiance dans le grand bon sens de l'ancien Chao-meun et dans sa sagesse pour avoir le doute qu'il ne défende pas avec énergie le roi laotien contre une injustice dont le caractère serait apprécié : odieux et cruel au bord du Mé-Khong.

Aussi avec l'assurance de ma conviction, et le ton sérieux né des mots peu dignes qu'il a prononcés, je répète au prince, le sens des paroles répondues au roi de Luang-Prabang ce même 9 août.

« Comme votre père dont il est cadet de près de dix ans, le vieux souverain de Lan-Chang Hom-Khao, se porte à merveille ; il compte mourir dans son cher pays, je le sais, et n'ai pas un doute qu'il y reviendra quand il lui plaira. Ne serait-ce pas faire une injure au Siam que croire le contraire ? »

Les têtes se baissent comme si chacun craignait d'approuver, mais je sens très bien qu'on est satisfait.

Après un silence je remets ma lettre de circulation et demande à louer dix-huit éléphants.

Tout de suite je vois les choses arrangées. Le Chao Maha Prom, va faire faire le compte des bêtes disponibles et il m'avisera ; mais en attendant pour qu'un temps précieux ne soit pas perdu, sur l'heure des pirogues vont aller chercher mes caisses à Fang, ma barque trop grande ne pouvant franchir les quelques rapides de ce court trajet.

Le chef du village en me remerciant du petit cadeau que comme son maître il a eu de moi, m'a manifesté le désir du Chao d'acheter un veston tout pareil au mien. Celui-ci suppose que M. Gauthier, étant négociant, aura son affaire.

Le Chao Maha Prom — quand il eut appris que les marchandises avaient toutes repris le chemin du Siam — fut déçu au point qu'il en témoigna un chagrin d'enfant ! Tenant à lui plaire, nous nous ingéniâmes à le contenter, et Ngin lui porta un des vêtements servant à Gauthier. L'ayant essayé il en regarda la poche en souriant, et émit l'idée qu'une montre d'argent y serait très bien !

J'en avais par chance, une de rechange ; il l'a maintenant.

24 *octobre*. — Dans l'après-midi les pirogues reviennent avec mon bagage.

Les deux Cambodgiens sont dans le convoi. Abandonnant Fang, ils ont pu confier ma barque inutile à un bon Chinois — suivant mon avis — pour qu'elle soit vendue.

Tandis qu'on entasse les petits colis sous le toit ami de la bonzerie, Ngin, va demander que notre départ ait lieu au plus tôt.

Le Chao lui répond qu'il compte lui-même fournir le convoi et que demain soir nous serons fixés.

25 *octobre*. — Un ordre siamois nous ravit l'espoir de tout emporter ! Le courrier du Chao parti pour Pitchay à notre arrivée, rapporte un message lui interdisant de nous laisser louer aucun éléphant ! Les autorités n'osent nous le dire bien ouvertement, mais cette nouvelle pour nous si fâcheuse, s'est vite répandue. Le bon Maha Prom est tout consterné ; ne sachant comment se tirer d'affaire il charge un des chefs de me prévenir qu'on n'a pu trouver une bête disponible.

Notre décision est aussitôt prise, primitivement nous avions compté immobiliser le bagage à Fang, c'est à Taluet qu'on le laissera. Nos cornacs devront être prêts demain à la première heure.

Quand le Chao connaît cette résolution il songe à mes caisses qu'il voit lui rester ! Chaque petit chef de son entourage s'emploie de son mieux à me persuader qu'avec des pirogues, je puis les porter au village voisin. Je les crois sans peine, mais certain aussi que là m'attendraient — pour la même cause — le même insuccès, le même temps perdu, je m'excuse près d'eux de ne pouvoir faire ce qu'ils me conseillent et les tranquillise quant à mon bagage dont je charge Kéo.

Je présente alors ce bon serviteur au chef de pagode que je gratifie de menus cadeaux puis chacun de nous s'arrange pour partir.

26 *octobre.* — Le Chao ayant vu à l'aube les cornacs laver dans le fleuve nos six éléphants — suivant l'habitude avant le départ — m'envoie demander un retard d'un jour. Comme je refuse il n'ose garder ni veston ni montre reçus le 23, il me les renvoie, et son messager sur un ton dolent en dit son chagrin : « Si l'on est fâché il faut bien les rendre ! »

Ngin les lui reporte pendant que je mets le convoi en marche. Faisant nos adieux à l'excellent prince et lui exprimant ma bonne amitié et nos sympathies, il l'assurera de la conviction que nous emportons qu'il fit le possible pour nous assister.

Malgré mon désir, je pars sans le voir. Tous ses mandarins élèvent la voix dans nos pourparlers depuis hier au soir ; cherchant l'éloquence pour me mieux convaincre et des arguments pour nous retenir, ils me semblent boire plus qu'il ne convient. Je ne voudrais pas en allant vers eux dans ces conditions, offrir le prétexte à une discussion.

Ngin nous a rejoints. Le Chao lui a dit que son grand souci était que Kéo ne tombât malade lui laissant le soin de tout le bagage. Il a répondu : « En cas d'embarras, demander l'avis du prince siamois — cause de nos ennuis — c'est le mieux à faire. »

27 *octobre.* — Il est sans conteste que l'on a usé des derniers moyens pour nous dégager du moindre prestige ; privés des bagages qui m'eussent permis d'être dans mon rôle, nous n'avons même pas — au cas où la fièvre viendrait nous surprendre — l'extrême ressource de monter nos bêtes par-dessus leur charge car les toits des bâts ayant été faits pour des marchandises, ne laissent aucune place. Bref les petits chefs de tous ces pays, voyagent mieux que nous.

Mais les mandarins ainsi que le peuple ont vu nos efforts pour nous procurer quelques éléphants, ils savent la manière dont nous rétribuons les petits services, ils comprennent bien que nous ne sommes pas les gens misérables qu'on veut leur faire croire, et quand ils constatent que sur le papier que j'ai à montrer, mon nom est suivi du seul mot : « Français », celui-ci leur dit que si l'on nous gêne c'est que l'on nous craint, ils comprennent aussi qu'allant à un but, nous dédaignons tout plutôt que d'échouer.

Fig. 48. — Éléphant chargé du bât pour voyageur.

28 *octobre*. — Le Siam qui n'a pu décliner notre offre de marcher d'accord au nord du Laos, semble en même temps, s'être résolu — pour garder la place qu'il s'est attribuée dans l'Ouest du Tonkin — à l'éludation de toute œuvre commune.

Il a retardé l'envoi de ses troupes dont la mise en marche était tout au plus une question d'heures.

Par son inertie il veut isoler la colonne française et rendre inutiles ses opérations.

N'ayant pas osé m'immobiliser — complément logique des mesures à prendre pour la réussite de son objectif — le prince commissaire a fait le possible pour me rebuter.

C'est évidemment par suite de l'échec de sa tentative qu'il a expédié ce courrier pressé, qui dans la journée nous a dépassés semant la nouvelle de l'arrivée proche de l'expédition qu'a organisée Phya Surrissak.

Il a craint sans doute que nous ne donnions aux populations, l'idée que Bangkok avait renoncé à remettre les choses à leur ancien point à Luang-Prabang.

Tout en conservant un doute justifié sur l'exactitude de l'avis siamois — ainsi colporté — nous nous empressons de paraître y croire, et parce qu'il est muet sur le rôle français, nous en parlerons à chaque occasion en disant surtout quels sûrs avantages pourront résulter de la réunion des troupes et agents de nos deux pays.

Nan, le 8 novembre 1887.

Par ce temps exquis des premiers beaux jours, nous avons marché tout au long des crêtes et dans les vallées à droite du Mé-nam pendant dix étapes sans cesse sous le charme — jusqu'à la fatigue — de cette nature à demi-sauvage, pleine d'imprévu et de variété dans la succession des vues pittoresques qu'elle a disposées.

Au cours de la route nous avons campé quatre nuits sous bois. Trois premiers villages Tapla, Lim et Feck nous ont abrités dans leurs bonzeries, puis trois bourgs peuplés offrirent des cases — faites pour les soldats — tandis que deux autres Nam-Ly et Hala restèrent hors de vue. Tous sont les chefs-lieux de petits cantons dont chacun desquels compte un peu plus ou moins de cinq cents familles.

Ce nombre restreint d'endroits habités sur ce grand parcours (200 kilomètres) et la voie suivie par les commerçants dans cette direction, laisse deviner combien clair-semés doivent être les autres dans tout le royaume.

Sis au bord du fleuve ou sur le Nam-Hin — petit tributaire dont l'eau abondante imbibe les champs de riz de ses rives — ils sont de vrais ports pour le bois de teck que les mariniers y forment en radeaux à l'heure propice.

Les populations partout empressées, curieuses de voir des Européens, avides de vendre provisions de vivres, bibelots d'argent, pierres rares, étoffes ont fort alourdi la charge de nos bêtes.

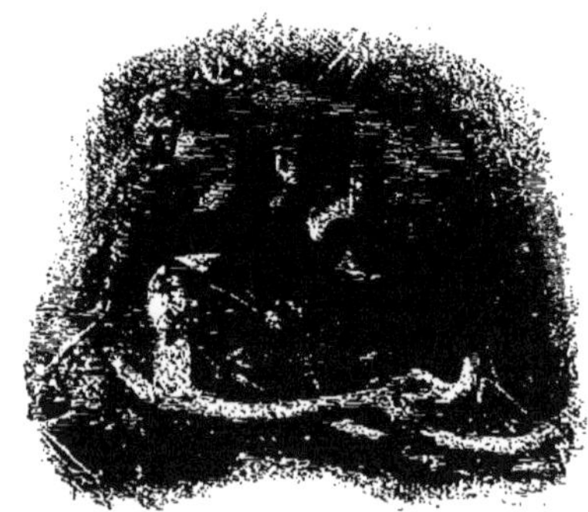

Fig. 49. — ...., vont faire bombance de lianes et de branches...

Sur ce vaste sol souvent granitique quelquefois calcaire — où l'on trouve l'agate et beaucoup de fer, et que couvre l'humus — la végétation des pentes comporte — en dehors des tecks — les mêmes essences qui croissent au sud (hopées, sterculies, shorées, dalbergies, dipterocarpées) et donnent entre autres le bois des pirogues, les colonnes des temples, les huiles et résines. Comme dans les lieux où ces sortes dominent, le bambou abonde, le rotin est rare, l'orchidée commune.

L'aspect des forêts ainsi visitées, donne l'impression que le teck précieux, richesse du Laos, s'épuisera vite dans cette région si l'on n'y prend garde. Tous les troncs à terre manquent d'épaisseur, ont été coupés beaucoup avant l'âge, valent en moyenne à peine le tiers de ceux de Xieng-Maï, ou de ces beaux pieds que j'ai signalés au bord du Mé-Khong à la fin de juin. Comme constatation du déboisement, le guide nous a dit : « Le tribut au Siam — cinq cents pièces de teck longues de vingt coudées — a été changé, il y a neuf ans en la simple offrande de fleurs et d'arbustes en or et argent. »

Partout l'éléphant a son rôle utile dans l'exploitation, et le seul trajet de Tapla à Lim, nous en montra trente attelés aux billes traînées vers le fleuve.

D'ordinaire loués pour une saison, dix roupies par mois, les mâles se vendent un prix minimum de sept cents roupies, les femelles de mille. Ils ne sont l'objet d'aucune dépense pour leur entretien et forment sou-

Fig. 50. — Bâts pour marchandises. ..... c'est plaisir de voir la douceur tranquille de leur attitude...

vent toute la fortune de qui les possède. Lorsqu'ils ne sont pas aux travaux du teck ils font le transport de gens qui voyagent et de marchandises. On les charge toujours très modérément. Ils sont habitués à l'allure lente leur laissant loisir de cueillir en marche à droite et à gauche, plantes et feuillages, leur seule nourriture. Parce que ces crêtes sont dépourvues d'eau, ils parcourent l'étape sans autre repos que de courts arrêts et sans décharger, portant environ quatre cents kilos en y comprenant la chaîne, le bagage, conducteur et bât.

Lorsque le matin nous nous préparons à marcher encore c'est plaisir de voir la douceur tranquille de leur attitude. Étendus à terre attendant qu'on place sous le toit des bâts, caisses et colis, ils jettent un coup d'œil demi-résigné et demi-inquiet sur l'observateur jamais rassasié de les admirer.

Dès la halte atteinte, ils boivent puis, sous bois, aux abords du camp, les pieds entravés, une clochette au cou ils vont faire bombance de lianes et de branches, et se reposer jusqu'au petit jour.

Les réquisitions faites pour l'armée sont l'effroi des maîtres de ces animaux. Ils doivent en effet, dès qu'on les avise, livrer pour un temps indéterminé sans rétribution, cornacs et montures à des mandarins avant tout soucieux d'avoir pour longtemps des moyens faciles de portage commode.

Rien n'est plus curieux que ces réunions d'éléphants par masses. Venus des régions les plus opposées, ils se mêlent entre eux au bois et au bain, se retrouvent par groupes, sans donner souci à leurs conducteurs.

Ces jours derniers les propriétaires dont les éléphants ne sont pas levés, craignaient un appel ayant pour motif le remplacement de ces cinq cents bêtes inutilisées qui sont à Pitchay, Fang et Taluet depuis neuf semaines attendant les troupes.

A ce simple bruit d'un pareil danger, chacun a cherché s'il ne pourrait pas être dispensé, et les prix de vente sont de suite tombés.

C'est ce qui explique qu'au village de Hin, notre septième halte, nous avons pu louer pour aller à Nan, un mâle sans défenses et deux jeunes femelles qui nous ont portés les trois jours suivants.

Il était grand temps qu'une pareille chance vînt s'offrir à nous ; la fièvre menaçait, nous la pressentions ! Puis, aller pieds-nus par monts et ravins — semés de cailloux et de gros gravier — nuisait au plaisir que mes compagnons prenaient au voyage, diminuait la joie que procure la vue des décors nouveaux.

Un éléphanteau suivait les femelles; nous ne savions pas quelle était la mère ; leur amour pour lui se montrait égal, il tetait les deux ! Favori de tous, des gens et des bêtes, nous n'oublierons pas — le laissant ici — ses gambades joyeuses, ses farces si drôles faites en cheminant et les terreurs folles qui le ramenaient entre ses nourrices quand courant en tête, grignottant sous bois quelque tige tendre, il voyait venir dans le sens inverse, les bœufs ou chevaux d'un convoi marchand.

Nous fûmes en effet fréquemment croisés par des caravanes se dirigeant toutes vers Outaradit, centre du commerce du moyen Mé-nam. En tout je comptai : deux cents hommes porteurs, quarante éléphants, cinquante chevaux, cent quarante-six bœufs. Ils allaient chercher sel et cotonnades, fil, bols, allumettes, surtout du pétrole. Leurs charges d'échanges étaient composées de peaux et de cornes, coton et ramie, de papier d'écorce de jeune mûrier, et de gomme-laque. Ce dernier produit semble après le teck être au premier rang pour l'exportation.

Notre plus longue étape fut celle d'aujourd'hui ; elle a pris onze heures. Elle nous a montré le plateau de Nan — entamé hier — et dont l'altitude est de deux cents mètres. Commencée parmi les champs très fertiles bordant le Nam-Sâ, elle s'est continuée sur la droite du fleuve dont les eaux paisibles coulent sans obstacles devant des hameaux qui comme un faubourg se rattachent à Nan où nous arrivons à la chute du jour.

En opposition avec le vert tendre d'un gazon tout frais croissant sur un sol récemment laissé par l'eau de la crue, le soleil pourpré donne un ton plus rouge à l'enceinte de briques de la curieuse ville dont des arêquiers — de leurs hauts panaches — dépassent çà et là les créneaux étroits.

En face de la porte qu'un clocheton grandit, le guide nous arrête près d'un groupe de cases pour les voyageurs où l'on nous a dit qu'un agent siamois était installé.

Tout est solitaire sur l'immense place ; la corne du cornac de ses sons de flûte, perçus de fort loin, n'amène personne sur notre passage. Ce vide semble voulu, des ordres sont donnés ce n'est pas douteux pour nous isoler, nous sommes attendus !

La meilleure maison paraît occupée ; une palissade nouvellement faite l'isole des autres ; la porte en est close.

Fig. 51. — Pitchay : Appel d'éléphants réquisitionnés.

Par quelques appels nous nous informons.

Un serviteur vient. D'un air effaré il dit : « Mon maître sommeille. » Sans ouvrir l'entrée il en tient la barre de ses mains fermées, prêt à l'assurer si nous insistons.

Fig. 52. — Tandis que sur l'herbe on installe la tente.

Quand il a compris qu'en quête d'un abri, nous ne demandons qu'un renseignement, il se rassérène, sort et nous conduit vers la case voisine qui, toute délabrée, semble à l'abandon.

Tandis que sur l'herbe on monte la tente, il nous fait connaître que le chef qu'il sert — un des kaluongs siamois de Xieng-Maï — remplit une mission à cause de la guerre, et pour établir que ce rôle l'occupe en effet il montre les abords de la haute muraille dégagés des brousses. Il ajoute encore que nombre d'habitants veillent nuit et jour comme si une attaque était attendue.

Ce kaluong voudrait nous faire croire qu'il n'a rien à voir avec notre voyage. Il a refusé de recevoir Ngin porteur des papiers dont nous sommes pourvus et qui — fait-il dire — ne sont destinés qu'aux autorités des lieux parcourus. Cependant nous avons vite su qu'il est là pour

Fig. 53. — Gauthier et Pinson s'installent sous la tente.

nous : un des employés de son entourage — un instant après — est venu à nous comme le délégué des chefs du pays !

Gauthier et Pinson logent sous ma tente.

Je suis installé dans la vieille case.

Nous y prenions le repas du soir lorsque, d'un réduit à l'extrémité, une femme éplorée, s'inclinant très bas, est venue à nous, marchant lentement et toute hésitante. Elle s'est accroupie dans cette posture que veulent les usages pour ceux qui supplient, puis elle nous a dit, résignée et triste : « Vous ne saviez pas que je suis ici avec mon

enfant malade à mourir ! Les autorités de la ville de Nan nous ont renvoyés hors de son enceinte par peur de ce mal qui prend des victimes tout autour de lui. On vient m'avertir que votre présence m'oblige à chercher un abri plus loin..... » Alors elle s'arrête, il semble qu'elle prévoit qu'elle apporte l'effroi chez nos gens et nous, des sanglots l'étouffent, elle s'assure un peu, et dit presque bas : « C'est la variole noire ! » Mais en même temps ses yeux étonnés ont lu dans les nôtres qu'une immense pitié arrive à son aide : un éclair d'espoir la fait rayonner : « Vous ne craignez pas..... Nous pouvons rester..... Vous l'allez sauver..... Combien je bénis votre heureux passage ! » Debout tout de suite, elle conduit nos pas ; avec toute sa foi elle dit à l'enfant : « Vois les bons génies qui viennent te guérir ! »

Prescrire la prudence à nos indigènes était chose utile. Nul n'est vacciné. Le terrible mal leur est bien connu, mais, dans leur désir de prendre leur part de la bonne action, ils iraient peut-être sans nécessité chercher le danger. Seul j'approcherai de l'enfant malade.

Nous avons acheté pour nos éléphants une énorme gerbe de belles cannes à sucre fraîches et mûres à point. Ils méritaient bien cette petite douceur qu'ils apprécient fort.

A notre étonnement, une des femelles ôta prestement de la bouche du jeune les morceaux juteux que nous lui jettions et elle les mangea — quoique sous sa trompe, elle eut sa bonne part. — Nous attirâmes donc notre gentil ami hors de la portée des bêtes entravées et, tout à son aise, il se régala, mais presque aussitôt il se trouva ivre !

Les cornacs en riant de notre surprise nous ont expliqué : « C'est celle-là la mère ! Elle comprenait bien que le petit diable allait être victime de sa gourmandise, et en se soignant elle le secourait ! Vous la connaîtrez sans doute à présent ! »

Pendant cette scène, la seconde femelle broyait sans souci son gros tas de cannes. Cependant son corps est zébré des coups que le conducteur lui a prodigués au cours du voyage quand l'éléphanteau quittant le chemin pour courir sous bois, elle voulait le suivre. Elle nous a montré dans cette circonstance que si son amour vient à égaler celui de la mère elle n'en peut avoir l'instinct maternel.

7 *novembre.* — Depuis le départ la température est presque invariable 18° ou 20° à l'heure de l'aurore, 26° ou 28° au milieu du jour. Un brouillard fâcheux persiste le matin. La photographie ne donne rien de bon.

Trois hauts mandarins envoyés du roi, viennent de bonne heure — après une station chez le kaluong — pour nous visiter. L'un a la mission de nous promener, le deuxième doit faciliter nos divers achats, le troisième préparera tout pour notre départ !

Nous les accueillons sous la petite tente — à cause du malade qui les effrayerait. Tandis qu'ils absorbent une tasse de thé, nous disons le but de notre voyage et, d'où nous venons. C'était inutile, le Chao Maha Prom par le même courrier portant la nouvelle de la marche des troupes vers Luang-Prabang, l'a écrit au roi. Celui-ci très aimablement nous fait prévenir qu'il nous recevra quand le soir viendra.

Nous profitons donc de leur complaisance et, suivant nos guides, nous allons voir Nan.

Une passerelle solidement posée en vue de la crue, unit le terre plein où nous sommes campés à l'une des sept portes.

C'est l'heure du marché ; des femmes à la file se pressent d'arriver par tous les chemins. Les provisions qu'elles apportent à vendre, emplissent des kabas en bambou tressé suspendus au bras — ou bien — se balancent aux extrémités de fléaux légers placés sur l'épaule. Des poignées de fleurs ornent les cheveux tout ébouriffés ; le ylang-ylang et le champaka, des grappes de shorées et des frangipanes y mêlent leurs parfums ; des fleurettes champêtres de couleurs plus vives, cueillies aux buissons le long des sentiers, piquées au hasard dans les bouquets jaunes et les bouquets blancs illuminent parfois de leurs chatoiements ces parures simples. Une veste légère garde les épaules du frais du matin, les longues écharpes aux tons adoucis servent de manteaux.

La principauté aurait, à peu près, comme population, cinquante mille âmes, qui se répartissent dans cent trois cantons dont trente sont grands. La ville pour sa part a cinq mille personnes. Onze cents éléphants sont sur les registres pour tout le royaume. Les bœufs sont nombreux autour de la ville et dans les campagnes ; ils servent uniquement comme bêtes de somme et ne comptent pas pour la nourriture au Laos central. Des peines sévères punissent qui les tue, on dit même : « La mort, comme pour les brigands ! »

Fig. 54. — Une passerelle solidement plantée en vue de la crue.

La plupart des gens s'occupent du teck. Comme ceux de Xieng-Maï, ils chiquent le Mieng ou thé fermenté, mis en grosses boulettes qu'ils saupoudrent de sel.

Dans ses deux grands sens, la ville a mille mètres ; les rues longues et larges, presque bien tracées, ont sur leur parcours — dans des jardinets — d'élégantes cases sur des pilotis, toutes pourvues de puits dont l'eau est limpide. Onze bonzeries montrent çà et là, parmi les paillottes, leurs toits rouges en tuiles et leurs mausolées blanchis à la chaux.

Cinquante Chinois, plus de cent Birmans qui tous se réclament de consuls d'Europe, détiennent le commerce. Les gens du pays — moins favorisés que ces étrangers comme sécurité en matière d'affaires, — n'osent avoir boutique ; à maigre profit ils vont leur offrir les produits locaux et les enrichissent. L'obstacle au succès pour les négociants est le fort crédit qu'il faut accorder aux notables et chefs qui n'aiment pas payer. Les marchandises débitées sur place, ont pour la plupart l'origine anglaise ; venues de Bangkok, aussi de Moulmein on les entrepose à Outaradit qui les expédie dans le Haut-Laos par la voie du fleuve ou par le chemin que nous parcourûmes. De rares caravanes — parties du Yunnan à la belle saison — descendent vers Nan et vont au delà. Les marmites en cuivre, les outils de fer, forment les trois quarts de leur chargement très vite épuisé.

Ces femmes, assises au bord de la rue en face des boutiques, forment un marché d'une heure chaque jour. La chaleur croissante les a peu à peu dépouillées des vestes; des files de dos nus s'alignent bizarres, les écharpes suspendues aux cous voilent quelques poitrines. Toutes, âgées ou jeunes montrent leur surprise de notre visite à leurs étalages très insignifiants qu'elles ont proprement, sur des feuilles fraîches, arrangés en ordre devant leurs genoux : thé mieng, arec, bétel et tabac, des fruits, des légumes, des tissus de soie et des vêtements fabriqués par elles. La plupart remportent ce qu'elles apportèrent ; le marché de Nan si court et si nul en ce qui les touche, semble être pour beaucoup l'agréable prétexte d'une distraction.

Le roi nous a fait un charmant accueil. Depuis trente-huit ans il est souverain. C'est à lui qu'on doit l'enceinte de Nan, aussi veille-t-il à son entretien. Il l'a élevée la sixième année de son avènement sur les fondations d'une ancienne muraille ruinée par les crues. Elle protège la ville des inondations qui se renouvellent à courts intervalles et dont la plus forte de ces derniers temps, date de cinq années. La hauteur des eaux y parvint alors jusqu'à la moitié de celle de l'enceinte.

Entre la destruction et la réfection, le roi résida un peu plus au nord dans une vieille ville où nous passerons le jour du départ.

Malgré son grand âge — quatre-vingt-cinq ans — il se conserve droit et en bonne santé ; une forte surdité est le seul ennui que lui causent les ans. Un vieux mandarin lui crie mes paroles, les autres parlent entre eux, sûrs qu'ils ne gênent pas l'excellent vieillard.

Il a laissé voir de l'inquiétude sur la direction que les troupes siamoises suivront dans leur marche sur Luang-Prabang ; « Prendront-elles la route de Nan comme la première fois, ou celle de Paclay ? » Il semble enchanté que je lui confirme que tout se prépare sur cette dernière voie.

Sans doute pour être certain qu'ainsi j'ai parlé en ce qui concerne l'accord avec Siam dont mon voyage actuel est une conséquence, il répète ma phrase : « Les soldats français viendront rencontrer l'armée de Bangkok à la frontière nord. Toutes les bandes Hos seront expulsées, la tranquillité sera établie, la sécurité longuement assurée. »

A mon compliment sur le bon parti que les habitants tirent du bois de teck et des éléphants — dont l'union des noms est pour tout le monde caractéristique de l'état heureux de son beau royaume — il a répondu :

« Nos forêts ont là deux mines précieuses qui valent plus que l'or.

« Quoique notre teck soit de second rang, il se vend très bien et nos travailleurs, qu'ils soient bûcherons ou soient mariniers, trouvent à s'occuper.

« De hardies battues, faites à l'occasion, nous permettent de prendre de jeunes éléphants valant un gros prix. Mon père eut du ciel la grande faveur d'en trouver un blanc — gage de bonheur pour tout le pays. Très reconnaissants envers leur vieux roi, tous les Laotiens l'appelèrent Chhang Pheuc [1] comme la bête sainte.

« Ces expéditions plutôt dangereuses, veulent qu'on soit armé. Dans chacune des cases de ce territoire on trouve un fusil, non pas qu'on veuille mal aux bons animaux — on ne les poursuit que pour leur capture — mais l'arme est utile pour semer l'effroi quand on doit faire fuir

1. Éléphant blanc.

les vieux et les mères d'une famille sauvage et les séparer des jeunes qu'il faut prendre. »

Puis il a permis qu'on remplace par quatre, les trois éléphants que j'ai loués à Hin.

Devant sa maison, trois jeunes éléphants de vingt à trente ans, captifs à la suite d'une chasse récente, se trouvent soumis à un lent dressage. Tristes, ils se morfondent entre les poteaux et les madriers qui les emprisonnent.

Fig. 55. — Un grand mausolée en voie d'achèvement....

Quelques pas plus loin, un grand mausolée en voie d'achèvement, nous dit mieux encore combien l'on estime l'éléphant à Nan — sortes de cariatides en briques et mortier, vingt-cinq de ces bêtes de grandes dimensions l'ornent à sa base.

11 *novembre*. — Le remplacement de nos éléphants nous a retenus jusqu'à aujourd'hui. Nous allons partir.

L'enfant varioleux va de mieux en mieux, c'est là une chance pour nous autant que pour lui ; la mère, en effet, veut que nos conseils — pourtant anodins — soient pour quelque chose dans la guérison. Les parents ensemble nous ont remerciés et les mandarins ont dit leur désir que nous leur donnions, pour l'utiliser, notre bon remède dont il est parlé dans toute la ville ! Que n'ai-je du vaccin !

Pa-Kène, 21 novembre 1887.

Nous sommes à Pa-Kène, voici le Mé-Khong ! Du haut d'une berge qui serait sauvage si quelques cabutes récemment construites ne s'y étalaient, j'ai là, sous les yeux, un de ces tableaux dont l'impression reste : dans le lit majeur les sables entassés par les grandes crues s'étalent largement en deux longues plages à peine séparées par le gros courant demi-torrentueux, profond à l'extrême, coulant à pleins bords, étroitement serré dans le lit mineur. Des bancs monstrueux que le vent érode, dressés en murailles ferment tout passage pour les riverains, obligent à marcher dans leurs écroulements.

Comme la précédente cette seconde course a duré dix jours.

Les notes de la marche peuvent se résumer en ces quelques lignes :

Le Mé-nam de Nan, le plus important de ces trois cours d'eau qui à Pak-nam Pô forment le grand Mé-nam, sort de montagnes où les habitants ont des puits à sel au nord-est de Nan. Il coule quelque temps presque droit à l'est puis descend au sud.

Nous l'avons longé à petite distance ne l'abandonnant qu'aux approches des sources. La route trouve alors un passage commode entre les grandes hauteurs qui sans l'élever de façon sensible, lui fait dépasser — allant vers le nord — la ligne de partage. De là elle emprunte le lit du Nam-Yang l'une des deux rivières formant le Nam-Ngeun, traverse celui-ci et, par les ondulations où naît le Nam-Kène, aboutit au fleuve.

Sala Sop Hat, la dernière halte au bord du Mé-nam est à 390 mètres d'altitude ; le col Doï-Sang-Lin qui sépare les bassins Mé-nam et Mé-Khong, est à 520 mètres. Cautsawadi ou Ngeun, le premier village de l'autre côté est à 420 mètres et Pa-Kène aussi, c'est ce qui explique que le Nam-Ngeun doit aller vers l'est chercher le Mé-Khong.

M. Mac-Carthy travaillant pour Siam comme géographe, a suivi cette route jusqu'à Muong-Ngeun, il y a trois ans. Les jalons plantés à son intention tous les deux cents mètres, m'ont aussi servi.

Fig. 56. — Pa-Kène. — M. Gauthier, mandarins et rameurs.

Les terres parcourues sont partout peuplées de Lues immigrés dont j'ai rencontré de nombreuses familles à Luang-Prabang au petit village où mourut Mouhot et, sur le Nam-Hou quand j'allais vers Theng.

Ils causent volontiers, leurs femmes également, et racontent le soir quand nous bivacquons près de leurs maisons, leur exode de Chine ou d'autres régions, causé par la guerre ou une famine et, quelquefois même, par le seul attrait qui pousse vers le sud. Ils disent leurs démarches pour être assurés, avant le départ, de l'aide bienveillante des princes du pays dont ils ont souhaité d'être les sujets. Louangeurs, ils répètent combien tous ces chefs se montrent accueillants et que, toujours charmés de l'augmentation des terres cultivées sur leurs territoires, ils reçoivent au mieux leurs populations de même origine que les Laotiens, de même langage et de mêmes mœurs, travailleuses et probes, dociles et tranquilles, et leur prêtent le riz pour les proches semis et leur subsistance en attendant les bonnes récoltes qui viendront permettre le remboursement.

Tous ces groupements se trouvent répartis dans de beaux cantons qu'ils mettent en valeur de tout leur courage. Le premier de ceux que nous remarquons est le Muong-Khao. Ancienne capitale, elle double la nouvelle ; les Lues l'occupèrent quand le roi actuel termina l'enceinte dont la construction a marqué son règne.

Puis, journellement paraissent d'autres lieux réputés au loin : pour la cire que leurs habitants ravissent aux abeilles — communes dans les bois — pour la chaux, qu'à la place d'impôt, ils livrent au roi et aux bonzeries, pour le salpêtre extrait des cavernes pleines de chauves-souris sur la gauche du fleuve, pour le sucre des cannes que de vieux moulins — des plus primitifs — broyent en quantité, surtout pour les riz qui à cette époque — d'un vert velouté — semblaient dans l'attente du vent du nord-est qui — fin de novembre — viendra faire mûrir leurs bouquets d'épis.

Partout les cultures entourent les hameaux ; les petits chemins passent au milieu d'elles. Afin d'éviter que nos éléphants n'en tondent des lambeaux, nous nous sommes astreints à de longs détours ; il y a assez — pour pareils larcins — des bœufs maraudeurs qui fuient les pâtures pour venir glaner au bord des rizières.

Si des défrichements de quelque étendue marquent le voisinage des agglomérations, les vastes forêts ne dominent pas moins sur tout le parcours. La végétation s'y modifie peu ; le teck reste commun, le hopéa — précieux pour les barques — devient abondant ; je cite pour mémoire ces espèces, ici non utilisées : chêne, châtaignier, houx.

Deux de ces villages en particulier prirent notre attention, ce sont les derniers : Theng-Ngam et Ngeun.

Theng Ngam, presqu'à la frontière, a un caractère d'organisation qui nous étonna.

« Tous ses habitants » nous a dit le chef « administrés comme les autres groupes, y sont internés comme des proscrits. Ils sont près de mille, les enfants comptés. Ils sont réputés sorciers et jeteurs de sorts, méchants, inconscients, même feux-follets ! Quand ils vont aux champs ils doivent s'écarter des gens en voyage passant sur la route pour ne pas leur nuire soit par leur contact ou même leur regard. Chassés des provinces, eux et leurs familles comme c'est l'usage, ils peuvent vivre ici dans une bonne aisance ayant à leur choix des terres excellentes. Ils disent ignorer qu'ils sont malfaisants mais nous en sommes sûrs ! On a vu la nuit leurs esprits flambants sortir de leurs cases, aller voltiger au long des buissons ! Dès qu'on les éloigne des endroits qu'ils troublent, les maléfices cessent. »

Afin d'éviter des ennuis selon lui à craindre, il nous fit camper loin de leurs maisons. Nous nous récriâmes et voulûmes montrer ce que nous pensions d'erreurs populaires aussi désolantes en allant vers eux — désirant connaître leurs aspirations — mais, vite nous comprîmes à l'air effrayé des guides et cornacs et à leurs paroles, qu'au lieu de l'accueil que nous espérions de ces malheureux pour notre démarche, tous à notre approche fuiraient en désordre, même hors du village, et nous renonçâmes — non pas sans regret — à nous introduire dans cette sorte d'asile.

Auprès des clôtures, on nous a montré deux installations en vue du dressage des jeunes éléphants que les habitants, dans de grandes battues, capturent dans les bois.

Au dire des cornacs ces chasses sont fructueuses et d'un bon rapport. La bête que je monte y a été prise il y a trois ans. J'ai ainsi compris son peu d'assurance ; elle s'effraie d'un rien, une bande de canards, un porc ou un chien l'arrêtent dans sa marche. Allant malgré elle en tête de la troupe, un des derniers jours elle s'arrêta net : des excréments de tigre étaient sur la route ; ses jambes flageolaient. Gauthier dont l'éléphant était moins timide, dut nous précéder.

Ngeun — 2 000 habitants, belles cultures de riz, coton, cannes à sucre, nombreux puits à sel — se trouve au milieu d'un joli plateau, versant du Mé-Khong.

Par un empiétement du royaume de Nan, agréé du Siam, sa borne frontière a été portée de la ligne des eaux à mi-route du fleuve du côté du nord, prenant ainsi Ngeun à Luang-Prabang et changeant son nom.

De là discussion qui passionne les gens.

Pour se disculper les chefs de Nan expliquent ceci : « Lors du choléra sa population abandonna Ngeun. Notre précédent roi — après quelque temps — vint y installer des Lues immigrés. Mais presque aussitôt la fièvre des bois décima les gens. Sur l'avis des prêtres et des astrologues le nom ancien — Ngeun — fut abandonné et Cautsawadi lui fut substitué à l'unique fin d'ôter le moyen, aux mauvais génies, de le reconnaître. Justifiant de suite l'utile précaution, la santé de tous revint florissante comme auparavant. »

Et Luang-Prabang répond à son tour : « Dans votre royaume les bonnes terres abondent ; que les habitants qui veulent vous servir aillent au Mé-nam. Pour pareil motif la ligne des eaux ne saurait cesser d'être la frontière. La cause réelle que vous n'avouez pas, c'est que vous voulez tous les puits à sel. Vous en possédez aux sources du Mé-nam ; être maîtres de ceux-ci vous laisserait libres d'établir le prix qui vous conviendrait pour la production. »

La température moyenne journalière a été 16°, 24°, 20°, matin, midi, soir.

22 *novembre*. — Des gens revenant de vendre du riz à Luang-Prabang nous donnent des nouvelles de la capitale : la vie y renaît, la population rebâtit ses cases, le marché a lieu comme avant la guerre. Les cent vingt soldats, l'officier siamois Louang Datzakorn, les fils aînés du roi et du second roi et le phya Nonn dont le 9 septembre

j'avais signalé le passage à Fang, y sont arrivés avec le Kam-Sam, fils du chef de Laï. Celui-ci, après huit jours de repos, est parti pour Theng avec trente soldats. Il n'est pas douteux que le jeune captif, demi-libéré ne porte à son père la proposition venant de Bangkok que j'ai précisée à la même date.

Le poste de Pa-Kène — un des points choisis par les caravanes descendant du nord pour franchir le fleuve — est depuis la ruine de Luang-Prabang, gardé par trente hommes et un prince de Nan. Deux cents autres Lues de la même région sont sur la rive gauche surveillant les cols.

Ce prince de Nan — second fils du roi — a fait prier Ngin de lui lire une lettre écrite en siamois qu'il ne connaît pas. La missive lui vient de Luang-Prabang ; elle lui donne l'avis que les pillards Hos vont recommencer l'invasion de juin ! Il donne ce prétexte de son ignorance — j'en suis persuadé — pour me renseigner non ouvertement, surtout pour savoir quelle est ma pensée sur ce bruit fâcheux qui le rend inquiet. Ngin ira lui dire la marche prochaine des soldats français dans les hautes régions, et il ajoutera que je ne crois pas que les bandes s'exposent à se voir, par eux, barrer le retour.

A l'heure de partir une lettre m'arrive de mon bon Kèo (4 nov.). Toujours à Tha Luet, il se loue beaucoup du Chao Maha Prom qui se hâterait de le mettre en route avec le bagage s'il ne craignait pas la colère du Siam.

Le même courrier m'a fait la surprise de me rapporter mon bâton de houx laissé à une halte dans un village Lue ! J'y tenais beaucoup ; phya Sukhothay me l'avait offert, il l'avait coupé et agrémenté à mon intention. Je suis très touché que ces braves Lues l'ayant reconnu me l'aient envoyé.

Deux radeaux — formés de pirogues garnies de bambous flotteurs — vont nous emporter en trois jours de rames à Luang-Prabang.

Voici donc qu'approche la fin du voyage. Tout ce qu'on a fait pour que j'y renonce et pour nous gêner n'a servi à rien.

Quelle réponse ferait la Cour de Bangkok aux observations du chargé d'affaires sur cette attitude de tous ses agents s'il en présentait ?

Peut-être quelque chose dans le genre suivant : Nous sommes au regret et nous excusons. Ce qu'on nous reproche est le résultat d'ordres incompris, de malentendus. D'autres instructions vont être données pour tout réparer. L'arrangement conclu pour les commissaires sera observé, les bagages restés au bord du Mé-Nam seront mis en route et pareille affaire ne reviendra plus.

De cette façon d'agir et parler on use sans scrupules ; l'expérience le montre, nous sommes bien fixés. La constatation en est inutile dans l'état actuel, l'effet serait nul, attendons plutôt qu'à Laï et à Theng la colonne française plante son drapeau, nous aurons alors, dans tout le Laos, un prestige tel qu'il faudra enfin qu'on compte avec nous et qu'on s'accommode.

Sans doute les ennuis, sans cesse suscités, sont à regretter parce qu'ils ont nui aux diverses études et qu'ils prirent nos forces, mais ils eurent par contre pour nous l'avantage de bien pénétrer chefs et habitants — témoins étonnés de ces procédés — de la bonne idée qu'il convient qu'ils aient de la persistance et du caractère des premiers Français passés parmi eux.

Si nos indigènes ont aussi souffert, ils ont apprécié nos encouragements avec notre exemple, ils gardent meilleure leur vieille impression et la conviction que nous ne ferons point davantage cas — dans les marches futures — de pareilles misères, et ils assureront dans la même pensée les gens des pays que nous visiterons.

Les agents siamois de Luang-Prabang, devront reconnaître de quel bénéfice leur hostilité demi-déguisée nous fera profit aux yeux de populations qui ont souvenir de mon rôle ancien. Ils n'oseront pas en faire la remarque à leurs chefs au Siam, ils conserveront leur première manière et m'isoleront tout comme autrefois faisant supposer aux bons Laotiens, des motifs graves à leurs précautions dont le plus probable risquera fort d'être : que notre venue présage leur départ.

23 *novembre.* — Nous avons passé la nuit à Pak Beng près du confluent d'un petit cours d'eau que les barques marchandes remontent non sans peine.

Rudement secouée par l'eau impétueuse, mon embarcation menaçait sans cesse d'arracher du sable les piquets trop faibles tenant les amarres. A demi-vêtu, j'ai dû réveiller souvent les rameurs pour qu'ils les assurent. N'ayant pas pris garde, j'ai été saisi par cet air glacé qui, en buée humide, circule sur le fleuve. Me voilà malade !

25 *novembre.* — La brèche du Nam Hou, l'étroite embouchure de la grande rivière et l'entrée des grottes successivement paraissent à nos yeux. Tout fiévreux, je conte à mes compagnons — séduits à leur tour par l'intense beauté de ce paysage — la jolie légende que j'ai entendue le 10 février.

Presqu'au même instant l'aspect désolé du bord gauche du fleuve fait jeter des cris de stupeur navrée à tous nos rameurs ! C'est par le Nam Hou qu'arrivèrent — en juin — les bandes chinoises ; elles le remontèrent quelques jours après regagnant le nord. De Luang-Prabang à son confluent leur trace est restée ! Hameaux et villages ne sont plus que cendres ! Des poteaux noircis, demi-calcinés disent la place des cases ; les grands arbres fruitiers dans leur voisinage, lamentablement tendent leurs branches séchées. Dans un tourbillon de poussière et cendre que le vent soulève, quelques habitants devant des abris de bambous et d'herbes, regardent surpris les couleurs françaises sur nos deux radeaux.

Très vite entraînés par le gros courant — que double l'effort de nos bateliers — nous écoutons Ngin traduire mots pour mots les doléances tristes que ceux-ci larmoient. Nos yeux consternés explorant la rive, et notre silence, leur montrent à tous à quel point nos cœurs sont unis aux leurs devant ce spectacle

Quand nous approchons de Luang-Prabang une activité plus réconfortante anime les berges. De tous les côtés des cases en paillottes sortent des décombres. Par leur grande fraîcheur, elles forment contraste avec les gourbis que nous dépassons, mais marquent mieux encore quelle fut l'étendue de la catastrophe.

Nos deux pavillons nous ont signalés !

Som — qu'avec trois hommes et mes deux radeaux j'ai laissé auprès du bonze blessé en quittant Paclay — accourt tout ému au bas de la grève.

Comprenant la hâte que j'ai de l'entendre, le bon Cambodgien — dès qu'en me tendant un paquet de lettres il nous a salués — me met au courant de la situation.

Son retour en barque à Luang-Prabang s'était effectué — grâce au fils du roi — sans inconvénients. A son arrivée les autorités ne purent le loger et il accepta l'hospitalité du chef de Wat-Maï.

Sans souffrir beaucoup de sa jambe inerte, notre bon Satou ne peut plus marcher, il reste étendu le jour comme la nuit dans sa maisonnette seulement soucieux d'apprendre mon retour. Très discrètement — parce qu'il doit craindre les reproches siamois — il me fait savoir qu'au cas bien possible où les kaluongs nous refuseraient à tous un logement, il dispose d'une case dans sa bonzerie. Suivant l'habitude des gens sans abri, nous la pourrons prendre.

Le jeune Kam-Sam doit être maintenant à Laï chez son père. Il lui porte bien — c'est au su de tous — la proposition d'un accord quelconque. Pour être sûr de lui et de ses parents, Bangkok a gardé les trois autres captifs : son jeune frère Kam-La, l'enfant préféré de sa vieille mère, Houil son demi-frère, et Doï son beau-frère.

Le Chao Phakinay, fils du second roi de Luang-Prabang, remplace son père tué dans le désastre. Il occupe Ngoï et garde le Nam Hou avec cinquante hommes.

Rien ne fait prévoir quand arrivera phya Surrissak avec son armée, cependant les bandes de Pavillons Jaunes qui suivirent Kam-Oum à Luang-Prabang, ne sachant où vivre, menacent le Laos d'une autre invasion. Cet état de choses décourage les gens qui travaillent inquiets à refaire leurs cases.

Mon retour subit va surprendre la ville car les kaluongs ont redit souvent que parti pour Siam avec le vieux roi, j'y étais retenu comme mon ami.

Quoique maintenant la population connaisse bien à fond l'histoire de sa ruine, l'ancien kaluong, afin d'amoindrir la bonne impression gardée dans le peuple, cherche à insinuer que j'en fus l'auteur.

Quand Som a fini, nous lisons nos lettres :

Par elles j'apprends le départ pour Siam (10 octobre) des deux officiers Cupet, Nicolon avec qui je dois joindre les soldats venant du Tonkin.

Ceux-ci, commandés par le colonel Pernot, quitteront Hanoï en plusieurs fractions : soldats coloniaux, zouaves et tirailleurs, légion étrangère, formeront un corps de sept cents fusils avec deux canons. Ils gagneront Laokay par le Fleuve Rouge et s'y prépareront à la grande marche dont l'itinéraire sera Laï et Theng et l'entier parcours des Sipsong chau thaïs.

Les agents choisis comme commissaires par la Cour siamoise — déjà au Tonkin depuis quelque temps — y reçoivent de tous le meilleur accueil et suivent à leur aise — défrayés par nous — les préparatifs de notre colonne.

En outre des lettres qui m'ont renseigné, ce courrier m'apporte un ordre royal, avec traduction. Il est destiné aux autorités. Il expose l'objet de la commission, redit ce qu'on doit aux agents français — réciprocité du traitement fait dans nos territoires à leurs trois collègues envoyés du Siam — et a de plus trait à la construction de la case qu'en mars, avant de partir pour les cantons thaïs, je payai d'avance.

Gauthier a aussi sa part de nouvelles et telle qu'il la souhaite. Son but est atteint mais ses provisions et ses minces ressources limitent son séjour. Il terminera l'étude commencée en s'en retournant, le plus tôt possible, par la voie du fleuve vers la Cochinchine. Les deux officiers nommés commissaires devant être sous peu à Luang-Prabang, je ne serai seul après, son départ, que quelques semaines. Confié à ses soins, mon courrier pressé parviendra sans doute à l'heure désirée.

Dès nos lectures faites, Ngin va présenter la lettre siamoise aux deux kaluongs et leur annoncer notre visite demain.

Feignant la surprise — car nous savons bien qu'un écrit de Nan nous a précédés — ils ont exprimé le grand embarras de ne savoir pas comment me loger et dit qu'ils viendraient — me sachant malade — s'entendre avec moi après le soleil.

Le Chao Ratchavong, fils aîné du roi, les accompagna.

Laissant deviner leur ancienne défiance, ils ne m'apprirent rien, mais durent confirmer ce que je savais relativement aux captifs de Laï, aux bandes chinoises et à la présence au bord du Nam Hou du Chao Phakinay avec des soldats.

Puis ils prétendirent n'avoir aucun ordre pour la Commission, déclarant sans gêne, que seul Surrissak était qualifié pour donner une suite à la lettre reçue par mon entremise.

Inutilement j'ai fait remarquer que ce général était à Bangkok lorsque la missive m'en fut expédiée, qu'il y est encore c'est plus que probable, qu'elle porte leur adresse et qu'ils l'acceptèrent, et fait ressortir avec quels égards les agents du Siam sont traités chez nous, tout ce que j'obtins c'est qu'on tâcherait de me procurer un logis quelconque.

Gauthier à son tour dit son intention de descendre le fleuve ; ils l'autorisèrent à louer un radeau.

26 *novembre*. — Grâce à l'assistance de nos bateliers bien récompensés, Gauthier a formé un bon équipage qui l'emmènera dans deux ou trois jours vers le sud du fleuve.

L'ancien kaluong vient de m'aviser qu'il n'a pas trouvé de case disponible, mais si j'attendais en barque huit jours — ce qu'il me conseille — il ferait construire l'abri qu'il me faut.

Sa proposition atterre les rameurs qui songent au retour. Vite je les rassure. Ce quasi-refus que je prévoyais, m'offre le prétexte de chercher ailleurs et, sans plus attendre je fais transporter le petit bagage chez le bon Satou.

Pour nous recevoir, le bonze blessé a fait disposer sa natte-couchette devant sa cellule. La joie dans les yeux, le cœur en prières, il élève les mains saluant le bouddha. Tout d'abord inquiet de me voir souffrant, il pense avec nous qu'un peu de repos me rendra la force. Il indique ensuite comment tous les trois et le personnel nous serons logés. Gauthier et Pinson touchés et charmés de son bon accueil s'unissent à moi pour l'en remercier tandis qu'il me souhaite de voir accomplies ma marche vers le nord, et la délivrance des pauvres captifs enlevés en juin.

« C'est son constant rêve ! » a ajouté Som : et j'ai bien compris qu'un ardent désir pour l'accroissement du prestige français à Luang-Prabang domine dans ses vœux.

La visite rendue aux deux kaluongs dans l'après-midi nous laisse l'idée — par leurs réticences bien manifestées — qu'ils vont opposer des atermoiements à la mise en route de mes compagnons. Il semble qu'ils craignent qu'emportant mes lettres vers la colonie, mon ami Gauthier n'aille contrarier les projets siamois dans l'ouest du Tonkin.

9 *décembre.* — Après un retard d'une dizaine de jours, Gauthier et Pinson viennent de partir.

Les agents siamois les ont retenus jusqu'à aujourd'hui ! Je n'ai plus d'espoir qu'ils arrivent à temps à notre frontière pour que les menées poursuivies à Laï soient sues au Tonkin avant l'arrivée de notre colonne sur ce territoire ; mais on y connaît grâce à Hardouin, mon doute absolu sur le bon vouloir — du côté siamois — de voir s'opérer jonction ou rencontre des chefs militaires et des commissaires. On y sait aussi ma résolution de faire le possible pour joindre nos troupes. C'est déjà beaucoup ; je souhaite de plus d'être prévenu à l'heure opportune de la marche sur Theng ; j'essayerai alors de rendre inutiles des dispositions dont le but certain est de faire échec à nos intentions.

L'état de santé dans lequel j'étais à mon arrivée s'aggrava d'abord, puis s'améliora. Sorti ce matin pour la première fois depuis douze jours, j'ai accompagné les deux voyageurs jusqu'à leur radeau.

L'étude du fleuve que Gauthier va faire — tout en recueillant dans les plus gros centres les renseignements commerciaux utiles — aura pour objet l'examen rapide des chances de succès qu'y pourrait avoir la navigation des petits vapeurs. Elle complètera les travaux anciens. Ceux-ci en effet furent exécutés en remontant l'eau et longeant les berges au plus près du bord tandis qu'au contraire, lors de la descente, les radeaux recherchent — au milieu du lit — le plus fort courant, la constante vitesse qui permettent ainsi à l'observateur, le parcours exact de la voie profonde et l'appréciation des dangers qu'elle offre et que les pilotes sauront signaler.

Quand ce bon Français s'était joint à moi, au moment précis où la maladie et l'isolement me rendaient inquiet pour les résultats vers lesquels j'allais, j'avais éprouvé de sa décision un contentement qui fut pour beaucoup dans le prompt retour des forces disparues ; maintenant deux mois se sont écoulés, ses dispositions et ses aptitudes me sont familières, j'ai conçu l'espoir — qu'il a partagé — de le voir venir à un autre titre m'assister encore, aussi, quand émus, nous nous embrassâmes, notre dernier mot fut un : « Au revoir ».

Peut-être va-t-il rencontrer en route les deux officiers que je garde l'espoir de voir me rejoindre ! Comme nous le souhaitons ! Leur itinéraire doit les amener au fleuve à Paclay.

12 *décembre*. — Température extrêmement favorable 14°, 22°, 17°.

Un marchand chinois venu de Nongkay depuis deux semaines, a fait au marché un grand déballage pour la belle saison. Il a retrouvé à son arrivée la femme laotienne qui, avec les siens, forme son personnel et en son absence débite ce qu'il laisse.

Il a pour la vente : du coton filé ; des étoffes de l'Inde blanches, écrues ou teintes ; du sucre ; des sandales ; des tasses, des théières ; des plumes ; du papier ; tout vient de Bangkok et vaut dix mille francs.

A la crue prochaine il emportera un fort chargement produit de l'échange : soie, benjoin, ivoire, gomme-laque et opium.

Huit ou dix Chinois montaient d'habitude en même temps que lui à Luang-Prabang ; le jour du désastre deux ont été tués, l'insécurité qui règne depuis attarde les autres.

Il craint l'invasion dont on nous menace et m'a demandé que je lui permette de se joindre à moi si les bandes reviennent.

Les deux kaluongs ayant interdit qu'on me fasse visite sans leur permission, il l'a demandée pour motif d'affaires.

13 *décembre*. — Si je veux sortir de la bonzerie un agent posté auprès de l'entrée m'accompagne de loin, le premier qu'il voit vient prendre sa place, et ainsi de suite. Les bons habitants me saluent timides sans oser parler, mon sourire leur dit que je sais leur cœur.

On vend au marché, dans des petits tubes de plume de poulet, de la poudre d'or venant des torrents affluents du fleuve. Cent grammes aujourd'hui. Quoiqu'on trouve parfois de jolies pépites, les khas des montagnes seuls font des recherches.

14 *décembre*. — Le chef des soldats, Louang Datzakorn, que j'ai rencontré, m'a fait remarquer comme indication de l'état tranquille de Luang-Prabang, qu'à son arrivée il n'avait trouvé que deux cents vendeuses sur le grand marché, tandis qu'aujourd'hui il vient d'en compter trois fois le même nombre !

18 *décembre*. — Dans le bief coquet où Luang-Prabang tout entier se mire, le Mé-Khong est libre des obstacles rocheux qui ailleurs l'encombrent et le font gronder. Il frissonne à peine sous la brise Nord-Est qui nous rafraîchit, et offre l'image d'un étang tranquille, semé à plaisir de barques et radeaux, voguant çà et là, dans un cadre orné de décors exquis.

La largeur du fleuve, la hauteur des berges, aussi l'espacement des collines et monts paraissent disposés pour la perspective. La nature, avare de tableaux parfaits, s'est montrée ici prodigue à l'excès et calculatrice de ses beaux effets ; elle charme les yeux puis veut qu'ils reposent toujours inlassés sur cette merveille.

Quel curieux contraste entre la vie le jour et la vie la nuit chez ce peuple aimable ! Aussitôt que l'ombre commence à s'épandre, il semble qu'il s'éveille ! Le tapage des voix naît de tous côtés ; dans chaque quartier, bruyamment s'assemblent des troupes de femmes d'allure décidée et de jeunes filles charmantes de gaieté. Sur une file ou deux, chaque théorie va où il lui plaît, suit des joueurs de ken — cet orgue en bambou cher aux Laotiens.

Fig. 57. — Jeune Laotienne.

L'usage est ainsi ; malgré leur malheur les bons habitants sont observateurs scrupuleux et simples de la tradition du passé lointain qu'évoque le nom de leur vieil empire : Millions d'Éléphants et Parasol blanc.

Au clair de la lune, aux feux des étoiles, toutes ces ménagères de toute la gamme d'âges, toutes ces jeunes filles turbulentes et rieuses vont jusqu'à l'aurore chanter par les rues, lancer aux échos le refrain bizarre et si singulier qui m'a tant surpris et qui m'a tant plu il y a dix mois.

J'avais trouvé courte cette première fois la ballade criée par la jeune fille et ses amoureux dans la petite barque sur le Nam Seuant ; maintenant blasé sur ces hululements, je retarde quand même l'heure du sommeil pour entendre encore les voix claires et fraîches qui — de près ou loin — vibrent et s'assourdissent, et jouir de la joie qui, dans l'entraînement que toutes subissent, salue d'infinis rires d'aise tout refrain mourant dans la perfection.

Comme si le soleil aimait le silence, un calme idéal — dès qu'il apparaît — commence à régner par toute la ville. Ce cœur du Laos semble respectueux des rayons ardents qui font resplendir dans sa grâce magique la cité charmeuse.

Au long du marché les groupes circulent presque sans parler devant les vendeuses assises, nonchalantes sur les deux côtés de l'unique voie. Celles-ci fatiguées, demi-endormies, causent entre voisines sans bruit ni éclats, attendent qu'on marchande leur mince étalage. A peine entend-on dans quelques enclos les hommes occupés à refaire leurs cases. Dans ma promenade ces rumeurs légères arrivent avec moi jusqu'à la pagode comme un long murmure au même diapason.

Fig. 58. — Leur jeu favori est celui des billes.....

Quoique cet asile serve de passage aux gens de la berge, son aspect paisible n'en est pas troublé; la marche pieds-nus est plutôt discrète et ne s'entend pas.

Les prêtres sont six, bons et empressés à l'égal du chef. Ils ont sept élèves. Après les leçons les enfants s'amusent sous les grands ombrages. Dans cette saison leur jeu favori est celui des billes pour lequel ils ont de très grosses graines rondes et aplaties.

Tous les habitants me connaissent bien; ils laissent tant voir qu'ils me trouvent chez moi dans la bonzerie que l'on pourrait croire que j'y suis fixé depuis des années. Avec quel plaisir et dans quel repos j'y travaillerai si les forces enfin me reviennent un peu!

19 *décembre*. — Ainsi que l'a dit Louang Datzakorn, le marché du jour est un baromètre à peu près exact de l'état confiant où — tout au contraire — de l'inquiétude des populations. En temps très normal de

sécurité, quatre cents vendeuses est le minimum qu'on y ait compté. Quand ce chiffre baisse c'est preuve de malaise.

La voie qu'il occupe est très étendue, huit cents mètres au moins. Avant la débâcle — disent les mandarins — il n'était pas rare qu'il s'y rassemblât plus de mille marchandes.

Qu'est-ce que j'y trouve pour la subsistance et quels sont les prix ?

Le picul de riz (soixante kilogrammes) est vendu cinq francs, les plus beaux poulets valent cinquante centimes ; on donne pour un franc deux kilogrammes de porc ou cinq de poisson. De rares perdrix se vendent trente centimes ; les autres oiseaux : pigeons, faisans, paons indistinctement, d'après ce qu'ils pèsent, suivent cette proportion. Quant aux aubergines, citrouilles, patates, fleurs de bananier, pousses de rotin, autres légumes et fruits, leur prix est si bas qu'on s'étonne vraiment que les campagnardes veuillent les apporter. Seuls les œufs sont chers, ils coûtent cinq centimes, il y en a peu ; j'en fais acheter le plus que je puis afin d'en avoir bonne provision quand je partirai ; amplement couverts de balle de riz ils se gardent bien.

La ruine de la ville y a supprimé une foule de ressources. Presque tous les vivres viennent de l'extérieur ; si peu chers qu'ils soient, la plus grande partie reste sans acheteurs. Les bourses sont minces à Luang-Prabang depuis le malheur. Il suffirait presque — au moment actuel — d'un jour de panique pour y apporter la gêne absolue. Afin d'être prêt en toute occurrence, je me précautionne.

Toute monnaie d'argent est bien accueillie : tical, roupie, piastres et lingots divers. Le poids fait le cours.

Celle du pays est moins en faveur à cause des alliages inconsidérés sinon audacieux que ceux qui la fondent ont le fol espoir de faire accepter. Sa valeur par suite est fort dépréciée. Elle représenterait l'attribut mâle comme celle de Xieng-Maï l'attribut femelle. Étroite, allongée, et très aplatie, sa face extérieure apparaît ornée de petites fleurettes. Celles-ci sont produites par des gouttelettes du jus de fourmis pilées dans une tasse — où un peu de sucre les a attirées — et qu'avec une paille on laisse tomber sur le métal chaud. Au contact liquide des bouillonnements se forment en couronne ; gardant cet aspect ils se refroidissent constituant la preuve que la pièce n'est pas simplement couverte d'une couche d'argent.

La monnaie courante pour petits achats, étonne d'abord. Alors qu'à

Fig. 59. — Monnaies en argent de Luang-Prabang (115, 95, 65 et 15 grammes). Dimensions exactes.

Bassac le royaume au sud, un alliage impur de cuivre et d'étain en forme de pirogue, a ce même usage, le seul coquillage « cypris couronné » — qui en tant de lieux, appelé cauris, a eu cet emploi — s'utilise ici. Apporté au Siam des îles Philippines, il y a servi dans la capitale jusque dernièrement. A l'imitation des sapèques d'Annam, il est troué à LuangPrabang pour la réunion en longs chapelets. La ville laotienne — son dernier refuge — s'en encombrerait si les tribus

Khas des régions du nord ne le recherchaient comme un ornement pour femmes et filles.

Laotiennes et Lues arrivent des campagnes par tous les chemins — surtout par le fleuve et par le Nam Khane — apportant des œufs, des volailles, du riz, du maïs cuit en épis pas mûrs, et des arachides dans de grandes corbeilles finement tressées et, dans des bissacs aux couleurs variées joliment ornés de graines sauvages grises, rouges ou brunes. Elles cherchent les places libres où elles s'assoieront.

De timides femmes Khas viennent aussi chargées de pousses de rotin, de pousses de bambou, d'oiseaux pris au piège ou à l'arbalète. Demi-souriantes et surtout confuses — sous les compliments qu'elles devinent moqueurs et que leur attirent leur accoutrement touchant au grotesque — elles craignent de s'asseoir parmi les vendeuses et circulent gênées, se tenant aux jupes les unes des autres pour plus d'assurance.

Elles n'oseraient pas revêtir la jupe et les jolies vestes de Luang-Prabang, trouvant d'ailleurs beaux, les laids vêtements qu'à leur intention, les femmes de la ville confectionnent — aux pluies — d'étoffes disparates et qu'elles agrémentent en guise de fétiches, d'un tas de bibelots plutôt ridicules.

Celles que voici n'ont pas encore vu un Européen.

En m'apercevant — tout à côté d'elles — elles s'effondrent à terre demi-accroupies, le regard perdu et si suppliant que j'ai vraiment peine — au milieu des rires discrets des passants — à rester sérieux.

Ma barbe sans doute, et mon grand chapeau causent leur effroi ! Je m'attache à prendre un air très aimable, et veux leur parler :

« Les Français vous aiment comme les Laotiens, ne me craignez pas... »

L'effarement augmente ! De suite je me tais. La foule amusée veut les rassurer. Elles ne regardent pas, elles n'écoutent rien ! Je reprends confus ma lente promenade continuant pour moi — et dans ma pensée — mon petit discours :

« Je sais que les Khas sont les nourrisseurs de Luang-Prabang, qu'on les y bénit. Dans les jours mauvais qui viennent de passer, ils furent généreux et hospitaliers pour les Laotiens dont ils hébergèrent nombre de familles durant plusieurs mois. Ils montrèrent ainsi leur reconnaissance pour tous les égards qui dans le Lan-Chang leur sont témoignés alors que, dans d'autres régions rapprochées, ils sont malmenés. Vous pouvez me croire, mes compatriotes connaîtront l'estime due à vos tribus. »

Sur ce monologue, je retourne la tête. Juste à ce moment les petites sauvages, honteuses se relèvent en s'embarrassant dans les plis des jupes. Tandis qu'on plaisante leur terreur piteuse, elles se félicitent d'avoir vu finir sans dommage pour elles leur mésaventure. Écoutant enfin les bonnes commères qui les réconfortent en leur expliquant — chose peu facile à cause du langage — que je ne suis pas diable ni génie, elles semblent leur dire — en me regardant — qu'elles ne fuiront pas quand je reviendrai.

Fig. 60. — Elles se vêtent...

Cette grande rue commence devant le Wat-Maï. Les vendeuses assises de ses deux côtés sur des tabourets en rotin tressé — aussi élégants qu'ils sont minuscules — abritent du soleil leur étalage simple sous des parasols venant du Yunnan ou sous des toitures en lames de bambou.

Elles sont femmes ou filles de Luang-Prabang et se reconnaissent à l'aisance des gestes et de l'attitude, à plus de souplesse et de distinction, à leur civilité douce et familière, à un raffinement dans l'habillement et dans la parure, à leur coquetterie d'un charme ingénu.

Elles se vêtent de jupes à raies verticales tissées soie et or, de menue valeur dont, élégamment un sous-jupe blanc grossit les plissements. A cause du frais de la matinée elles portent des vestes gentiment brodées que l'écharpe recouvre. Des fleurs par bouquets chargent leurs cheveux.

Si modestes que soient leurs petites boutiques, elles ont auprès d'elles la théière, la tasse, la boîte à bétel, la cire pour les lèvres et des cigarettes.

Leurs arrangements installés proprets en quelques minutes, présentent d'infimes choses toujours disposées avec tant de goût et de naïveté qu'elles forcent l'attention, et quand la marchande d'un coup d'œil gracieux — en même temps discret pour ne pas paraître nuire à sa voisine — appelle l'acheteur, il ne peut moins faire que complimenter au moins du regard l'ensemble charmant.

Elle plaît à l'extrême, cette promenade dont l'attrait augmente chaque fois qu'elle revient.

Nulle préparation à odeur fâcheuse de chairs fermentées ne gâte le plaisir. Pâte de crevettes, saumure de crabes ou eau de poisson qui rendent pénibles à l'Européen la visite à tous les marchés du sud, y sont inconnues.

Les fleurs destinées à orner les temples ou à la parure, sont partout en tas. Des paniers sont pleins d'herbes odorantes ou de curcuma utiles pour les sauces. Le benjoin, la laque, les produits des bois — par échantillons vraiment remarquables — sont dans des corbeilles indiquant les stocks gardés aux villages. Viandes et poissons, légumes et fruits s'étalent proprement sur des feuilles fraîches prises aux bananiers dès le petit jour. Les marchandises sèches sont offertes aux yeux sur des clayonnages couverts de tapis dont les couleurs vives font mieux ressortir : fil, tissus de soie, cotonnades écrues, écharpes et sandales. La cire pour les lèvres, la chaux à bétel rouge, rosée ou blanche sont sur des plateaux — de cuivre ou d'argent — en pains alléchants tous immaculés comme des pâtisseries, et si bien fouillés en sillons égaux par les grandes cuillers, que les acheteuses ne savent où choisir. Enfin d'énormes pains de caviar rosi à la cochenille, font l'admiration des femmes des campagnes qui s'efforcent de vendre ce qu'elles apportèrent pour faire provision de cette bonne conserve.

Point de place à part pour chaque denrée, chaque genre de commerce ; le poisson, le porc, la chair du buffle, les fleurs, les étoffes, l'or des sauvages et la poterie, les changeuses d'argent forment un pêle-mêle de leurs étalages aussi incommode pour la clientèle que divertissant pour le promeneur.

Le gibier divers veut de l'attention pour être trouvé. Celui qui l'a pris le fait figurer dans les marchandises de quelque parente, au milieu des fleurs, des fruits, des étoffes. Les femmes Khas l'échangent contre des objets qu'il remplace alors devant la vendeuse.

Comme en d'autre lieux, les gens du Laos n'ont pas l'aversion qu'a l'Européen pour des animaux que nous n'acceptons dans nos aliments qu'en cas de famine. Quelque accoutumé que je sois déjà à ce cher pays, il me semble drôle de voir en passant, dans les corbeillettes — tressées en bambou, laquées rouge et noir et souvent dorées — que les ménagères portent sur les bras : brochettes de cigales, rat-taupe, chauve-souris, près d'une tourterelle, d'un petit poisson ou de quelques œufs, sur un lit d'oranges, de citrons, de fleurs et de fines herbes.

Fig. 61. — Retour du marché.

Tout est pour les yeux dans ce frais tableau où les couleurs vives luisent ensoleillées. Le silence domine. Acheteuses marchant et vendeuses assises parlent doucement laissent voir leur fatigue de la fête nocturne. A trente pas — comme de ma fenêtre — l'oreille est sans rôle ; il semble que j'assiste à la pantomime d'une foire journalière.

20 *décembre*. — Les soldats français auraient atteint Laï, je viens de l'apprendre par notre Satou ! Je n'ose pas croire à cette bonne nouvelle tant elle me surprend.

23 *décembre.* — J'ai en vain cherché l'origine du bruit qui circule partout, kaluongs et prince disent qu'il est faux.

24 *décembre.* — Hier soir vers neuf heures, des gens éperdus couraient par les rues en criant « Au feu ! ». Le nord de la ville était tout en flammes ! Grâce aux grands espaces qu'occupent les pagodes et à l'isolement des cases nouvelles, l'incendie prit fin faute d'aliments.

27 *décembre.* — Le vieux roi revient, la nouvelle est sûre, vingt hommes vont aller au-devant de lui ! Quelle confusion pour le kaluong qui a déclaré en toutes occasions qu'il ne reverrait jamais le Lan-Chang !

29 *décembre.* — Demain un courrier partira pour Siam. C'est la première fois que les kaluongs me font parvenir un pareil avis. J'en fus si surpris que j'ai remercié sans rien demander. Il doit y avoir un motif sérieux pour une attention si inattendue.

A la nuit tombante, Ngin est informé par un de nos bonzes qu'il serait venu dans la matinée une barque de Ngoï avec un message du chao Phakinay contenant ces mots :

« *J'ai reçu une lettre des Pavillons Jaunes. Ils me font savoir qu'ils sont 1 500 tout prêts à descendre. J'ai répondu :* « *Venez tous, je vous* « *recevrai* ».

« *Envoyez-moi 2 500 roupies pour payer les hommes qui, avec moi attendent ces brigands.* »

Une heure plus tard, un billet m'arrive de l'ami Gauthier :

« *Le 12 à midi nous sommes à Paclay et en repartons. Nous n'avons trouvé ni nos officiers, ni le Surrissak, ni un seul soldat !* »

30 *décembre.* — Ngin a remis mes lettres au second kaluong qui lui a parlé de tout, sauf de la menace des Pavillons Jaunes.

31 *décembre.* — Sans plus de succès Ngin s'est présenté chez l'autre kaluong. Je l'avais chargé de lui rappeler la proche arrivée des deux officiers et de demander qu'on prépare leurs cases. En réalité il devait tâcher d'avoir des nouvelles ou des précisions sur les bruits qui courent.

Un des serviteurs est venu lui dire : « Le kaluong dort. Venez-vous pour un service chaud ou un service froid (c'est-à-dire : pressé ou non) ? » Après sa réponse qu'il ne saurait être l'appréciateur de sa commission, Ngin est reparti.

Pourquoi le kaluong se dérobe-t-il ? Est-ce que, comme on me l'a dit le 20, des renseignements sur la marche des Français lui sont arrivés ? le contrarient-ils ; veut-il les cacher ?

Dans l'après-midi j'apprends qu'un radeau chargé de Chinois se trouve à la plage. J'envoie de suite Khè qui parle leur langue, aux informations.

Bientôt il revient : « Un sergent siamois et quelques Chinois sont sur ce radeau. Ils arrivent de Theng et vont à Bangkok porteurs d'une lettre écrite par Kam Sam. Voici ce qu'ils disent : « Tout Laï est brûlé. Les Français l'occupent, sa population est on ne sait où. »

1er *janvier* 1888. — Le secrétaire du chao Ratchavong a rencontré Khè et lui a parlé. Les Pavillons Jaunes ont annoncé au chao Phakinay leur marche sur Luang-Prabang lui demandant si la ville se rendrait ou non. Kam-Sam aurait quitté Laï ; on attend son retour pour les renseignements.

Khè est allé de nouveau au radeau des Chinois. Ils lui ont dit : Le kaluong nous a demandé : « Avez-vous pris part au sac de Luang-Prabang ? nous avons répondu oui, tuez-nous si vous voulez, mais nous sommes venus ici en confiance conduits par un de vos soldats ».

Toute la ville s'occupe de la marche française et l'impression est des plus favorable à notre prestige. Par contre, chacun est inquiet d'être sous la menace des pillards chinois; et s'étonne, sans trop l'oser dire, du retard sans fin des troupes siamoises qui doivent les chasser.

J'ai cru avoir trouvé un moyen d'obliger les autorités à entrer en communication sur les événements en leur envoyant ma carte de visite à l'occasion de l'année nouvelle.

Le premier kaluong a demandé : « Comment, en Europe on souhaite la bonne année le 1er du 1er mois? Au Siam c'est au 3e mois ! » Le second kaluong a remercié. Le Louang Datzakorn a dit : « Des Chinois vont porter des lettres aux fils du chef de Laï à Bangkok, vous pouvez aussi préparer les vôtres. » Et le chao Ratchavong : « Dans trois jours un courrier partira, je vais demander de ses nouvelles à mon père je n'en ai pas eu une seule fois ! »

2 *janvier*. — Le second kaluong a fait faire une cérémonie religieuse dans sa maison. Un des bonzes de la pagode l'a entendu dire : Les Pavillons Jaunes ont annoncé leur retour à Luang-Prabang parce qu'ils ont peur des Français. Ils demandent qu'on leur pardonne la première attaque et qu'on les accueille. Nous avons répondu : « Ne revenez pas car nous vous recevrions en ennemis quelques soient vos intentions. »

Je vois dans ce propos le désir de réagir contre l'impression produite par la prise de Laï en montrant que les Français vont être la cause d'une nouvelle invasion.

On ne s'occupe en rien de préparer la plus petite défense. Le phya Surrissak avait fait élever à Ngoï un monument religieux pour protéger le Nam Hou, ses subalternes ici ne savent que faire. Si les Chinois descendent ils ne rencontreront sans doute pas d'obstacles; à Ngoï la rivière a 400 mètres ils passeront devant le poste sans le saluer.

3 *janvier*. — Le second kaluong m'envoie présenter un poulet à quatre pattes, et me prie de lui dire la manière de l'empailler !

A 4 heures je me décide à faire demander au premier kaluong ce qu'il en est des bruits qui circulent. Il répond : « Je ne puis rien dire. On ne sait rien. Je ferai arrêter et battre les gens qui les colporteront désormais. Le courrier partira demain il ne devra pas mettre plus d'un mois pour arriver à Bangkok à cause de la gravité de la situation. »

Ainsi, en même temps il reconnaît que les choses ne vont pas bien et refuse de me renseigner.

Qu'a pu devenir Kam-Sam et sa mission à Laï ? Il n'est plus douteux qu'elle avait un but contraire à la marche de nos troupes. L'attitude des kaluongs suffirait à l'établir si le retard du phya Surrissak ne l'avait déjà prouvé.

Il est de plus en plus évident que Siam en acceptant le principe de la Commission n'a eu en vue que l'avantage qu'il retirera de la présence de ses agents parmi nos troupes.

4 janvier. — Le même bonze qui m'a rapporté avant-hier le propos du khaluong, me prévient qu'on répand dans la ville le bruit que les Français ayant fait prisonniers les Pavillons Jaunes les ont armés et mis en marche contre Luang-Prabang.

Il est vraiment heureux que je sois témoin. Comme il serait aisé sans mes protestations de raconter tous ces mensonges pour nous faire prendre en haine.

On peut chercher à m'induire en erreur sur ce qui se prépare ici, sur ce qui se passe à l'extérieur mais rien n'arrivera à Luang-Prabang que je ne le sache de suite et j'aurai toujours plus tard la vérité sur le reste.

On ne saurait mettre plus de prudence que je n'en déploie pour éviter toute critique fondée de la part des autorités. Aucun de mes indigènes ne sait ma pensée. Je leur ai interdit de parler des événements, et n'ai permis qu'à deux d'entre eux de circuler dans la foule. Je connais leur cœur et sais qu'ils m'obéissent.

Il est certain que je suis gênant pour les agents du Siam, ils préféreraient me voir en arrière avec nos officiers près du Surrissak. Que je me félicite d'avoir marché quand même et d'être à l'avant-garde !

Je crois inutile d'indiquer les soucis qui m'obsèdent, les ennuis constants dans lesquels je vis ; on les devine.

J'ai le devoir de donner à mon personnel une confiance en moi absolue sans laquelle je ne pourrais tirer de sa valeur le parti qu'elle comporte ; j'ai aussi celui de me montrer à tous ici, calme dans les moments critiques. Si les événements se compliquent, si le danger devient réel ma résolution sera vite prise. Autant j'aurai été énervé par l'attitude des kaluongs autant j'aurai de complaisance tranquille pour observer leur conduite ; autant je saurai mettre de volonté et d'énergie pour aider la population et ses chefs à sortir d'embarras et rendre à l'occasion le nom Français légendaire au Lan-Chang.

6 *janvier*. — Les gens des kaluongs racontent qu'une lettre du phya Surrissak est arrivée disant : « Attendez-moi pour aller combattre les Hos, vous êtes trop peu nombreux ». Les Laotiens font la réflexion que les soldats d'ici ne songent nullement à aller combattre, et que ce sont les Hos qui menacent de venir les attaquer dans Luang-Prabang.

7 *janvier*. — Khè a appris par le secrétaire du Chao Ratchavong qu'un courrier était arrivé hier de Pitchay où le Surrissak serait depuis trois semaines.

8 *janvier*. — Mon ami le Satou est entré à sept ans dans cette bonzerie de Watt-Maï et ne l'a plus quittée. Il est le meilleur artiste du pays pour le dessin d'ornement et l'architecture religieuse. Les autres prêtres sont aussi artistes chacun dans son genre ; l'un est orfèvre, un autre sculpte l'ivoire. Un troisième aide le supérieur d'une bonzerie voisine à faire quelques meubles pour ma future case. Les artisans habiles se réfugient dans ces monastères lorsqu'ils ne sont pas tenus par la famille. Ils échappent ainsi aux exigences de chefs avares, désireux d'avoir de beaux objets mais ne voulant en payer la façon que par leur protection. Celle-ci s'exerce souvent dans les contestations avec les particuliers pour fraudes dans la fonte des métaux, tromperies dans les constructions, etc.

Celui qui travaille l'ivoire voyant que je donne dans sa langue le nom d'eau de fer, eau d'argent, eau d'or aux produits chimiques que j'emploie pour la photographie m'a demandé « l'eau d'ivoire, qu'en faites-vous ? ». Dans son métier on amollit l'ivoire pour le façonner, on le dissout même pour en faire un médicament à l'usage des gens riches qui veulent retrouver les forces perdues !

Je leur ai appris à faire — dans des tubes de bambou — des bougies en cire avec des mèches imprégnées de borax ; on en vend au marché.

9 *janvier*. — Un potier d'ici façonne avec goût de belles gargoulettes d'argile, blanches ou noires.

J'avais eu l'idée pour favoriser ce bon artisan et afin d'orner ma future maison — quand elle se fera — de lui commander un assortiment de pots pour des fleurs et de jolis vases, qu'il fabriquerait aux jours de loisir pendant mon absence.

Il avait voulu en faire les dessins. J'avais admiré les formes gracieuses et originales qu'il me proposait et leurs fioritures, et donné d'avance une partie du prix.

Dans la matinée j'ai eu l'étonnement et le vif regret de le voir venir, m'annoncer gêné, que décidément il ne pouvait pas travailler pour moi. Son inhabileté en était la cause. Il rendait l'argent !

A son embarras et à son mutisme j'ai eu vite compris qu'il refuse par ordre.

L'innocent progrès que j'ai caressé de faire accomplir à son industrie ne peut contrarier les agents siamois. Veulent-ils m'éviter des frais inutiles pour une maison qu'on ne fera pas ?

La déconvenue m'ayant attristé, j'allais le lui dire. Confus, tête basse, il n'en avait cure, n'ayant qu'un désir, être dégagé ! Je l'ai donc laissé. Il a presque fui.

10 *janvier*. — Une lettre m'arrive enfin du capitaine Cupet. Il est à Pitchay avec Nicolon, le vieux roi Ounkam et les troupes siamoises, et compte être ici le 15 février.

J'ai interloqué celui qui l'apporte en lui demandant sa date d'arrivée. Il a dit : « Hier soir ». Son trouble m'a fixé ; elle était sans doute dans l'envoi du 6. En signalant celui-ci le 7 à mon Cambodgien, le secrétaire du chao Ratchavong a certainement obéi à un ordre de son prince qui n'approuve pas — je le pense — le kaluong en tout.

Le capitaine me fait connaître sa hâte de me joindre pour aller ensemble vers l'expédition qui compte sur nous. Il me dit l'exacte situation dans laquelle il est avec Nicolon près du Surrissak, et confirme ensuite toutes mes prévisions en ce qui concerne le mauvais vouloir dont notre mission semble être l'objet. Voici un passage de sa longue lettre qui va le montrer :

Nous sommes tenus un peu à l'écart et placés sous la tutelle d'un jeune mandarin. Nous ne pouvons faire un pas sans avoir quelqu'un à nos trousses. On nous a vu arriver d'un fort mauvais œil au Siam, et je crains bien qu'on n'apporte beaucoup d'entraves à notre mission.

Le général se montre charmant pour nous et nous comble de prévenances. Nous pourrons obtenir beaucoup de lui à moins qu'il n'ait reçu des ordres précis nous concernant, ce qui est probable.

J'écris de suite à mes futurs compagnons. J'irai au-devant d'eux si je puis savoir à temps la date de leur arrivée.

11 *janvier*. — MM. Yucker-Sigg, banquiers à Bangkok, mes correspondants, avaient voulu mettre dans mes provisions — quand je quittai Siam — des rouleaux d'images — toutes en couleurs — pour être distribués en cours de voyage.

Sans qu'on y prit garde, ils étaient restés parmi les bagages qu'après la débacle, Som rapporta chez le bon Satou.

Il y a trois jours, nous les déroulâmes. Il s'en trouva un qui a surtout plû à mes Cambodgiens. Ils l'ont suspendu dans ma petite chambre et viennent l'admirer à chaque occasion.

Comment ces gravures — épisodes de guerres — fabriquées en Suisse, vinrent-elles à Bangkok ?

Celle-ci, représente un jeune colonel sur un cheval noir, l'épée à la main, chargeant furieusement, entraînant des zouaves sur des Autrichiens qui sont culbutés. C'est en 1859 et à Palestro.

Ngin et tous les autres, — maintenant qu'ils savent que l'expédition partie du Tonkin, qu'ils doivent rencontrer, est sous la conduite de M. Pernot et que dans ses troupes se trouvent des zouaves — ont trouvé très bien de dénommer le beau cavalier : « Colonel Pernot ! »

Ils en ont parlé, plusieurs de la ville sont venus le voir ; notre Kaluong a été tenté !

Comme par hasard il vient de passer dans la bonzerie et je l'ai prié d'entrer un instant pour une tasse de thé.

Il savait déjà la place du portrait. En le regardant il m'a demandé : « C'est le colonel et ce sont des zouaves ? »

Riant de sa méprise, très innocemment j'ai répondu : « oui ».

Il parut en peine. Je l'interrogeai et j'eus la surprise de l'entendre me dire : « Les gens qu'ils attaquent sont-ils donc siamois ? »

Quand j'eus expliqué la guerre et l'image, conservant un doute, il se répétait : « Les pantalons bleus et les habits blancs des soldats vaincus sont semblables aux nôtres ! »

13 *janvier*. — La nuit se passe en cris et chants qui font fuir le sommeil. Cette coutume aura l'avantage au cas d'une attaque de nuit de nous éviter une surprise.

Je suis toujours dans l'impossibilité d'apprendre rien de précis, mais les gens sont persuadés que les Chinois arriveront dans quinze jours comme ils l'ont dit.

17 *janvier*. — Les habitants deviennent sceptiques quand on leur parle de la sécurité du pays. On leur dit : « Soyez tranquilles, si les Chinois arrivent, tous seront massacrés. Le roi de Bangkok veut absolument mettre l'ordre ici, il n'épargnera rien pour l'assurer ». Ils répondent : « Merci » et se tiennent prêts à fuir. Avoir eu la leçon passée leur suffit ; elle ne se répètera pas à leurs dépens.

18 *janvier*. — J'ai inutilement demandé encore des nouvelles de Laï. On semble étonné de mon insistance comme si elle était chose déraisonnable.

20 *janvier*. — A 9 heures, à l'instant, on m'apporte un volumineux paquet de lettres. Il faut, si j'ai à répondre que je le fasse séance tenante ; le bateau va quitter Luang-Prabang !

Sans doute on ne veut pas me donner le temps de la réflexion ! Ce courrier est peut-être ici depuis plusieurs jours ! L'homme attend. Je clos ce qui est prêt et le lui donne.

21 *janvier*. — Je vais aller seul saluer nos soldats !

Le chargé d'affaires, inquiet à son tour des retards constants des troupes siamoises, me donne le conseil — si j'ai des nouvelles des soldats français — d'aller sans attendre, joindre leur commandant.

Je ne sais sur eux que les bruits qui courent mais ils me suffisent. Les deux officiers encore à Pitchay lorsqu'ils m'ont écrit, ne seront ici qu'avec Surrissak, or j'ai l'intuition que ce général n'a pas le désir de voir la colonne. Dans ces conditions je n'ai qu'à partir.

J'envoie demander aux deux kaluongs s'ils n'ont rien appris, et leur annoncer ma visite demain.

Le premier répond : « Des renseignements fournis par Kam Sam, disent que les Français sont, non pas à Laï comme on le prétend, mais à Muong Chan, canton limitrophe et plus éloigné. »

22 *janvier*. — Mon prochain courrier sera adressé à mes compagnons. Après l'avoir lu ils le feront suivre sa destination. Pour qu'ils soient au point, il leur résumera ce qui s'est passé dans ces derniers mois.

A l'heure de me rendre vers l'agent siamois, j'apprends qu'il a fait appeler chez lui, le chao Ratchavong qui assistera à notre entrevue.

Je décide alors de faire autrement.

Je veux arriver à me mettre en route. Il faut que j'obtienne deux ou trois pirogues. Or il est possible qu'en présence du chao qui sera le roi de Luang-Prabang, les deux kaluongs sur le ton hautain demi-impoli qu'ils savent si bien prendre quand ils ne craignent rien, fassent des objections que — par amour-propre — ils veuillent maintenir. Je ne veux pas d'échec, je ne veux pas d'ennuis, je ne veux donner le moindre prétexte ni à un retard ni à un refus. Je vais m'excuser et dire par écrit ce que je désire et j'irai les voir quand ils seront seuls et les persuader.

Je résume ma lettre :

« Sait-on quelque chose de certain sur Laï ?

« Je serais heureux que mes compagnons aient un logement près de la pagode à leur arrivée.

« Je voudrais aller joindre les Français et prie qu'on me donne deux ou trois pirogues. »

La seconde demande est faite pour produire chez les kaluongs l'utile confusion qui me servira. Ils vont bien sûr croire que je veux parler d'aller vers Cupet. J'ai pour un voyage de ce côté-là, je crois, plus de chances d'obtenir des barques.

Ngin porte le message. Le premier agent l'ayant lu tout haut, interroge le chao Ratchavong : « Avez-vous des barques ? » — Oui. » alors il reprend : « J'en aurai besoin pour porter des vivres aux soldats siamois à Ngoï et à Theng. »

Ensuite il m'envoie par mon Cambodgien la réponse suivante : « Rien de Laï. Aucune case n'est libre près de la pagode. Il n'y a pas de barques disponibles. »

23 *janvier*. — Je me suis rendu chez le kaluong. Le chef des soldats, Louang Datzakorn, était avec lui. Je les ai surpris.

On apporte du thé. Nous nous asseyons.

« Quelles nouvelles de Laï ? »

— Pas du tout. On dit que les gens de Muong Chan se sont fâchés contre ceux de Laï et qu'ils ont été chercher les Français pour qu'ils les aident à combattre. C'est un simple bruit, rien n'est plus douteux.

— On a fait courir divers racontars dans ces derniers temps. Il n'en faut rien croire. On a même dit que les Pavillons Jaunes viendraient nous chasser. Tout cela est faux. J'ai depuis huit jours envoyé à Theng un exprès urgent ; il sera sous peu de retour ici. Je vous aviserai. »

« Et pour les bateaux, que me direz-vous ? »

— Les quelques-uns rares, qui sont disponibles, vont aller porter des vivres aux soldats à Ngoï et à Theng. »

« Ce sera donc avec ceux-là que je partirai. »

L'agent siamois devient inquiet ; il regarde Louang Datzakorn. Tous deux balbutient : « Ce n'est pas ce que votre note nous a dit hier soir ? »

— J'ai craint que vous ne m'ayiez pas compris, c'est ce qui m'amène.

— Il y a deux mois une colonne française quitta Laokai, au bord du Fleuve Rouge, en marche vers Laï sur la Rivière Noire. Je suis sans nouvelles de l'expédition. A son arrivée à Luang-Prabang, phya Surrissak et les commissaires devaient s'efforcer de la rencontrer, mais leur long retard paraît surprenant. J'ai l'ordre d'aller, sans attendre personne, joindre nos soldats.

— Je dois donc partir le plus tôt possible. Veuillez m'en donner de suite les moyens en vous conformant à vos instructions.

— Deux ou trois pirogues pourront me suffire. »

Les agents siamois sont abasourdis. Ils ne pensent plus à ce qu'ils ont dit la minute d'avant.

« Vous n'y songez pas, bon M. Pavie ! Theng où nous n'avons pas un soldat Siamois est depuis longtemps aux mains des Chinois !

« A Ngoï, trente-six hommes, la plupart malades, gardent le Nam-Hou. La sécurité n'est plus au delà et chaque village pille. »

— Vous parlez enfin !

— Il faut que je parte. Pensez à la responsabilité que vous avez prise en ne me renseignant pas et en me trompant. Pensez à ce que votre Roi dira s'il vient à apprendre que par votre faute le chef de nos troupes ne me trouvant pas continue sa marche ! »

Mes dernières paroles les ont effrayés et elles les décident :

« Vous aurez des barques, mais si un malheur allait survenir que répondrons-nous ? »

— Il faudra le demander à ceux qui vous ont conseillé de me taire les nouvelles et de m'induire en erreur.

— Quand pourrez-vous me livrer les bateaux ? »

« Dans trois ou quatre jours. »

En rentrant, j'ai prévenu mon personnel et demandé qui désirait rester avec le bagage.

Tous voulant partir, j'ai désigné Som, comme par le passé. Avec un autre homme il installera — dans mon logement de la bonzerie — nos deux officiers à leur arrivée, et les servira.

J'emmènerai Ngin, quatre autres Cambodgiens et deux domestiques.

A l'heure du dîner, Louang Datzakorn, pour la première fois, vient me faire visite.

Il demande conseil pour le kaluong.

« Si l'autorité vous laisse partir seul, on l'accusera de n'être pas correcte ? »

— Vous devez connaître et votre devoir et vos moyens d'aide. Lors de mon voyage vers Theng, l'an dernier, phya Surrissak m'a fourni un guide et un officier. Si vous me donnez une petite escorte, je l'accepterai, mais je ne vous demande que de ne pas me retarder. »

Il insiste encore sur l'état troublé entre Ngoï et Theng.

A son attitude, j'ai bien vite compris qu'aucune mesure n'est prise pour les barques qu'il promet encore.

24 *janvier*. — J'ai fait mes visites de départ. Le second kaluong à qui j'ai redemandé : « Les Français sont-ils à Laï, oui ou non ? » m'a répondu : « Ils y sont, j'en suis sûr. »

Le phya Peunom, le chef du village où mourut Mouhot, m'amène son fils âgé treize ans :

« Je vous prie de le nourrir, de le vêtir, de le prendre à votre service,

Sans vos soins je serais mort de ma blessure à Paclay. Vous êtes devenu mon père. Le roi m'a dit que vous étiez meilleur que les autres hommes. Depuis que je vous connais j'ai conçu ce projet. Si vous me refusiez, ma femme, l'enfant et moi, en éprouverions un très grand chagrin ? »

Et le petit garçon, à genoux à mes pieds, élève les mains au front, marmotte une prière.

« Je vais partir pour Theng, ne le savez-vous pas? »

Le pauvre phya reste tout saisi.

Ngin lui explique la situation. Le père regarde son fils. Celui-ci me dit : « Je veux bien vous suivre. »

— Alors, c'est entendu. Ton nom? » « Bakann. »

Le phya m'offre alors un panier de piments. Ensuite il se retire.

Aussitôt qu'il est dans la cour, il parle avec ses gens, puis revient et me demande :

« Vous partez dans trois jours; je rentre à mon village, je vais prendre mon fusil. Je veux être des vôtres, veuillez me le permettre? »

— Parfaitement. » Et je lui serre la main.

25 *janvier*. — Trois Nhiau de Birmanie, munis de passeports viennent se présenter :

« A Xieng-Maï le consul anglais nous protège. Nous sommes les sujets d'une nation comme la vôtre, vous ne refuserez pas d'avoir les yeux sur nous? »

— Je regrette, mais je pars. Je reviendrai bientôt. Que craignez-vous, les Hos? »

Ils me regardent surpris et le même répond :

« Les Hos ne viendront pas puisqu'ils ont accepté 2 500 roupies ! »

26 *janvier*. — Khè a entendu dire dans le quartier des casernes qu'un caporal désigné pour m'accompagner sera fait sous-lieutenant.

La journée s'est passée en pourparlers. Les kaluongs renonçant à me dissuader de partir m'ont demandé une lettre précisant ma demande.

Une escorte de six hommes me sera fournie.

Je ne crois pas avoir grandes chances de réussir. Je crains par dessus tout l'abandon des rameurs. Mais n'arriverai-je qu'à être renseigné, qu'à échanger des lettres avec le colonel, je serais satisfait.

Les kaluongs troublés semblent craindre autant mon succès qu'un échec !

Certainement, dans les conditions où je suis je n'aurais pas songé à devancer mes compagnons si je n'avais reçu cet avis de Bangkok. Quoiqu'il ne comporte qu'un conseil, je n'y contreviendrai qu'en cas d'obstacles graves, bien résolu à ne reculer que devant l'impossible.

C'est surtout pour MM. Cupet et Nicolon, qui liront ce journal, qu'il m'a paru utile de noter ces réflexions qui pourraient paraître oiseuses.

Ils savent par leur voyage ce que sont les prêtres bouddhistes chez qui j'ai pris toutes les disposions pour qu'ils s'installent à l'aise en m'attendant.

Le Satou blessé en juin ne peut, depuis lors, faire un pas. Les principaux prêtres travaillent pour moi, à des meubles ou à des objets d'orfèvrerie. Tous attendent avec curiosité autant qu'avec satisfaction mes amis qui seront les leurs. Ils sont fiers du choix que j'ai fait de leur pagode pour l'habiter. Ils y ont vu MM. Gauthier et Pinson avec moi, les Français leur sont devenus familiers.

Dans tout le peuple d'ailleurs, les dispositions sont accueillantes et sympathiques et c'est précisément son entraînement vers nous qui ennuie tant les kaluongs et leur fait prendre à notre égard des précautions dont personne n'ose se plaindre mais dont tout le monde souffre.

Notre rôle parmi cette population aimable et malheureuse se trouve tout tracé. Nos prédécesseurs l'ont rendu facile. La bonté, le grand cœur de Mouhot sont ici légendaires. Le passage de Doudart de Lagrée et de ses compagnons est dans toutes les mémoires, et chacun se rappelle la franchise et la simplicité de Néïs. Le portrait que mes amis du Siam m'ont fait de MM. Cupet et Nicolon, m'assure que les nouveaux venus charmeront à leur tour les chers bons Laotiens. Ils continueront vis-à-vis d'eux la tradition de nos aînés, et la France, par leurs soins, verra grandir son influence dans ces régions dont l'avenir peut se prévoir et qu'on doit tout faire pour achever de préparer.

27 *janvier*. — Un habitant des environs de Theng, venu vendre des vêtements au marché, a dit devant Ngin :

« Dans le canton de Chan, les Français ont construit des cases pour leurs soldats, la population n'y craint plus les pirates. »

A 8 heures, mon ami le phya Peunom, qui, avec son enfant va m'accompagner, a été arrêté dans la rue comme porteur d'un fusil et d'un sabre. On l'a conduit au chao Ratchavong qui l'a remis en liberté.

Cet homme aimé du vieux roi, l'est sûrement de son fils aussi, et je ne doute pas que le Chao Ratchavong n'ait discrètement approuvé sa résolution.

Son fusil est si usé que la paroi de l'extrémité du canon manque d'un côté de la longueur d'un doigt.

A une heure les barques sont à la berge. Le kaluong vient me l'annoncer en me priant d'en réserver une pour les soldats.

Je n'y puis consentir. Elles sont si petites qu'à peine elles suffiront à moi et à mes hommes. J'aimerais autant me passer de l'escorte que d'être autant gêné. Je suppose qu'il s'agit encore d'un retard.

A ce moment le futur chef d'escorte entre. Il n'a pas d'uniforme. Je lui demande quel est son grade : « Sergent-major. »

— Espérons qu'au retour vous serez officier. Êtes-vous prêt? »

« Non, je n'aurai pas de barque avant demain. »

D'une façon sérieuse et vraiment amusante, le kaluong le reprend :

« Il ne fallait pas parler ainsi. Vous auriez dû dire : Je suis prêt. M. Pavie ne l'est peut-être pas, il aurait alors demandé le renvoi à demain. Vous auriez toujours eu le temps — dans le cas contraire — de vous excuser ! De cette façon, c'est nous qui le retardons ! »

Satisfait de sa leçon, il me regarde interrogativement.

« Pourrons-nous partir demain au petit jour ?

— Oui, » répond pour lui, le sergent tout penaud de n'avoir pas été habile.

« Alors, c'est entendu. »

J'espère rencontrer la colonne à Theng vers le 12 février, passer trois ou quatre jours près d'elle, et être de retour en une semaine, date probable — d'après les kaluongs — de l'arrivée du Surrissak à qui il faudra, disent-ils, un mois pour organiser son expédition avant de quitter Luang-Prabang.

Je clos mon journal et je l'expédie.

Fig. 62. — En route.

Fig. 63 — Monnaie en argent de Xieng-Maï. (65 grammes).
Profil droit. (Dimensions exactes). Profil gauche.

Fig. 64. — Monnaie en cuivre de Bassac. En forme de pirogue. (17 grammes).
Vue de côté et de face. — Dimensions exactes.

Fig. 65. — Embouchure du Nam-Khane.

PASSAGE DU MÉ-KONG AU TONKIN

28 *janvier* 1888. — Le départ s'est effectué à 8 heures du matin ; l'escorte de six hommes n'étant pas prête je ne l'ai point attendue.

Le second kaluong était présent ; son chef très occupé, l'a chargé de l'excuser : il ne peut ni me rendre ma visite, ni me venir dire adieu.

Il l'a prié de me renouveler ses avis, à savoir :

Mon voyage ne devrait point se faire le général siamois n'étant pas arrivé ; on ne s'y oppose pas mais on dégage sa responsabilité. Le pays est aux mains des Hos, s'il m'arrive malheur on ne veut pas de reproches.

Je ne réponds rien. Je sens qu'il continue à me cacher la vérité, lui dire que je pars surtout pour la connaître, pourrait nuire à mon but, en me taisant je l'inquiète autant qu'il me gêne, ça vaut mieux.

Jamais je n'ai couru le Fleuve sur de pareilles pirogues : soixante-quinze centimètres de large, sept à huit mètres de long ! Toutes sont semblables, chargées du bagage et de chacune six personnes, un rien les ferait chavirer.

Bientôt la ville est dépassée. Elle est loin d'avoir l'aspect d'avant le désastre, mais partout des cases sont en construction, et sa vue laisse l'impression qu'en peu de temps si la tranquillité était assurée, elle reprendrait son ancienne vie.

Rarement le Mé-Khong a ses eaux aussi basses ; la saison des pluies a été très vite close cette année ; le fleuve décroît depuis le 20 septembre, depuis le 8 octobre plus une goutte d'eau n'est tombée.

Au 10 février de l'an passé, quand je suis arrivé à Luang-Prabang, leur niveau était de deux mètres plus élevé qu'aujourd'hui, leur température était de 19° ; elle est de 20° actuellement, celle de l'air de 26°.

Fig. 66. — La manœuvre des perches sur une pirogue de vingt mètres.

Le Nam Khane est aussi moins abondant qu'aux années ordinaires ; au confluent qu'obstruent des roches énormes, la pente est telle que son courant fait presque chute. C'est un petit obstacle à dépasser par nos pirogues obligées pour la manœuvre des perches — de longer de très près la berge. Sa largeur est de vingt mètres, et son débit de 8000 mètres cubes environ par minute.

Le spectacle des deux rives du Mé-Khong, frappe par leur contraste ; le bord droit, respire l'animation, la vie ; les gens arrosent leurs jardins bien enclos sur la pente du fleuve ou autour des cases que cachent de grands arbres à fruits, très touffus.

La rive gauche, désolée, est triste à voir : Les bandes chinoises ont marché dans son chemin étroit ; de ses villages, de ses hameaux, même de ses cases isolées, il reste des tas de cendres, des poteaux calcinés. Les cocotiers, les aréquiers, tués par le feu, ont la tête abattue, pourrie, leurs grandes palmes, jaunies, pendent lamentablement. Tous les grands arbres à fruits ombrageant autrefois les maisons, montrent des troncs noircis, des branches sans feuilles. Les buffles paissent dans les jardins abandonnés, les habitants sont dans des gourbis sur le rivage, ou vagabondent.

Halte pour le déjeuner au lieu où fut Muong-Nam. Le feu n'a rien laissé, les gens sont, on ne sait pas où.

L'escorte nous a rejoint ; elle a deux barques ce qui, en tout, fait cinq pour le convoi.

Le sergent, fonctionnaire officier en porte le costume. Il s'approche, salue un peu défiant. Il est bien sûr qu'il craint plus de se compromettre avec moi qu'avec les Chinois. On a dû lui faire des recommandations plus propres à l'embrouiller, je pense, qu'à le guider dans sa conduite.

Il faudra bien qu'il me dise ce qu'il sait. La défiance s'en va quand le danger commun existe. Mon départ ayant été brusque, peu prévu, j'ai idée qu'on n'a pas pu le rendre hostile, et que je trouverai ce soldat bon enfant.

Le soir, après le confluent du Nam Seuant passé, halte pour la nuit sur la rive droite, devant Chhang-Hai (jardin des éléphants), grand village doublé des habitants de l'autre bord.

Le Nam Seuant, la deuxième des trois rivières qui font actuellement l'importance de Luang-Prabang, a une centaine de mètres de largeur et un débit de 3000 mètres cubes environ par minute.

Le Nam Khane, le Nam Seuant et le Nam Hou, amènent sur des radeaux les produits des régions qui les voient se former. Ce genre d'embarcation ne peut descendre le Fleuve que dans la partie tranquille de son cours. Fait pour passer les rapides peu dangereux des rivières, il ne saurait s'engager dans ceux plus dangereux du sud. Les gens qui apportent ainsi leurs marchandises à ce marché forcé, s'en retournent à pied ou en petites pirogues après échange contre de l'argent ou des objets peu lourds.

Dans cette première nuit, premier orage, première averse de la saison, c'est celle qu'on nomme la pluie des mangues ; les arbres à fruits commenceront après elle à fleurir.

29 *janvier.* — A 9 heures du matin entrée dans le Nam Hou. C'est pour la cinquième fois que je vois ce passage dont la beauté toujours restera sous mes yeux.

Dans le trajet court de la ville jusqu'ici, le Mé-Khong, malgré ses roches, n'a point d'obstacles sérieux.

Le Nam Hou, est son plus fort affluent. Je n'ai pas vu tous les autres, mais, les indigènes le disent et je les crois, car son bassin est le plus étendu et ses sources, étant loin vers le nord, restent abondantes aux mois secs.

C'est à l'époque des basses eaux qu'il faut juger le débit des rivières. En ce moment, celle-ci apporte au Mé-Khong, entre les hautes roches à pic et les sables blancs, un ruban vert, large de 140 mètres et d'une profondeur moyenne de 10, donnant environ 40000 mètres cubes par minute.

Le Nam Hou est une route commerciale. Ses obstacles n'en sont pas pour les gens du pays. Il n'a pas les coudes brusques du Nam Ping, par exemple, ni les pentes presque sèches du Nam Ngoua.

Succession de bassins peu étendus, il est profond aux endroits calmes, et souvent, aux passages rapides, n'a que deux à trois mètres d'eau.

Sa difficulté principale jusqu'à Ngoï, est le Keng-Louong (rapide royal), il y faut décharger le bagage. Le Nam Hou comme le Mé-Khong a son roi des rapides ! La rivière a là, une différence de niveau d'un mètre. En montant on y perd deux heures, à la descente on y prend à peine garde.

Normalement, on met six jours de Luang-Prabang à Ngoï, quelquefois cinq. Aux grandes eaux la rivière est plus commode qu'en saison sèche.

Elle coule entre des collines régulièrement affaissées montrant de temps en temps quelques sommets rocheux à pic, ou laissant voir, au débouché de petits affluents, de grands soulèvements comme ceux de Pa-Tung ou de Ngoï.

Point de plaines sur ses bords, à peine de toutes petites vallées se montrent-elles à quelques embouchures.

Les riverains — nombreux relativement — plantent le tabac, le coton, l'indigo, le maïs dans le limon fertile des berges ; ils sèment leur riz sur les hauteurs.

Le pays est en grande partie habité par des Lues, famille de la race thaïe, tranquille et travailleuse, dont j'ai souvent parlé.

Nous avons déjeuné en face du grand village de Paknam Hou, brûlé comme tous les autres sur cette rive. Plusieurs des habitants, pêcheurs pour la plupart, campent provisoirement sur son immense grève,

Dès en entrant dans la rivière une impression de tristesse saisit. Des deux côtés les cases sont incendiées. Çà et là des gens en bas des berges, préparent les pêcheries, la saison du poisson approche, on guette l'arrivée de ses premières troupes, ayant la grosse crainte de voir les Chinois revenir avant elles.

On nous regarde passer, inquiets, mornes. Les enfants ne sont point bruyants, ils cherchent dans l'eau pour le repas des algues naissantes et des coquilles.

Il faudra faire chère maigre, cette année, nulle part on n'a semé patates ou arachides, haricots ou cucurbites. On aura pour ressource les ignames des bois, les pousses de bambou, les tiges de rotin, mais cette manière de vivre est dure et elle attriste les mères. « Si seulement on était sûr du lendemain », nous dit-on, cherchant un peu d'espoir dans nos yeux, « mais la menace d'un retour des bandes, a de nouveau frappé toutes les oreilles, personne n'ose refaire sa case, remettre debout la haie de son jardin ».

C'est le mois où les jujubes sont mûrs. Pour prendre des fruits aux arbres, autant que pour alléger les pirogues, mes hommes et les soldats me suivent sur la berge.

Ces hommes de l'escorte, des Laotiens, sont grands, forts et bien portants. Sans doute ils sont choisis pour montrer aux nôtres, si nous les rencontrons, comment sont les soldats du Siam.

Le sous-lieutenant a causé une première fois à la halte du matin.

Il était caporal, chef de l'escorte qui a reconduit à Theng, Kam-Sam, l'un des fils du Chao de Laï emmenés prisonniers l'an dernier à Bangkok.

A l'annonce de la prise de Luang-Prabang, Kam-Sam, ainsi que je l'ai déjà dit, avait été acheminé avec le Chao Ratchavong vers cette ville pour arranger les affaires avec son père et les Hos.

Après quelques jours passés à Luang-Prabang, il fut mis en route pour Laï. La troupe se composait de cinquante soldats avec trois officiers sous les ordres du Chao Phakinay.

Celui-ci resta à Ngoï. Huit soldats servirent d'escorte au fils du Chao de Laï. Dans la route il ne se passa rien d'anormal. A Theng on trouva des Chinois, non hostiles.

De Theng, Kam-Sam se rendit seul à Laï. L'escorte revint vers Luang-Prabang.

Un sergent siamois dont j'ai précédemment parlé lors de ma tentative de passage au Tonkin, se trouvait à Theng comme instructeur avec trois soldats lors de la prise de ce poste par les bandes.

Il y resta sans être inquiété et y était encore lorsqu'il y a un mois, à la nouvelle de la marche des Français sur Laï, la population de ce canton, conduite par Kam Kouy, jeune frère de Kam Sam, s'y retira avec cent cinquante Chinois environ, reste des bandes qui avaient pris Luang-Prabang.

Au bout de quelques jours ce sergent, les trois soldats, cinq Chinois et quelques serviteurs du Chao de Laï, se mirent en route pour Bangkok, porteurs d'une lettre de Kam Sam, pour son frère Kam La, resté en otage à Siam,

Après avoir expédié ce courrier Kam Sam est allé vers Laï, rejoindre son père et son frère aîné, laissant la direction de Theng à Kam Kouy et à trois chefs chinois.

Depuis, point de nouvelles de Laï, non plus de Theng.

Kam-La, destinataire de la lettre, étant en chemin pour Luang-Prabang avec le phya Surissak, ce dernier sera donc vite informé du contenu de la missive, qui tout me porte à le croire, doit demander aide contre les Français ou quelle conduite tenir.

J'ai lieu de penser, d'après le mal que depuis longtemps j'entends les agents siamois dire, du Chao de Chan, que ce chef a un rôle utile aux Français et qu'on voudrait faire porter sur lui une vengeance pouvant inspirer la crainte de nous servir aux chefs des autres cantons.

J'ai parlé de la lettre que les Chinois ont écrite pour demander l'entrée dans le Laos. Le sous-officier me confirme ce fait que les kaluongs m'ont nié. Ces Chinois auraient dit : « nous demandons qu'on nous accueille parce que les Français ont pris les territoires sur lesquels nous étions établis. Nous ne descendrons qu'au quatrième mois, car nos hommes, au nombre de cinq cents ne sont pas réunis. Nous ne sommes que cent cinquante ici et n'osons dans ces conditions,parcourir un pays où nous avons fait du mal. »

Cette lettre serait portée au phya Surissak par les mêmes cinq Chinois accompagnant le sergent.

Bien entendu le chef de l'escorte ne me dit pas tout. Son ignorance de la position des troupes françaises est certainement voulue, mais je n'insiste pas.

Lorsque je lui ai demandé : « Pourquoi le sergent est-il resté à Theng après la prise par les Chinois ? »

— Parce que c'était son poste et que le général seul pouvait seul l'en rappeler. »

« Quelle raison a donc pu le décider à l'abandonner pour se faire le conducteur de Chinois qui avaient détruit Luang-Prabang ? »

— Je ne sais pas. »

En ce qui concerne Kam-Sam, j'ai dit antérieurement que nous nous étions trouvés en même temps au bord du Mé-nam à Fang, et que les kaluongs avaient empêché que nous ne nous vissions.

Cependant il avait rencontré mon Cambodgien Kèo, qui avait fait avec lui le voyage de Bangkok à Pitchaï ; il lui avait posé sur les événements, des questions que Kèo n'y pouvant répondre lui avait conseillé de me faire.

Je regrette beaucoup de n'avoir pu connaître ce jeune homme, il sait que j'ai mon poste à Luang-Prabang, et a vu à Bangkok le Chargé d'affaires de France ; peut-être aurai-je bientôt à m'entendre avec lui.

Il y aurait en tout, soixante-six soldats siamois sur le Nam-Hou, trente sont en garnison à Muong-Khoa, canton au-dessus du confluent du Nam-Ngoua et trente-six sont à Ngoï.

Le Nam Hou au-dessus de Muong Khoa, serait aux mains de Hos de bandes différentes de celle de Theng. Le Mé-Khong serait donc menacé de deux côtés.

Ainsi tous les renseignements donnés précédemment, non sans quelque hésitation, se trouvent exacts. Ce fait montre qu'on ne doit point rejeter les avis de quelque source douteuse qu'ils paraissent venir.

Une des barques est en très mauvais état. Devant le village de Hat-Khâm, il faut la décharger entièrement pour fermer les voies d'eau.

A 5 heures, halte du soir devant Pa-Tung. Inutile de répéter que ce village est détruit; d'après les indigènes, nous n'en trouverons pas un seul intact dans le voyage.

Une des conséquences graves de ce qui s'est passé, est que les gens non seulement n'ont pas de provisions à vendre, mais manquent de vivres.

Les soldats habitués à quêter de quoi améliorer le repas, reviennent les mains vides de leurs visites aux cases. Il faut se rationner. La crainte de ne rien trouver à Ngoï commence à inquiéter les rameurs et mes hommes.

Un soldat fait faction la nuit devant la tente de l'officier. Je dors dans ma pirogue. Mon bagage est si mince qu'elle n'est pas encombrée. La tente est debout sur la berge, elle abrite tout le personnel.

30 *janvier*. — Le départ a lieu tous les jours à 6 heures, je prends auparavant une tasse de café, les hommes mangent quelques poignées de riz.

La rivière si vivante l'an dernier est silencieuse, pas une barque, pas un radeau ne descendent rompant, du bruit des avirons, le grondement lointain du Keng-Louong.

Les gens de Pa-Tung interrogés hier soir, ont dit qu'ils ne savaient rien de Ngoï ni des Hos ; un ordre est arrivé de Luang-Prabang commandant de battre quiconque répandrait des bruits ou vrais ou faux. « On craint, que nous ne prenions peur, et ne nous enfuyions sans motif dans les bois. »

Voici, bientôt, le plus intéressant des villages du Nam Hou.

Ses habitants, des Lues, émigrèrent de Xieng-Houng il y a vingt ans. Des familles sont toujours disposées à quitter les régions peu tranquilles, c'était alors le cas là-bas, comme ce l'est ici maintenant.

C'est toujours vers le sud qu'on émigre, les hommes du nord de l'Indo-Chine ne doutent point qu'il n'y ait place en bas.

Ceux-ci eurent une bonne occasion de se recommander aux chefs de la région sur laquelle ils avaient les yeux. Les princes de leur pays leur confièrent pour être remis au Roi de Luang-Prabang, les bagages de la mission Doudart de Lagrée, obligée de réduire presque à rien ce qu'elle transportait.

Ils furent bien accueillis ces Lues pour ce motif, et aussi, parce qu'on voit toujours avec plaisir, au Lan-Chhang, la population s'augmenter.

On leur donna place à Peunom près de Luang-Prabang, et sur le

Nam Hou, celle qu'ils se choisirent. Ils prospéraient et étaient très heureux quand je les rencontrai pour la première fois. Lorsqu'ils surent que j'étais Français, ils vinrent plus hardiment à moi que dans les autres endroits ce n'était l'habitude. Ils contèrent leur voyage; leurs femmes se hâtèrent d'installer devant la tente un véritable marché de tout ce qu'elles avaient. Je fis quelques cadeaux; on se souvint de moi, et, quand un mois plus tard, je repassai, en retraite devant les Hos, je retrouvai les gens tout aussi désireux de vendre, écoutant presque avec insouciance — n'y croyant pas — ce qu'on disait de la marche des bandes.

Fig. 67. — Leurs femmes se hâtèrent d'installer un véritable marché.

Aujourd'hui, le village est détruit. La misère est aussi complète que l'aisance le semblait autrefois.

Je trouve donc la moitié des habitants campés à l'entrée du Houé Wang, petit torrent de la rive droite. « Les autres » me dit-on, « sont allés rebâtir leurs maisons au delà du Keng-Louong dont nous sommes proches, en face de l'ancien emplacement. »

On me reconnaît bien; on n'a plus rien à vendre ni un poulet, ni même un œuf. On s'approche quand même, tristes, un peu confus d'être surpris couchés sous ces abris de branches et d'herbes sèches.

On n'entend point chanter ni rire, comme la fois d'avant, dans les champs, sur les pentes. Personne ne travaille. Des groupes d'hommes entourent des feux, la tête tournée inquiète du côté des soldats rôdant autour des cases.

Les femmes disent : « nous voudrions encore de l'argent, mais nous n'avons plus rien à vous offrir. »

Elles reculent stupéfaites en se reconnaissant dans une photographie, prise à leur insu au précédent voyage, étonnante de naturel simple, montrant des jeunes filles, des femmes assises derrière deux rangées de corbeilles pleines d'œufs, de pistaches, de fruits, de vêtements, de légumes. Chacune en se revoyant cherche à reconnaître ce que tient son panier, et s'exclame : « le mien a des concombres ! » « le mien des cannes à sucre ! » et des soupirs de regrets, et des paroles navrées, disant la situation, suivent ces regards vers le passé !

« On nous a tout brûlé », dit un vieux, « et quand nous avons fui, on a tiré sur nous. Un des doigts de cette main, est tombé à terre, je l'ai pris dans l'herbe continuant à courir, et puis, je l'ai jeté ! »

Tout le monde rit en l'entendant, il a, c'est probable, l'habitude de conter son malheur à ceux de son village. On finit par s'en amuser.

Je distribue quelque menue monnaie ; moi-même je suis devenu très pauvre et par le désastre et par l'impossibilité de remplacer ce que j'ai perdu.

Oh les agents siamois savent ce qu'ils font en gardant mes bagages. Eux demandent aux gens, moi je leur donnais. La partie n'était pas égale, et j'avais trop de chances de mon côté. Si l'on pouvait me réduire à demander aussi, on me craindrait moins et me tolèrerait mieux.

Ces Lues ignorent encore s'ils iront rejoindre leurs frères à Pa-Paï, s'ils resteront là ou s'ils iront ailleurs. Ils attendent inquiets se disant sans doute, entre eux quelques nouvelles, craignant, c'est naturel, ce qu'on veut leur cacher, et ne comprennent pas le but qu'ont les Siamois en voulant qu'on se taise devant moi.

Si on leur disait :

« Ne perdez pas courage, ensemencez la terre. Tenez-vous au courant de la marche des Hos, veillez sur vos villages. Quand l'ennemi viendra, cachez dans la forêt avec vos vieux, vos femmes, vos enfants et le peu qui vous reste. Puis prenez vos fusils et vos sabres, harcelez-le dans la rivière, guettez-le près des rapides, troublez son repos, affamez-le ; chacun de vos villages ne lui prît-il qu'un homme, songez comme il vous aurait bientôt en crainte, songez comme l'avoir combattu une première fois avec courage, vous rendrait fiers et forts une seconde ! Car, il faut bien penser que ce n'est pas fini, compter sur les soldats, n'a jusqu'ici rapporté que malheur. Comptez surtout sur vous, s'il vous plaît ce pays où vous êtes. »

Ils comprendraient à ces paroles qu'obligés de subir la guerre, il faut la faire aussi.

Mais on ne leur dit rien, ou seulement, « Taisez-vous. Ne parlez pas des Hôs ». Comme si on craignait que ces derniers n'entendent.

Que peuvent penser les gens ? Qu'on ne se sent pas fort, qu'on espère s'arranger, que le calme va renaître, ou plutôt le trouble revivre !

De bonne heure nous sommes au Keng-Louong. La mauvaise barque coule en le franchissant. Heureusement, elle est vide, le bagage est à terre. L'habileté des bateliers et les cordages aidant, elle est promptement retirée du fond rocheux.

Ce rapide redouté se montrant pacifique, donne bon espoir pour la navigation du reste du Nam Hou.

Dès qu'on cesse d'entendre le bruit qu'y font les eaux on voit Pa-Paï, l'autre campement de Lues dont je viens de parler. Eux, ont repris confiance, ils mettent debout des cases. Nous n'y faisons point halte et déjeunerons plus loin ; c'est assez d'avoir souffert de leur peine, une fois.

Le Keng Phè, le plus sérieux après le précédent, nous fait perdre une grande heure. Il faut que tous les hommes aident au passage de chaque barque, les uns en la poussant le corps dans l'eau, les autres en tirant sur la cordelle, juchés sur les rochers.

Ces rives du Nam Hou, sont vraiment très belles ; partout elles étalent sur la base des collines, des arbres à fruits, des grands palmiers. Les cases ont disparu, leurs habitants ont fui, mais leurs places se voient ; dans ces beaux paysäges, elles ne peuvent manquer de s'élever encore ; reviendront-elles offrir un nouvel appât aux bandes de pillards ?

Par une chance très grande, le riz était semé sur les collines quand le malheur vint, on a pu recueillir de quoi semer aux pluies prochaines, mais on voudrait savoir si on récoltera la moisson qu'on prépare, de là une grande hésitation dans le sarclage des terres et dans les défrichements.

31 *janvier.* — Nuit passée au Ban Hou, loin au delà du Keng-Phè.

C'était à chaque instant l'an dernier, que je voyais descendre des barques dans ces parages. Aujourd'hui, rencontre de la première du voyage. Je constate chez nos rameurs une indifférence qui me choque, pas un, non plus que les soldats, n'a songé à demander aux passants d'où ils venaient, et s'ils savaient quelque nouvelle.

Ils sont tout à leur besogne, la conduite des barques. Ils ne songent pas à ce qui peut arriver pas plus que le soldat à la guerre, ne se préoccupe de savoir où est l'ennemi ; c'est l'affaire du chef, lui marche tenant son fusil prêt.

Vers deux heures nous sommes à Muong Seun. En descendant, les Chinois n'y avaient point fait de mal, on n'eut pas peur à leur retour. Personne n'avait mis son bien en sûreté. Ils pillèrent, puis brûlèrent, et tirèrent comme ailleurs sur les gens lorsqu'ils fuirent ; quatre hommes furent tués.

Au-dessus de Seun, la rivière s'élargit, on peut dire que son lit, plein d'îlots, a trois à quatre cents mètres d'une rive à l'autre à partir de ce point.

Une particularité de ces pays du Nam Hou, c'est qu'on ne voit dans leur première partie, jusqu'à Ngoï, aucun village de Khas. Ils se tiennent dans l'intérieur ne s'exposant ni au pillage, ni aux injures des passants. Leur conduite est basée sur un passé lointain sans doute, mais dont le souvenir doit vivre dans leurs cabanes.

La halte de la nuit a lieu au Ban Hat Khip, habité par des Lues.

1er *février*. — La rivière a le même aspect qu'hier, toujours large et couverte d'îlots. Les rapides sont nombreux, peu gênants.

Rencontre d'une barque portant des chèvres. « Sont-elles à vendre? » « Non, elles appartiennent au Chao Phakinay, qui de Ngoï, les envoie à Luang-Prabang. »

Le Chao Phakinay, est fils et sera successeur du second roi de Luang-Prabang, tué le 10 juin. J'ai soigné à Paclaï, son jeune frère, blessé d'une balle chinoise au cou. Je vais les retrouver à Ngoï tous les deux; je suis curieux de voir leur attitude à mon égard. Ils sont au premier rang pour la lutte, n'ont qu'une troupe dérisoire et doivent s'ils sont intelligents, comprendre que ce ne sont pas les 800 hommes du Phya-Surissak qui empêcheront les Hôs d'envahir le Laos.

Tout ce que je désire c'est qu'ils ne me trompent pas sur la marche des Français. Je me doute bien qu'ils n'oseront me dire leurs pourparlers avec les Chinois et que, du reste, les kaluongs leur ont écrit et dicté leur conduite.

Dans l'après-midi nous approchons des grands soulèvements du Pang-Ngoua, ils sont enveloppés de vapeurs.

Les soldats ont réussi à trouver trois citrouilles dans un jardin de la berge. Ils annoncent leur petite razzia à leurs compagnons dans les barques par autant d'exclamations de joie que les propriétaires en auront de déception quand ils reviendront de leurs champs.

Nous atteignions le Hat Pang-Ngoua, petit rapide divisé par une grande île en deux parties, quand ma barque a coulé !

J'écris après que tout a été sauvé ; sur le moment j'ai eu la pensée que je m'étais donné une peine bien inutile en tenant ce journal !

Maintenant voici la chose ; habitués à passer sans difficulté les obstacles de la rivière, les bateliers dirigeaient la pirogue sans sembler se soucier du rapide que nous allions franchir. De suite ils l'y engagèrent.

Je regardais ces grands monts à pic, regrettant de ne pouvoir en prendre une vue photographique, lorsque le bruit de l'eau mit mon attention sur la manœuvre. Je compris au premier coup d'œil que nous devions reculer au plus vite, et ne dis rien, voyant que les percheurs de l'avant s'y disposaient.

Tout cela me semblait long et j'allais sortir du rooff quand l'homme du gouvernail dit : « nous coulons ! »

Je me levai, les hommes de l'avant étaient déjà dans la rivière tirant

Fig. 68. — La halte au pied des Monts Pang-Ngoua.

la pirogue à la berge. On parvint à celle-ci juste quand la barque fut pleine. L'eau n'étant profonde que d'un mètre sur ce bord, ils se mirent rapidement en mesure de soutenir l'embarcation à la surface.

L'homme de l'arrière les imita, d'autres du convoi vinrent et l'on se mit en train de vider la pirogue de l'eau qui l'emplissait.

Deux hommes qui se trouvaient dans l'intérieur du rooff avaient perdu la tête, au lieu de sortir, et d'aider, ils criaient comme des fous « au secours » !

Je vis le mal nul, vêtements et literie étaient trempés.

Il a fallu camper, pour sécher. J'ai donc pu photographier les monts témoins de l'accident.

Quand après le repas les gens causent entre eux, l'homme du gouvernail devant quelques reproches sur son hésitation à prendre un parti lorsqu'il a vu l'eau pénétrer dans la barque, dit :

« En voyant M. Pavie se disposer à sortir du rooff, j'ai pensé qu'il allait me frapper, je n'ai plus su que faire. Ensuite, comme il n'a point paru en colère, j'ai sauté à l'eau pour soutenir l'embarcation. »

— Je sais bien, » fait alors un autre rameur, « que les Français ne battent pas les hommes ; je me souviens qu'un jour, le docteur Néïs étant à Luang-Prabang passa devant le tribunal où j'étais comme curieux avec beaucoup d'autres parce qu'on allait frapper un accusé. Le phya Muong Chan, dit : « Il faut attendre que le Français soit loin. »

Après qu'il a parlé tout le monde se tait. Le temps est un peu frais à cause d'une brise du nord ; les gens sont accroupis autour d'un grand feu, le factionnaire en entretient un petit auprès de lui. Mes hommes étendent leurs nattes sous la tente. Ngin a la fièvre.

2 *février*. — Pluie et vent froid pour le départ, les hommes grelottent.

Nous passons le rapide mais avec plus de précautions qu'hier. Quoiqu'il soit large, la voie bonne pour les barques est très étroite entre une roche et la berge. Un remous, à son centre, charge d'eau les pirogues si elles ne sont rapidement entraînées par la cordelle et les percheurs.

A midi, il fait plus froid encore que ce matin, nous ne marchons par suite, pas comme il le faudrait pour atteindre Ngoï en six jours. Si la pluie continue nous en mettrons certainement sept.

Les hommes souffrent, leurs dents claquent. Ils n'hésitent pas à chaque instant à sauter dans l'eau ou sur les roches pour activer la marche, l'eau ayant 22°, l'air 14°, mais, quand ils reprennent les perches, ils ont des exclamations de dépit car ils sont presque nus. C'est une chose à remarquer, qu'ici aux mois froids, les femmes seules sont chaudement vêtues.

Nous quittons peu à peu la région habitée par les Lues ; depuis Muong-Seun les hameaux laotiens dominent. On pourrait dire que le soulèvement des Pang-Ngoua sert de limite.

J'ai entendu un rameur poser cette question au chef de l'escorte.

« Qui est-ce qui envoie les Hos nous faire la guerre ? »

— La dernière fois, ce sont les chaos de Laï. Aujourd'hui, je ne sais pas. Ils ne sont pas soldats dans leur pays, leur roi n'est pas coupable à notre égard : ce n'est pas à sa vue qu'ils s'organisent, mais au delà de leur frontière.

« Depuis mon enfance, j'ai toujours entendu notre pays se plaindre de ces Hos, dit un patron de barque. Quand l'un d'eux a ramassé beaucoup d'argent, il quitte sa troupe et va en former une dont il devient le chef. »

Un mot sur cette question posée à l'attention.

Les Hos proprement dits, sont pour les Laotiens les habitants des parties méridionales du Yunnan nommées ici Muong Van, Nangtsé, Muong Hao, etc.

Les hommes formant les bandes actuelles n'ont pas tous cette origine, surtout depuis l'occupation du Tonkin par la France, mais de temps immémorial les régions frontières étant ravagées par les gens du Yunnan, il serait difficile de faire accepter une dénomination autre, par exemple celle de Tong-Dam (Pavillons Noirs), que l'on connaît cependant bien et que le général siamois a employée pour me présenter les chefs de bandes avec lesquels il s'est entendu, et qu'il a emmenés au Siam l'année dernière.

D'après ces derniers, la majeure partie de leurs compagnies serait recrutée parmi les Chinois anciennement au service de l'Annam comme soldats, et qui sous le nom de Pavillons Noirs, ont combattu nos troupes, et sont originaires pour la plupart du Quang-Si et du Quang-Tong.

Dans les bandes descendues à Luang-Prabang en juin dernier, les hommes étaient en grande majorité des Hos du Yunnan, se donnant la désignation de Pavillons Jaunes. — Ceux qui dans l'est avaient envahi le pays Pou-Eun se donnaient la qualification de Pavillons Rouges.

Les Hos ne sont point ici, connus seulement comme pillards. Les caravanes de leur pays approvisionnent le haut Laos de marmites en cuivre, d'étain, de plomb, d'opium, de thé, de tapis, de vêtements d'hiver. On est habitué à les voir passer à travers le Laos, allant jusqu'en Birmanie porter au commerce de Moulmein, ces soies grossières dites de Luang-Prabang, et qui vraisemblablement proviennent des cantons avoisinant la Rivière Noire et le Song Ma. Il est en effet permis de supposer que certaines de ces caravanes servent à écouler le produit des rapines.

Je continue donc à employer quant à présent le nom de Hos pour désigner les pillards et les marchands d'origine yunnannaise. Aussi bien, dans la lettre qu'auraient reçue les chefs de Luang-Prabang, il serait dit, qu'on attend pour se mettre en route, trois cent cinquante hommes de Muong-Van et de Nangtsé.

Il ne faut pas oublier que Luang-Prabang a payé jusqu'en 1856, un tribut au Yunnan et qu'en juin dernier, les chefs des bandes au courant de cet usage, n'ont pas manqué de tirer parti de ce qu'il était tombé en désuétude pendant les guerres qui désolèrent cette province de la Chine, pour en faire un grief, et achever de déconcerter le malheureux roi laotien.

Les chefs des caravanes allant en Birmanie, sont bien connus à Xieng Maï et à Moulmein. Je suppose que ces hommes sont plutôt chefs d'escortes que propriétaires des marchandises. Eux seuls, ont dans leur troupe un certain frottement avec les Européens. Il leur a ôté cet air inquiet, sauvage de leurs jeunes compagnons. Dans les haltes ils font le campement serré, et veulent qu'on veille, tout comme en guerre, au grand étonnement des Laotiens qui n'ont jamais gêné la marche de leurs convois.

Quand je passai à Xieng-Maï en 1886, je rencontrai un jour, me promenant avec mon ami Archer, l'agent anglais en résidence dans cette ville du Laos occidental, une demi-douzaine de ces Hos marchant derrière leur chef.

Celui-ci salua le vice-consul duquel il désirait un passeport ; on s'arrêta pour leur parler.

Ce vieux routier, droit malgré l'âge, appuyé sur un fusil cassé qu'il allait chercher à faire réparer, avait une pose de soldat, montrait un homme. Cependant son visage avait cet air défi un peu gêné que doit donner la crainte de se sentir soupçonné de toutes sortes de méfaits par les passants.

Les jeunes gens, imberbes, rosés, crasseux, lourdement vêtus, se dérobaient timidement aux regards, derrière lui.

« Ces Hos, disait Archer, sont des braves, je les aime, ils sont indépendants libres, ne frayent avec personne dans leur route, tiennent tout le monde à distance de leur camp, répondent brièvement, brutalement, aux questions même aux miennes. Ils donnent un grand aliment à notre commerce et sont ses introducteurs au Yunnan. »

Il semblait fier d'eux, en parlant ainsi et je devinais qu'il pensait encore : « Ils ne sont pas Anglais mais le seront peut-être ! »

Je ne répondis rien, je songeais que ces aventuriers ne sauraient toujours se contenter de passer en marchands, dans ces régions dont ils jugent la race inférieure à la leur.

Déjà, ils ne savent pas admettre que les mandarins leur tendent la main pour recevoir même des cadeaux. Une parole de douanier leur ferait montrer leurs fusils. Ceux-là qui refusent l'impôt avec succès, tenteront un jour ou l'autre de le percevoir.

Tous ces jeunes gens des caravanes actuelles, seront les conducteurs de celles des temps prochains.

Lorsque ces musulmans sortiront de leur territoire, trop plein d'hommes par la paix, en nombre plus grand qu'aujourd'hui, le commerce ne sera plus aussi avantageux, ne leur paraîtra-t-il préférable de piller, s'ils reconnaissent surtout que c'est encore impunément qu'on peut rapidement s'enrichir.

A moins que l'ordre, enfin partout bien établi, ne modifie la direction de leurs idées et l'emploi de leur activité.

Les bandes qui ont fait la destruction de Luang-Prabang en juin, étaient presque complètement composées de jeunes gens de dix-huit à vingt-cinq ans, engagés pour trente roupies l'un, pour la campagne.

Trente roupies, pour cinq mois de fatigues et de périls avec l'espoir d'un peu de butin !

On a du choix chez eux — paraît-il — pour ce prix. Ils quittent leurs villages — ces conscrits d'un nouveau genre — sans hésitation pour faire ce métier tout comme un autre ; ils partent ainsi que les marins s'engagent chez nous pour une campagne de pêche.

Le but est de revenir avec un peu d'argent. Ceux-là qui réussissent mettent les jeunes du pays en goût de les imiter ; eux-mêmes quand les économies sont parties, cherchent l'occasion de se remettre en route.

Il est bien certain que l'opération si facilement faite à Luang-Prabang peut être un encouragement pour beaucoup.

Bon nombre, ayant pour intermédiaires les femmes qu'ils y ont enlevées, s'établissent dans les pays qu'ils ont d'abord ravagés.

Quelques cantons ne pouvant s'en débarrasser, les ont pris à leur solde et les entretiennent à condition qu'ils ne pilleront qu'au dehors. Dans ce cas, les principaux ne tardent pas à se marier avec les filles des chefs des villages, ce qui assure la tranquillité des bandes.

C'est cette solution-là que les chefs Hos actuellement en pourparlers avec les Siamois, espèrent les amener à accepter pour Luang-Prabang, d'abord.....

Les Siamois tenteront-ils de les repousser? Non. Tout au plus les arrêteront-ils par des négociations dans lesquelles ils risquent fort d'avoir le dessous.

Les Hos, mèneront leur affaire vite, on peut le croire, ils savent le prix du temps ces chefs qui paient leurs hommes de leur argent quand le pillage ne donne rien.

Les gens de Luang-Prabang s'attendaient à voir plusieurs milliers de soldats, venir de Bangkok, venger l'insulte reçue. Non seulement on ne la venge point, mais la Cour siamoise accepte l'excuse donnée pour l'expliquer.

Comme en réalité l'autorité siamoise est crainte dans le pays presqu'autant que la présence des Hos, tout le monde dit c'est bien.

La marche des Français fait une impression très forte, et l'idée qu'on a de lui attribuer le retour des Hos, a fait comprendre que ceux-ci nous craignent autant qu'ils se soucient peu de Siam.

Dans les conditions présentes, à quoi faut-il s'attendre ?

Je pense que le phya Surissak fera tout pour éviter une lutte avec les Chinois. Un échec pour lui serait désastreux ; d'autre part si une rencontre heureuse peut lui faire honneur, elle peut aussi décider les bandes à une action énergique contre un ennemi dont elles savent la faiblesse et que son succès aura épuisé.

J'ai donc la conviction absolue que l'on cherchera à s'entendre.

Le résultat facile à prévoir serait l'envahissement lent mais certain d'une partie du Laos.

Alors, notre rôle deviendrait intéressant.

Nos progrès au nord doivent être sûrs, irrévocables. Dans ces conditions on ne manquera pas de nous bien accueillir.

Les indigènes jusqu'ici ont la crainte des Européens : les circonstances peuvent les leur faire désirer.

La colonne française, par sa marche, ôtera aux bandes l'espoir de se maintenir dans la région qu'elles occupent actuellement. Leurs chefs comprendront par ailleurs que s'ils se jettent sur le Laos, ils se trouveront isolés de leur pays d'origine avec lequel ils ne voudront pas perdre le contact facile. Ils disparaîtront. La tranquillité définitive nous sera due. Lorsque les populations auront constaté le rétablissement de l'ordre au Laos, si fâcheusement compromis par l'ingérence siamoise, notre prestige sera assuré.

Dans l'après-midi, nous dépassons quatre confluents de grosses rivières dont deux, rive droite, sont navigables le Nam Nga et le Nam Bac, et deux, rive gauche, ne le sont pas, le Nam Pouo et le Nam Vann.

Au bord du Nam Pouo, les gens de Muong Khoa, canton au nord, sur le Nam Hou, sont établis sur la berge depuis un mois. Leur misère est très grande. Ils sont descendus parce que les Hos — de bandes différentes de celles de Theng — ont envahi leur pays comme je l'ai dit hier.

La halte du soir se fait à l'entrée du Nam Vann. J'avais autrefois acheté des chèvres à cet endroit ainsi que force provisions. Aujourd'hui je n'y puis trouver un poulet. Les habitants sont cependant revenus, leur situation fait pitié.

Le froid est vraiment gênant 14°. Ce ne serait point considéré ainsi en Europe, mais ici, léger vêtu, comme on est, ce temps de pluie et vent est, même pour moi, désagréable.

C'est une chose à remarquer qu'à Luang-Prabang ce vent de la saison, ne se fait pas sentir. Les gens assurent que toujours violent, dans cet entonnoir que forment les grands soulèvements de Pang-Ngoua et de Ngoï, Luang-Prabang en est abrité.

3 *février*. — Départ à l'heure ordinaire ; peu après nous atteignons le Keng-Kane. Parce que nos pirogues sont très petites, il faut décharger le bagage comme au Keng-Louong.

Quelques cases, une pagode ont été oubliées par les pillards. Les rameurs demandent en plaisantant aux gens s'ils ne sont pas parents des Hos pour avoir ainsi été épargnés.

Halte au Ban Kane. Les habitants vivent dans l'inquiétude sous des gourbis ; ils ont des radeaux tout prêts pour la fuite.

En les quittant nous apercevons la passe de Ngoï dans les montagnes. Le vent redouble, il nous retarde, les rameurs sont gelés.

Ces monts de Ngoï paraissent avoir de sept à huit cents mètres. Ils ne forment point une chaîne régulière, leurs soulèvements calcaires sont épars les uns à droite les autres à gauche de la rivière. Le Nam Ngoï, débouche rive gauche entre les deux principaux de ces énormes blocs à peine couverts de végétation, pleins de cavernes transformées en temples comme celles de Pak Nam Hou.

Ngoï était intermédiaire pour les relations, entre Luang-Prabang et les cantons du nord, c'est-à-dire qu'on y échangeait les correspondances et qu'on y recevait le tribut. Un agent du roi y résidait pour régler les difficultés.

Il est deux heures quand nous touchons la berge; la ville, grand

Fig. 69. — Muong Ngoï et le Nam Hou.

marché pour les Khas et les Méos, a été complètement brûlée. Quatre maisons seulement sont reconstruites. La population n'est point revenue.

Au pied de la petite éminence, dont j'ai parlé dans la correspondance à laquelle j'ai fait allusion plus haut, le chao Phakinay a placé son campement. Suivant les habitudes du pays il l'a fortifié par une palissade avec un petit fossé dont les terres forment un remblai permettant aux hommes circulant dans le fossé, de tirer par des créneaux installés à l'aide de bambous dans son épaisseur.

Cette fortification qui n'a pas moins de huit cents mètres de tour, grimpe ensuite sur la colline par un chemin couvert, étroit, et va entourer — comme elle entoure le camp — son sommet dont elle fait un refuge.

Fig. 70. — Maison destinée au général siamois.

Sur la hauteur point de cases. Le camp au contraire, en est rempli ; celles des soldats sont à peine à cinq mètres de la palissade ; elles en suivent les contours irréguliers. Celles du chao et de l'officier, sont dans les extrémités. Un beau bâtiment en bambous a été élevé au centre pour le général, quand il arrivera. C'est là qu'on me loge provisoirement.

Le chao est venu me chercher à ma barque accompagné de l'officier qui a évidemment l'ordre de ne pas nous laisser seuls ensemble un instant.

Je lui expose mon but. Je sais par les gens de la berge, qu'une lettre m'annonçant est arrivée hier soir.

Le chao, est un jeune homme de 30 ans, intelligent. Exécuteur des ordres des kaluongs, il me conseille d'attendre ici les troupes du général, et dit :

« Tout ce que je sais c'est que les habitants de Laï et les Hos sont venus mettre en sûreté leurs familles à Theng après avoir appris la marche des *gens de Chan* sur leur pays et qu'ils sont ensuite repartis pour Laï... »

Je conclus qu'ils y sont allés disputer le terrain.

« Ceux que vous appelez les gens de Chan, sont-ce pas les troupes françaises et annamites ?

— Ils sont commandés par celui que nous appelons Thao-Qua. C'est le chef de Muong Chan. Je ne sais pas s'il y a des Français, je ne l'ai pas entendu dire. »

Afin de savoir s'il craint ou désire mon départ pour Theng et aussi pour me renseigner mieux, je lui demande : « Si vous pouvez faire tenir une lettre de moi au chef français, j'attendrai ici sa réponse. »

— Bien, nous allons chercher. »

Il se consulte avec l'officier, un lieutenant siamois de 25 ans, et le gouverneur de Xieng-Kang que j'ai fait connaître dans ma correspondance de Paclaï. Ce mandarin, le premier qui fut envoyé à Luang-Prabang après la destruction, avait alors essayé de son habileté pour me faire rentrer à Bangkok avec le vieux Roi.

Il me regarde et me salue un peu gêné, je comprends qu'il n'y a rien de bon à attendre de lui.

Le résultat de leur entretien est que la lettre partira. Ils ne me le disent pas de suite mais je l'apprends par mon chef d'escorte qui vient me prévenir que trois hommes pourront être loués trente roupies chacun pour porter la lettre et rapporter la réponse.

Mon but serait de ne me mettre en route qu'après leur départ afin que le commandant de la colonne soit informé, de mon arrivée, avant qu'elle n'ait lieu, et que, s'il n'est pas à Theng, il envoie au besoin au-devant de moi.

Ngin est remis de la fièvre, mais Khè, a pris la dysenterie.

4 février. Les barques de Luang-Prabang vont repartir, je leur confierai ce journal pour MM. Cupet et Nicolon. Après en avoir pris connaissance ils l'adresseront au chargé d'affaires de France à Bangkok.

Khè, est devenu très malade, je me vois obligé de le renvoyer à Luang-Prabang par cette même occasion.

Voici les renseignements qui m'ont été rapportés hier soir.

A Theng se trouveraient trois mille personnes, fuyards de Laï qu'occupent les Français.

Sans doute d'ici à peu de jours il n'y restera que ceux qui n'auront pas peur ; les autres seront partis vers l'ouest ou sur Ngoï et Luang-Prabang.

Une troupe siamoise de trente soldats en route pour Theng, a appris la marche des Français sur Laï, elle a rebroussé chemin aussitôt. C'est elle qui se trouve maintenant sur le Nam Hou vers Muong Khoa.

Quelques soldats et un sous-officier sont restés à l'entrée du Nam Ngoua, la rivière conduisant à Theng, bien plus pour annoncer l'arrivée des bandes que pour défendre le passage.

Les gens qui avec les soldats, occupent le campement de Ngoï, sont des Pou-Thaïs, des Méos et des Khas. Les uns filent du chanvre, les autres tressent des corbeilles ou font des objets d'usage commun, pour se distraire. La besogne pour laquelle ils sont réquisitionnés est la construction des cases, l'entretien de la fortification, l'approvisionnement de bois et d'eau, etc.

Je n'ai pas apprécié la résistance que pouvait faire ce poste, ne sachant au juste ce qu'il y a de défenseurs et de vivres, mais je ne crois pas qu'une installation aussi vaste, qui peut être incendiée par une torche lancée du dehors, dont les remblais s'effondreront à la première pluie, dont les

Fig. 71. — Le chemin couvert.

palissades sont faites de gros bâtons, puisse être, autre chose qu'un épouvantail. Elle est, par exemple, installée sous ce rapport d'une façon remarquable.

Le chao et le lieutenant sont venus me dire à 10 heures que la lettre pour le chef de la colonne française pourra partir demain.

Je leur fais connaître que des renseignements particuliers, me donnent la certitude que les troupes françaises sont à Laï que le kaluong de Luang-Prabang en est convenu. Je n'obtiens point d'autre réponse qu'hier.

Je déclare alors que tenant absolument à être renseigné, je me rendrai à l'entrée du Nam Ngoua quelques jours après la lettre partie.

Le chao me demande une copie de ma lettre au chef français. Le kaluong de Luang-Prabang lui a donné pour instruction de se munir de cette pièce si le cas se produisait.

Je n'y vois qu'avantage, et de sa rédaction je vais tirer parti pour savoir la vérité sur la sécurité de la route.

Voici donc la copie que je lui fais remettre avec sa traduction.

« Au Commandant de la colonne française.

« Ayant été avisé de votre départ probable de Lao-Kai, je vous envoie cette lettre afin de vous demander en quel lieu je puis vous joindre ainsi que les commissaires siamois marchant à la suite de votre colonne.

« Le Général phya Surissak n'est point arrivé à Luang-Prabang, il en est proche ainsi que les deux officiers français, MM. Cupet et Nicolon.

« Mes instructions me prescrivant de vous joindre ou d'entrer en relations au plus tôt, je suis parti de Luang-Prabang le 28 janvier. Arrivé à Ngoï le 2 février, j'y attendrai votre réponse.

« Je ne puis dépasser ce point parce que le chao, chef à Ngoï, me prévient que la route de Ngoï à Theng est pleine de pillards et qu'il ne veut pas accepter la responsabilité de mon voyage n'ayant qu'une escorte insuffisante à me donner. »

La lecture de cette missive embarrasse le prince et l'officier. « La route, » me disent-ils, « est bonne jusqu'au confluent du Nam Ngoua. »

— Eh bien, mettez-moi en route pour ce point, j'y attendrai la réponse. »

On s'est résigné à cette solution.

Je pourrai partir pour le Nam Ngoua dans deux ou trois jours. J'ai rectifié en conséquence la copie ci-dessus.

L'officier Siamois, paraît, plus que le chao, ennuyé de cette solution ; il voit évidemment à un autre point de vue que lui, les résultats que ma présence hors de toute surveillance gênante, me permet d'obtenir.

Au moment de clore mon courrier, j'apprends que les Hos, en force à Tung-Xieng-Kham, au sud, dans le pays Pou-Eun, y auraient élevé deux nouveaux forts.

Je vois partir Khè avec ennui, seul de mon personnel il parle le chinois ; pour le conserver à la santé je suis forcé de le renvoyer.

Tous les autres se portent bien.

5 février. — Mes barques sont parties pour Luang-Prabang, ce matin emportant mon courrier, emmenant le malade.

La lettre pour le commandant de la colonne française aurait été expédiée à onze heures, aux mains de deux Pou-thaïs parlant annamite, et dont l'un a, une fois, été jusqu'à Hanoï. Le chao leur aurait payé dix roupies à chacun et fait don de 400 grammes d'opium. Une récompense leur aurait de plus été promise au retour s'ils sont bons courriers.

La susceptibilité siamoise est telle, que l'on n'a point jugé à propos de me faire connaître ces hommes par crainte que je ne les interroge ou que je ne leur confie quelque commission verbale.

On est responsable, par conséquent on ne me doit compte que du résultat. C'est indirectement que j'apprends les renseignements que je donne ; suivant l'usage on a pris le nom des parents et celui du village des deux montagnards qui ont accepté qu'on leur coupe le cou s'ils sont infidèles ou si, par leur faute, la mission qu'ils prennent, ne réussit point.

Je n'ai du reste point voulu mêler mes recommandations à celles du prince, il est avantageux de toujours laisser aux autorités indigènes la conduite des détails des affaires dont elles se chargent. Elles jugent et voient les choses comme ceux qui leur obéissent ; nous, tout autrement. Nous perdons de la considération qu'elles ont pour nous chaque fois que nous leur montrons notre ignorance de leur manière de faire et, si nous la savons, en intervenant dans les détails nous rendons ces autorités inutiles, leur ôtons leur prestige et les mécontentons.

Tout ce que je regrette dans cette affaire, c'est de n'avoir pu causer avec des hommes connaissant évidemment, au mieux, tous ces pays et en obtenir peut-être de bonnes indications.

J'ai dit hier qu'il ne restait plus d'habitants à Ngoï : les hommes qui y font le service, apportent quand ils quittent leurs montagnes pour venir accomplir la corvée, tout ce qu'ils peuvent avoir de provisions à vendre, afin de se munir de ce dont ils manquent quand ils repartiront vers leurs demeures.

Ces provisions, bien peu de chose, consistent en riz, viande séchée, légumes, animaux divers, domestiques ou sauvages, tels que chiens, chèvres, oiseaux pris au piège, etc... Chacun n'en apporte guère que pour quelques roupies valant.

Les chiens s'élèvent pour la garde ; un mâle adulte vaut trois ou quatre roupies. Ils sont de la race du Yunnan, dite sans queue, et sont surtout élevés par les Méos et les Yaos, populations originaires de Chine.

Une chèvre se vend deux roupies, un chevreau se paie la moitié.

Parmi les animaux pris au piège on voit des rats-taupes, des tourterelles ; Le Chao Ratcha Phakinay a ainsi pu avoir un de ces faisans argentés, dont M. Delaporte a donné l'image dans une des superbes illustrations du voyage de la mission de Lagrée, espèce assez répandue dans toute la région montagneuse du nord de la rive gauche du Mé-Khong.

La corvée actuelle, est extraordinaire, c'est pour un mois que ces hommes viennent avec leurs sabres ou leurs fusils, augmenter la garnison de Ngoï et faire la grosse besogne. Ils reçoivent une ration de riz et de sel, et travaillent, tout le jour, à toutes sortes d'ouvrages, pour améliorer cette nourriture.

Le tour du camp, est curieux à faire ; des hommes tressent des corbeilles de bambou, des paniers, etc. ; d'autres filent de la ramie pour des lacets de chasse ou des filets de pêche. Il en est qui font du papier très grossier, avec l'écorce du mûrier, comme au Cambodge et dans le bas-Laos ; ces hommes-là, sont des Laotiens venus des villages au sud de Ngoï.

Je note une réponse : « De quel arbre est cette écorce ? » « De celui qui fait la soie. »

Des Pou-thaïs, font bouillir de l'opium dans des bassins grands comme la main, des Méos taillent des vêtements dans de la toile de Kianka, ce chanvre, le haschi de tout l'Orient, dont on fait un si déplorable usage de la feuille, dans les régions de l'Indo-Chine où l'opium se vend cher.

Chacun, tire le parti qu'il peut, de son travail ; Laotiens, Pou-thaïs, Méos, peuvent ainsi faire une sauce ou un ragoût pour leur repas : seuls, les Khas, auxquels on laisse chercher le bois et l'eau pour tous, n'ont que le temps de griller leurs boulettes de riz au bout d'une baguette, opération à laquelle ils semblent se complaire. Riant des moqueries de ceux qui les entourent, ils mangent comme des gâteaux, ces petits pains, ajoutant à chaque bouchée, quelques tiges vertes de fougère, frottées sur du sel.

Je suis l'objet de la curiosité de tous ; n'importe quoi de ce que j'ai, excite leur admiration, les visages des gens montrent un étonnement si naïf, une satisfaction si vraie de pouvoir contenter leur curiosité même aux dépens de leurs petites occupations, que j'ai eu l'idée de faire à leur insu, des photographies de quelques groupes.

Dans l'une, une jumelle est braquée sur la montagne, chacun attend son tour pour y placer les yeux.

Une autre montre la foule regardant moudre et griller du café.

La plus curieuse, fait voir autour d'un tas de paille d'emballage, une vingtaine d'hommes, accroupis ou penchés s'en passant quelques brins, pris timidement au tas, n'ayant pas assez d'exclamation pour marquer leur surprise, et finissant par s'apercevoir que cette herbe qu'ils croyaient originaire de France, a été cueillie sur les berges du Mé-Khong.

Les femmes des villages voisins, viennent tous les trois ou quatre jours vendre des patates sauvages, des fleurs de bananier, de l'arow-rout, des tiges de rotin, des pousses de bambou, les produits de leurs jardinets et l'excédent de leur poulailler.

Ces marchandes sont des Khas, des Yaos, des Méos, des Pou-thaïs.

Fig. 72. — .... chacun attend son tour .....

Rien de drôle comme ce tout petit marché qu'à son arrivée, chaque bande de dix à douze personnes improvise.

La vieille femme comme la jeune fille connaît sa place dans le groupe compact qu'elles forment en arrière des corbeilles et des hottes. Aucune ne songe à attirer l'attention de l'acheteur sur ce qu'elle a, au détriment de sa voisine.

Accroupies, les coudes sur les genoux, les mains unies leur cachant à moitié le visage, elles semblent remplies de joie et comme un peu confuses d'avoir fait une trop bonne vente à chaque panier — bien plein — qu'elles échangent contre vraiment presque rien.

« Combien cette trochée de bananes ? » — Une boîte d'allumettes. » Ce paquet de citronnelle ? » — Une tasse de sel. »

« Je vous offre du tout cette pièce d'argent ? » — Je n'en ai pas envie, et je n'ai plus de sel ni d'allumettes chez moi. »

« Avec ces vingt sous vous aurez de quoi acheter le triple de ce que vous demandez ? »

La petite sauvage, consulte du regard ses compagnes : toutes, silencieuses, semblent approuver son hésitation. Cependant elle n'ose point refuser, tend la main en détournant la tête, jette comme un cri de regret quand son panier est vide, et fait passer la pièce d'argent de main en main jusqu'à ce qu'elle lui revienne, déclarée bonne.

Le plus ennuyeux pour moi c'est que l'on ne vend ni sel ni allumettes à Ngoï la population étant absente. Les femmes des forêts n'ont besoin d'argent que lorsqu'elles songent à orner le cou de leurs petits de monnaies menues, dont elles n'ont qu'une idée inexacte de la valeur.

Les gens de Luang-Prabang les entretiennent avec soin dans le système des échanges, ils vivent tranquillement, sans rien faire, et s'enrichissent aux dépens de toutes ces populations étranges, jetées par des troubles successifs, du nord, de l'est et de l'ouest dans cette immense région du benjoin, où elles ont cherché le calme.

6 *février*. — Maintenant que mon courrier est en route, le chao et l'officier ne font point difficulté d'avouer que Laï est au pouvoir des Français.

« La lettre envoyée par Kam-Sam à son frère, ou plutôt au phya Surissak, porte » me disent-ils, « que les chaos de Laï ont essayé de disputer l'entrée de leur territoire, avec sept cents hommes et que n'ayant pas été vainqueurs, ils sont allés mettre leurs familles en sûreté à Theng puis sont retournés vers Laï pour *rétablir l'ordre*.

Le chef de la pagode a dit à Ngin, que depuis huit jours, il savait, du chao, que les Français avaient pris Laï.

Tout cela ne m'avance guère plus que je ne l'étais en quittant Luang-Prabang ; j'ai lieu de croire qu'on ne sait rien de saillant ; si la marche de la colonne sur Theng avait eu lieu on ne pourrait me le cacher aussi longtemps.

Il y a eu, paraît-il, une panique sur le Ham Hou, au delà du confluent du Nam Ngoua, la population du nord de la rivière serait descendue en assez grand nombre à ce point. Les bandes chinoises auraient envahi le haut Nam Hou et causé ce trouble.

Les montagnards nommés Pou thaïs dam (thais noirs) à cause de leur costume de cotonnade noire, se voient conseiller de couper, suivant la coutume laotienne, leur chevelure qu'ils portent longue, relevée en chignon comme les Annamites. Je suis témoin ici de nombreuses — tontes — elles sont évidemment volontaires, mais on peut bien supposer qu'elles ne se feraient point si les gens étaient sûrs qu'en refusant de suivre ces conseils ils ne seraient pas molestés.

On ne donne pas les mêmes avis aux Méos et aux Yaos dont la chevelure est à la chinoise. Sans doute on priera ceux qui parlent annamite de taire aux Français qu'ils connaissent cette langue.

Ces moyens enfantins de limiter nos progrès, n'ont pour résultat que de les mieux faire connaître.

7 *février*. — Le chao Phakinay à qui j'ai proposé de le photographier dans l'appareil autoritaire du pays, a disposé des groupes des populations des montagnes en avant de sa case. Il a orné celle-ci de feuillage, et mis des tentures aux portes et aux fenêtres. Sur ces étoffes sont attachées une queue de paon et la dépouille du beau faisan.

Le lieutenant a aligné ses soldats en haie autour des princes, mandarins, etc... J'aurais bien voulu prendre une vue d'un côté du fort avec les gens au poste de combat, mais la défiance est telle que je n'ose le demander. Aussi bien, n'a-t-on peut-être pas idée d'une disposition particulière à prendre en cas d'attaque. J'imagine que le chao et les soldats se porteraient du côté menacé, que les autres se grouperaient n'importe où, accroupis, attendant, tremblants, de pouvoir fuir. Si je ne devais quitter Ngoï, demain, j'essayerais de donner quelques conseils, encore faudrait-il les dire avec prudence, éviter de faire croire à un danger plus sérieux et dont l'idée pourrait suffire à tout troubler.

Fig. 73. — Installation pour la photographie.
Le Gouverneur de Xieng-Kang et l'officier siamois, le chao Phakinay et son frère.

Je confierai au chao la caisse contenant les photographies avec ce qui dans mon bagage n'est pas indispensable, pour être expédié par occasion à Luang-Prabang.

Toujours c'est au dernier moment que l'on fait les préparatifs de départ. Le chao et l'officier ont espéré me garder à Ngoï, obligés d'y renoncer, ils viennent de commander barques et rameurs.

Les changements fréquents de bateaux et de personnel, en dehors des retards qu'ils constituent, ont l'inconvénient grave de ne donner aucune possibilité de retour en cas d'événements le nécessitant. A Ngoï, après avoir mis mon bagage à terre, mes pirogues sont reparties pour

Luang-Prabang. Au Nam-Ngoua les choses se passeront de même. On cherchera d'autres barques, dans l'intervalle, s'il fallait reculer rien de prévu.

Dire qu'on y pense, exciterait l'inquiétude. C'est le propre de ceux qui n'osent envisager le danger, de confondre prudence avec crainte.

Le gouverneur de Xieng-Kang a reçu l'ordre du chao après avis du lieutenant d'aller aujourd'hui au Nam Ngoua pour préparer mon installation ; j'ai inutilement dit que je n'en avais nul besoin, n'y voulant point faire d'autre séjour que celui forcé, le mandarin partira.

Son but est, je m'en doute, de préparer les gens à me répondre qu'ils ne savent rien si je les interroge, je dois me résigner à subir ces précautions pour ne pas les voir aggraver.

8 *février*. — Temps couvert, vent, petite pluie ; température moins froide qu'à l'arrivée.

Le chao, voulant faire bien les choses, a fait préparer six pirogues, dont une très grande que je monterai. J'en avais trois en venant de Luang-Prabang. Dans ces conditions deux me suffiront et je serai bien mieux. L'escorte aura quatre barques.

Les soldats sont indifférents ; les rameurs auraient préféré rester au poste, quelques-uns se font tirer l'oreille, mais juste assez pour le montrer ; à midi le chao et l'officier sont sur la berge, un quart d'heure après je pars.

Tous deux ont été corrects, conciliant des ordres sans doute contradictoires, ne laissant voir aucun ennui de mon départ. Il diminue leur troupe de six hommes, mais comme nous allons en avant, ma marche doit leur donner un peu plus d'assurance.

Au moment où nous atteignons le premier rapide, un convoi de six barques ou radeaux en sort, il ne m'est pas possible de savoir d'où il vient. Mes rameurs ne s'en soucient point et je m'y prends trop tard pour faire interroger les passants que le courant emporte.

Nous faisons la halte à Ban Pa-Kiem ; c'est le premier village que je rencontre intact depuis Luang-Prabang. Le ruisseau qui lui donne son nom, limite le grand groupe de soulèvements entre lesquels, depuis Ngoï, circule le Nam Hou. Dans ce petit trajet, un seul rapide, sans importance. Les eaux sont tranquilles entre les hauts monts coupés à pic, mirant leurs roches, nues comme des murailles, dans la rivière profonde.

La grande affaire des soldats, c'est, dès qu'ils sont à terre, la cueillette du bois pour un bon feu, la nuit. Tous, gens du sud, souffrent quand le thermomètre marque moins de 20° au dessus de zéro.

Ils ont du riz pour jusqu'au Nam-Ngoua ; chacun soixante cartouches, une couverture, un casque orné de jugulaire, plaque et pointe ; un sac très petit, ceinturon, giberne et fusil. L'uniforme est dans le sac, on le ménage le plus qu'on peut, et l'on se vêt n'importe comment.

Jusque très tard le soir autour des feux, mes hommes, les soldats, les rameurs parlent de ce qu'ils savent, formant autant de groupes différents. Conversations sans intérêt pour moi. Il y a des causeurs habitués à faire rire leur petit auditoire, d'autres racontent des voyages en les embellissant ; il y a des feux d'où ne viennent pas dix mots tous les quarts d'heure, d'autres sont animés, gais on n'entend jamais de discussion.

Nous avons fait une singulière rencontre à Ngoï ; un Cambodgien de Pnom-Penh est venu me saluer.

Depuis dix ans il vagabonde ayant, comme disciple d'un prêtre, quitté pour le Laos, le Cambodge son pays. Il vivait péniblement à Xieng-Kang travaillant pour sa nourriture tantôt sur le fleuve, tantôt dans les champs, quand les événements de Luang-Prabang ont amené dans ce canton, la levée d'une centaine d'hommes.

« On m'a demandé, » dit-il, « d'aller aider, je suis parti avec les autres. Le gouverneur de Xieng-Kang est mon chef, ici, il me fournit le riz, je ne gagne rien du tout, je voudrais bien rentrer dans mon pays. »

Les Cambodgiens du poste lui font bon accueil — après l'avoir interrogé — car ils sont peu confiants,

« Tu dis être de Pnom-Penh, sais-tu d'où sort le Grand fleuve ? » — « De Chaudoc. » — « Et où va-t-il ? » — « A Ka-Sutin. » Ses réponses à l'envers ont paru suffisantes.

Un autre Cambodgien se trouve dans l'escorte. Né à Siam, de parents prisonniers de guerre, il est depuis cinq ou six ans soldat. Se trouvant malheureux de son sort, il boit quand il le peut, dit-il, pour s'étourdir. Je crois que c'est surtout par goût car je ne l'ai vu que gris, depuis notre rencontre. Il faisait partie de la garnison de Ngoï et, est des six nouveaux hommes qui nous ont renforcés.

Mon cuisinier est tombé malade ; depuis hier il ne fait plus son service ; il s'est embarqué quand même, s'il ne se rétablit pas je le renverrai avec les barques.

9 *février*. — La manœuvre des perches commence à 6 heures du matin. Avant le départ les hommes ont préparé leur riz. Ils le mangeront vers onze heures après l'avoir grillé sous forme de petits pains. Le riz gluant est sans contredit bien plus avantageux que l'autre, on le cuit à la vapeur d'eau, il se mange froid. Les Laotiens et les montagnards le pétrissent alors dans leurs mains, en font des petits pains qu'ils remplissent de viande ou bien enduisent de sauce.

7 *heures* 30. Le pavillon tricolore déployé sur ma barque, a frappé les regards des gens d'une pirogue, apparue subitement à un coude en avant. En hâte leurs efforts arrêtent à la rive l'embarcation qu'entraîne le courant. Nous voyons leurs signaux, nos rameurs les rejoignent. Cinq hommes accourent sur la berge vers moi, me présentant deux lettres !

Ce sont des habitants de Theng, porteurs de nouvelles de la colonne française !

Enfin je vais savoir tout ce qu'on m'a caché !

Aussi émus que moi, mes Cambodgiens se pressent à mes côtés, pendant que je romps les cachets sur lesquels nos bateliers se jettent.

Dien-bien-phu (Muong Theng), 27 janvier 1888.

Le colonel Pernot, commandant la colonne de Laï-Chau à Monsieur Pavie, président de la mission française auprès de l'armée siamoise.

MONSIEUR LE PRÉSIDENT,

Conformément aux instructions que j'ai reçues de Monsieur le Général commandant la division d'occupation, j'ai l'honneur de vous informer que je suis arrivé avec ma colonne à Dien-bien-phu (Muong Theng) le 26 janvier à 4 heures du soir.

J'ai fait acte de possession sur ce territoire en arborant les couleurs françaises.

En raison des difficultés considérables que j'éprouve à me procurer des vivres dans le pays, mon séjour à Dien-bien-phu sera très limité.

Je me mettrai en route pour Tuan-Chau et Son-La dans une huitaine de jours.

G. PERNOT.

Dien-bien-phu, le 4 février 1888.

Le colonel Pernot, commandant de la colonne de Laï-Chau à Monsieur Pavie, président de la mission française auprès de l'armée siamoise.

Le 27 janvier dernier je vous ai envoyé un courrier pour vous informer de mon arrivée à Dien-bien-phu à la date du 26, et de mon intention de ne rester dans ces parages qu'une huitaine de jours en raison des difficultés considérables que j'éprouve à assurer le ravitaillement de mes troupes.

Je ne sais si ma lettre vous est parvenue.

Quoique les mêmes difficultés subsistent et menacent de contrarier mon séjour à Dien-bien-phu et les opérations ultérieures de retour, je me décide à rester ici jusqu'au 10 février pour augmenter d'autant les chances d'une rencontre avec la commission française que je désire vivement voir avant de mettre la colonne en route pour Son-La.

J'espère que de votre côté vous voudrez bien faire votre possible pour arriver au même but.

Le Général commandant la division d'occupation m'a informé du départ d'un commissaire siamois destiné à rejoindre la colonne. Je sais que ce commissaire est parti de Tanh-Quan pour Laokay le 11 janvier, mais je crains fort, qu'en raison de la longueur et des difficultés de la route, il ne puisse arriver à Dien-bien-phu avant notre départ.

G. PERNOT.

A peine ai-je lu, je clos mon journal, j'y joins les deux lettres, et par cette pirogue qui va descendre à Ngoï, je l'expédie au capitaine Cupet.

Je vais au plus vite vers Theng y ramenant les cinq courriers du colonel.

6 heures. — Nous voici arrêtés pour la nuit à Hat-Sâ, grand village détruit et dont les habitants ont disparu.

Afin de donner au plus tôt la bonne nouvelle de l'occupation de Theng par nos troupes à MM. Cupet et Nicolon, j'ai interrompu ce

Fig. 74. — Le cuisinier, l'officier siamois, les porteurs des lettres du Colonel Pernot, Ngin.

matin le journal de la route, et l'ai expédié par la pirogue porteur des deux lettres du colonel Pernot.

Puis nous nous sommes remis en marche fiévreusement !

Le colonel a fixé à demain 10, son départ de Theng, et je n'y pourrai, avec toute diligence, guère être avant le 16 ! Ma lettre l'atteindra-t-elle ? Où pourrai-je le joindre ?

Pourquoi les deux envois du colonel expédiés à huit jours d'intervalle m'arrivent-ils en même temps ?

La première correspondance aurait été retenue à Ban Phya Pahn, au village du mandarin laotien en vertu d'ordres des kaluongs de Luang-Prabang.

« Vous devez vous en retourner », a dit ce chef aux deux hommes venus à pied de Theng, « le port de cette lettre est désormais mon affaire. »

— Vous prenez notre lettre, c'est bon, nous ne la quitterons pas et la suivrons. » Et les deux hommes restèrent.

Le cinquième jour, le second courrier arriva.

Les trois nouveaux venus dirent au phya Pahn : « si vous ne nous laissez pas porter nous-mêmes nos lettres, un de nous va aller, prier le chef français d'envoyer des soldats pour nous accompagner. »

Le phya Pahn a aussitôt rendu la lettre qu'il détenait. Les cinq hommes se sont mis en route.

Arrivés à l'entrée du Nam Ngoua le chef du campement leur a fourni une barque.

La seconde lettre a mis cinq jours pour m'arriver. Il me faudra près du double pour faire le même chemin.

Je n'ai pas espoir de rencontrer le colonel à Theng. S'il ne marche pas trop vite et s'il fait un séjour avant Son-La, j'ai des chances de l'y atteindre en forçant mes étapes.

Les hommes de Theng me répondent tout d'abord que leur pays relève bien de l'Annam.

A peine ils ont vu nos soldats et déjà ils se disent Français et font les importants !

Ont-ils jasé, pendant que le carry cuisait au bord de l'eau !

Tous les rameurs, mes hommes, ceux de l'escorte formaient un cercle compact, pressé contre leur groupe. Que de questions on leur a faites ! Pas un instant ils n'ont été embarrassés pour y répondre :

« Combien y a-t-il de Français? »

— Mille, et mille Annamites. Le chef a cinq galons d'or sur les manches de l'habit, d'autres en ont quatre, trois, deux ou un. Il y a des médecins pour toutes les maladies, ils guérissent tout de suite. »

« Les a-t-on combattus? »

— Oui, deux fois, avant Laï. Une quantité de Hos sont morts; le reste a fui avec le chao de Laï et plusieurs de ses fils. »

« Qu'est-ce qu'ils disent aux gens? »

— Ils leur parlent très bien, annoncent qu'ils resteront sept ans dans le pays, qu'on doit faire les rizières sans plus craindre les Hos, paient tout ce qu'ils demandent: une piastre pour trois poulets, cinq pour un cochon. Tout le monde est content; on va sortir des bois et revenir aux cases. »

« Ont-ils des éléphants? »

— Non, des bœufs portent les vivres et les autres bagages; les Français ne mangent pas de riz, ils ont de grosses boules brunes qui donnent beaucoup de forces; les Annamites se nourrissent comme nous. Tous ont des habits chauds. »

« Qu'est-ce qu'ils font aux Hos? »

— Ils les tuent, sans peur que leurs amis ne les vengent plus tard! »

« Les bandes dont les chefs sont allés à Bangkok, ont-elles aidé les gens de Laï, dans les combats? »

— Non, elles sont dans l'est de Theng pour en garder les routes. Celles qui ont combattu les Français sont celles qui l'an dernier ont pris Luang-Prabang. »

Je demande à mon tour :

« Les Français ont-ils un pavillon comme celui de ma barque? »

— Oui, mais il est bien plus grand! Nous avons demandé cinq piastres pour notre course; davantage est promis si l'on est satisfait. »

« Pour cela, vous pouvez être tranquilles! Maintenant vous êtes de ma troupe jusqu'à Theng, mangez de ma cuisine, aidez-nous au besoin. »

Personne ne dit son sentiment après qu'ils ont parlé, les rameurs sont prudents et les soldats gênés. J'ai dû dès le début, dire aux Cambodgiens de taire leur joie, je ne veux pas qu'elle choque.

L'officier me rend compte qu'ayant interrogé les Kéos (nom qu'au Laos on donne aux Annamites), il a lieu de croire le mandarin de phya Pahn, en faute. « Nous le verrons bientôt, » dis-je, « et saurons s'il a agi à son idée ou d'après ordre. »

En toute autre circonstance il aurait dénommé les gens de Theng, des Thaïs, c'est une nuance que j'observe.

La barque a emporté — outre mes lettres — trois missives en caractères chinois destinées au chao de Theng, et au fils du chao de Laï, tous deux revenant de Bangkok avec le Surissak.

Ses rameurs ont entendu notre conversation; ils ont de leur côté, toute la journée d'hier, causé avec les cinq courriers, et vont à Ngoï, ce soir, ôter la peur des Hos, aux gens, et mettre en gros souci, le prince et l'officier.

Un des courriers est monté dans la pirogue de Ngin, les quatre autres se sont répartis dans celles des soldats.

Je n'ai pas besoin de dire la joie que m'a causée cette heureuse nouvelle; voilà notre drapeau sur Theng! Merci à ceux qui l'ont mis sur ce point que j'avais presque atteint l'an dernier, que Lagrée et Garnier avaient marqué interrogativement sur la carte, et que Néïs avait noté d'un soupir!

Le Surissak aurait dû les y rencontrer il ne l'a pas voulu.

Princes et mandarins laotiens vont se réjouir intérieurement, ils se plaindront sûrement avec amertume aux Siamois de notre entrée en scène, mais ce sera autant pour les embarrasser que par crainte de se rendre suspects.

Le Nam Hou, depuis Pa-Kiem, a repris l'aspect d'avant les grandes hauteurs de Ngoï; il coule entre des petites collines dont la base meurt dans son lit qui se resserre davantage.

Point de villages, dans la course du jour; sans avoir un caractère sauvage, le pays n'est pas habité. La rivière est tranquille la moitié du trajet.

Vers midi, il avait fallu alléger les pirogues pour passer le Keng-mo, après lui les collines sont de plus en plus basses, la pente du courant s'accentue, de nombreux torrents à petit débit, descendent bruyants des roches, les rapides se succèdent jusqu'au confluent du Nam-Louang (rive droite).

Ce torrent, un des gros de la route, débouche au-dessus de Hat-Sâ, le village important détruit par les Hos, où nous sommes arrêtés.

Les habitants ont fui ; pas une seule de leurs cases n'a trompé l'incendie, leurs débris servent pour les feux des passants.

Hat-Sâ avait cent cinquante familles sur la berge ; leurs champs s'étalaient sur les pentes des collines avant et après le village. C'étaient des Laotiens. Leur pagode était auprès des roches d'où tombe le ruisseau. Celui-ci, détourné, arrêté à mi-hauteur, venait par un conduit de bois, tomber en cascade dans une sorte de citerne où les femmes remplissaient leurs seaux pour éviter la descente à la rivière.

Il y a six mois à peine que tout est supprimé ; déjà l'herbe pousse sur les ruines, les lianes enveloppent les poteaux calcinés ; de nos barques on ne se douterait pas qu'un des plus forts centres du Nam Hou, vivait en cet endroit.

10 *février*. — En marche dès le jour, je pense être au Nam Ngoua vers midi.

J'ai une très belle barque ; rien n'indique mieux que ses dimensions, l'état de navigabilité du Nam Hou aux basses eaux ; longueur 18 mètres, largeur $1^m,60$, profondeur $0^m,45$, sa charge, cinquante piculs (trois tonnes), trois hommes pour la manœuvre.

C'est une barque comme celle-là qu'on eût dû me donner à Luang-Prabang, mais les kaluongs tenaient à me gêner, à me rendre le voyage pénible, à montrer aux princes et aux mandarins, le peu de souci que je leur inspirais. Je suis bien convaincu qu'ils n'ont réussi qu'à mieux faire voir combien, chez nous, la pensée de l'exécution d'un dessein, primait toutes les considérations.

J'ai dit hier soir, au chef de l'escorte, qu'il serait utile pour ne pas perdre de temps à l'entrée du Nam Ngoua d'envoyer de nuit, un homme prévenir que j'étais proche.

« C'est inutile, si nous ne trouvions pas de pirogues pour remplacer les nôtres, le gouverneur de Xieng-Kang qui nous attend, est autorisé à les garder. Quant à la vôtre, trop grande pour le Nam Ngoua, on pourra la laisser à ce mandarin afin de l'avoir pour notre retour à Luang-Prabang. » Puis il a ajouté :

« Elle appartient à des gens venus pour la charger de riz à Ngoï, le chef du village l'a réquisitionnée avec son personnel. En la laissant au Nam Ngoua et en emmenant avec nous ses hommes comme rameurs vers Theng, nous sommes sûrs d'être menés rapidement car ils ont hâte de revenir ; on manque de vivres dans leurs maisons, ils savent que leur absence inquiètera, nous serons bien servis. »

Je comprends maintenant la mauvaise humeur qu'ont laissé voir ces malheureux au départ, me voilà confus de l'embarras dans lequel ils sont à cause de moi. C'est ainsi que le régime du pays permet aux autorités d'agir. C'est aussi pour cela que la plupart des villages sont abandonnés ; on a autant de crainte des réquisitions et corvées qu'on a eu peur des Hos ; quand la tranquillité sera rétablie chacun reprendra assurance, en attendant, les plus simples paient pour les plus au courant des usages, ils font leur éducation !

De pareils procédés employés à notre intention sont de nature à nuire à notre prestige. On reconnaîtra qu'après cette expérience il serait sage de revenir à la manière ancienne de location par les chefs et des paiements par nous.

De Hat-Sâ jusqu'au confluent du Nam Ngoua, la rivière conserve son aspect, nombreux rapides, lit plus resserré, petites collines à base rocheuse couvertes surtout de bambous.

Le Keng Hat Châ, le dernier, nous obligera à porter par terre le bagage jusqu'à la halte.

Le temps s'assombrit vers le milieu du jour. Une pluie fine ne tarde pas à tomber. J'avais pensé être de bonne heure à la dernière étape du Nam Hou, nous n'y serons que vers le soir.

Je pense que le mandarin qui a retenu la lettre du colonel, a, au même moment envoyé un courrier à Ngoï. La nouvelle de l'occupation française devait donc être connue du chao et de l'officier avant mon arrivée. Elle sera sans doute parvenue à Luang-Prabrang vers le 4 ou le 5 février. Je ne doute plus qu'ils m'ont voulu tromper, et je suis inquiet sur le sort de la lettre que je leur ai confiée.

Je me suis entendu avec les gens de Theng ; ils me quitteront après un jour de navigation dans le Nam Ngoua emportant une lettre qu'ils pensent remettre au chef de la colonne deux jours avant mon arrivée.

Ils passeront par des sentiers à travers la forêt. Je ne puis mettre moins de sept jours à parcourir la rivière, si je n'étais absolument épuisé je tenterais de les suivre, je n'en suis plus capable.

Je suis satisfait de voir cette solution leur convenir car j'ai véritablement honte de ma misère, je n'ai que du riz à leur donner. J'ai des œufs pour trois jours et des poulets pour cinq, avec ça, six boîtes de conserves ! Depuis Luang-Prabang je n'ai rien pu acheter qu'à Ngoï et c'est si peu de chose que je me demande comment s'opérera mon retour !

Ce qu'on trouve n'est pas cher, les gens ne savent pas profiter du besoin de l'acheteur ; j'ai eu à Ngoï un cochon pour trois piastres, j'en offrirais inutilement le double ou le triple désormais, il n'y a plus rien du tout.

4 heures 30. — La halte est atteinte. Le gouverneur de Xieng-Kang m'attend sur la berge ; il me dit :

« Pas une seule barque n'est disponible ici, il vous faudra garder les vôtres. Si vous préférez faire la route à pied, je puis vous donner des Khas pour porter vos bagages et ceux de votre escorte. « Il faut le même temps par les deux voies. ».

— Je désire suivre la route la meilleure et la plus prompte, entendez-vous avec ceux-là qui les connaissent et avec le chef de l'escorte, ma barque en tout cas, ne peut pas monter le Nam-Ngoua, elle est trop grande. »

Après s'être consultés, le mandarin et quelques petits chefs reviennent auprès de moi :

« Vous aurez deux petites pirogues pour remplacer la vôtre, combien vous faut-il de rameurs ? »

— Je vous prie de faire pour le mieux, vous savez quel nombre est nécessaire, ce que vous préparerez me conviendra. je demande seulement le départ pour demain au matin. »

Je sais par les hommes de Theng que le sentier à peine tracé, court dans les ravins des nombreux affluents, gravit de grandes hauteurs et ne rencontre aucun village. Des courriers tout dévoués le parcourront vite, une troupe comme la nôtre risque de perdre du temps. J'ai des malades, je suis à peine solide, l'hésitation n'est pas possible ; il faut garder nos forces pour doubler les étapes quand à Theng, nous quitterons les barques.

9 *heures*. — Au moment où j'allais m'endormir, le chef de l'escorte vient me dire que ses piroguiers réclament contre la course qu'on veut de nouveau leur faire faire.

« Deux barques seront prêtes pour moi demain, m'a dit le gouverneur. Eh bien, si l'escorte n'est pas prête je partirai sans elle. »

Alors il insiste : le mandarin l'a chargé de me dissuader de partir. La route n'est pas sûre, il ne veut pas engager sa responsabilité pour une course désapprouvée par ses chefs.

Je le remercie. Je comprends qu'on cherche à me retenir ou me retarder sous n'importe quels prétextes, aussi je persiste.

11 *février*. — Le gouverneur s'est décidé à changer les rameurs de l'escorte. Je partirai après le déjeuner. Les courriers vont se mettre en même temps en route par terre.

Je leur remets la lettre suivante pour le colonel :

« J'ai reçu hier matin, en même temps, les deux lettres que vous m'avez adressées.

« Je vous ai écrit le 4 février de Ngoï, vous faisant connaître qu'au reçu d'un avis de votre marche, venu de Bangkok, je m'étais mis en route le 28 janvier.

« Je poursuis mon voyage avec toute la célérité possible ; la mauvaise volonté des autorités, me gêne plus que les obstacles matériels.

« Votre première lettre a été arrêtée et gardée pendant 5 jours à la frontière de Theng.

« Je m'en plains à Luang-Prabang.

« Je renvoie, aujourd'hui, par terre vos courriers ; ils se chargent en parcourant la forêt, de vous remettre cette lettre un jour ou deux avant mon arrivée.

« Je me rends bien compte des difficultés que vous éprouvez et je ne m'attends pas à vous trouver à Theng. Mais, comme je considère que ne point vous rencontrer serait profondément regrettable, je vous prierai de vouloir bien me faire connaître à Theng — où j'espère être peu après que vous tiendrez ma lettre — un lieu de rendez-vous. Sans retarder vos opérations je pourrai peut-être vous rejoindre.

« Vos cinq envoyés se sont bien comportés, ils ont fait de grands éloges des chefs et des soldats français aux habitants du pays dévasté par les Hos que je parcours. Leur voyage a eu un excellent effet en dehors de son but.

« Je vais m'engager dans le Nam Ngoua sitôt cette correspondance mise en route ; je voyage dans des conditions déplorables qui je le crains, ne se modifieront pas, plus tard il me serait peut-être plus difficile encore de vous rencontrer. »

A 8 heures 30 les cinq hommes sont partis, je remets, pour m'alléger, une partie de mon mince bagage, à la garde du gouverneur, je clos mon journal, et vais me mettre en route, il est 9 heures 15 du matin.

Je prie MM. Cupet et Nicolon de faire connaître au phya Surissak le retard qu'a subi la première lettre du colonel, je n'ai pas le temps d'écrire au chef siamois. Je compte toujours être à Luang-Prabang pour la fin du mois.

J'ai quitté le Nam-Hou à dix heures ce matin sur trois petites pirogues : les soldats en ont quatre.

Le mandarin a distribué vingt jours de riz aux soldats afin qu'ils en aient pour le retour.

Au moment où nous laissions la berge, deux radeaux de Pou Thaïs, l'accostaient ; n'ayant plus de riz dans leur village, non pas bien loin de Theng, sur le Nam Ngoua, ils viennent pour en acheter.

L'entrée du Nam Ngoua est dissimulée par des îlots rocheux ; le voyageur remontant le Nam-Hou ou le descendant, ne peut la voir qu'autant qu'il la connaît ou bien qu'on la lui montre. Le village où j'ai passé la nuit est à 7 ou 800 mètres au-dessous du confluent.

J'ai dit que le Mé-Khong avait ses eaux, cette année, beaucoup plus basses que d'habitude, le Nam Hou a le niveau de l'an dernier ; le Nam Ngoua est au contraire plus fort, ce dont je suis bien aise, car l'obstacle principal à la marche sur cette rivière torrentueuse est le peu de profondeur de certaines de ses pentes.

Elle a un débit abondant, un lit généralement étroit, un courant d'un nœud dans ses biefs, et, passe très vite sur leurs gradins. Sa profondeur moyenne est de 4 à 5 mètres dans les premiers, de souvent moins d'un mètre sur les seconds.

Les pirogues la remontent en sept ou huit jours et la descendent en trois. Je limite ce trajet au confluent du Nam Youm son affluent principal par lequel on gagne Theng. Quand, dans le pays on dit : remonter le Nam Ngoua, on entend qu'il s'agit d'aller jusqu'à Theng.

L'eau coule sur des roches parfois calcaires, généralement granitiques. Des bancs de galets, très nombreux, forment de fréquents obstacles.

Des petits affluents sans importance se succèdent, mais l'ensemble fait un apport sérieux. Aussi bien, la région est très humide, la plupart du temps on voit l'eau sourdre le long des bords de la rivière.

Le Nam Ngoua est destructeur des barques, elles frottent si souvent sur les roches dans son parcours qu'elles s'usent très vite. C'est sans doute pour cette raison que les riverains font fort peu usage de pirogues. C'est sur des radeaux de bambous qu'ils effectuent leurs courses même à la montée. En général les bateaux voyageant sur ce cours d'eau, viennent du Nam Hou, on n'en fait pas paraît-il à Theng. En revanche on est dans tout le pays d'une habileté rare pour la construction de sortes de cases flottantes ne craignant pas trop les heurts contre les rochers, ni les remous des rapides.

Ma barque vient de franchir sans peine le premier obstacle de la rivière, mais je fais décharger le bagage des deux autres par crainte d'accident. J'ai si peu de chose, que toute perte serait irréparable. L'officier imite mon exemple, les soldats le dédaignent.

Certainement le voyage doit peu intéresser ceux-ci, ils le font avec obéissance, sans montrer ennui plus que satisfaction. Ils dorment dès qu'ils ont mangé le matin ; s'amusent le long des berges en suivant les barques l'après-midi quand il fait chaud, ramassant des herbes pour les faire cuire, ou bien des fruits sauvages. Le soir, autour des feux, ils causent tard, bruyamment, bien plus que les rameurs, ne sont jamais gênants. L'un d'eux est Cambodgien, les autres sont Laotiens.

L'officier est de Raptri, ce pays du Siam, peuplé de cambodgiens prisonniers de guerre. Il sait quelques mots de leur langue. Son père est Siamois, « je gardais les buffles dans mon village, » m'a-t-il dit en riant, ce qui est une bonne note pour lui auprès de moi, les Siamois étant vaniteux.

On lui a donné un veston de capitaine parce qu'il n'y en avait pas de sous-lieutenant. Il sert depuis dix ans, dit du bien de ses chefs, me plaît beaucoup comme mes Cambodgiens.

Les pirogues arrêtées au pied du rapide, le passent l'une après l'autre.

En prenant ces notes, j'écoute un soldat jouant du Kèn dans l'une d'elles. Cet instrument — formé de tuyaux de bambou fin — que nous nommons orgue laotien, a des sons qui rappellent le biniou.

L'officier assis sous les ombrages du bord, regarde la manœuvre, sommeillant à demi.

Le tour de sa barque est venu. Tout jusque-là ayant très bien marché, les rameurs l'ont quittée afin d'aider à la cordelle les hommes qui cependant la tirent sans gros efforts. Manquant de direction la pirogue coule tout net, sous trois mètres d'eau. L'officier surpris et bouleversé, jette de grands cris en suivant le long de la rivière, un panier à moitié submergé que l'eau entraîne.

Sans peine on retire l'esquif, mais ce qu'il contenait est à peu près perdu ? Vingt jours de riz pour lui et deux soldats, tous leurs menus objets, tous les gris-gris pour la bataille ! Rien n'est plus dans la barque, tout est au fil de l'eau !

Il y a un instant, j'écrivais que, suivant mon exemple il avait mis à terre son bagage, hélas, ce n'étaient que les choses précieuses à son avis ; effets, armes, munitions !

Je lui dis : « Je continue la marche. Consolez-vous, je vous revaudrai ça. Allez au village d'où nous sortons réparer votre perte, au moins en riz, et joignez-nous demain à la halte du soir. »

J'offre au cuisinier, plus malade, de le renvoyer vers Luang-Prabang par cette occasion : il refuse et veut suivre.

12 *février*. — Brouillard très humide le matin pour partir.

A 8 heures nous voyons sur le bord d'un îlot, le campement du phya Pahn. Il a quitté son village, et est là — prêt à fuir — avec cinq ou six familles. J'ai pu acheter deux poulets.

Le Phya Pahn qui a retenu cinq jours la première lettre du colonel Pernot, est un vieillard d'origine chinoise usé par l'opium. Il a mis les cinq hommes de Theng, en route dès hier soir, et se défend avec indignation d'avoir retenu leur lettre au passage.

Je n'insiste pas comprenant très bien que le retard s'il a été causé par lui, l'a été en vertu d'ordres. Je n'arriverais pas à savoir exactement la vérité.

Les eaux de la rivière deviennent troubles, indiquant qu'il a plu fortement dans le nord.

L'aspect du pays est invariable, les hauteurs immédiates ont de cent à deux cents mètres ; presque à pic, elles ont juste la pente suffisante pour permettre aux bambous, à quelques arbres, de faire mordre leurs racines dans une croûte végétale qui semble peu épaisse. Elles nous dérobent la vue de monts très élevés qu'on perçoit par moments. Leur base, presque partout montre la roche sous des petits rotins, de grandes fougères.

Le bananier sauvage, dispute souvent la place aux bambous sur le sol. J'ai fait cette remarque non seulement ici, mais partout dans les forêts de l'Indo-Chine depuis le sud du Cambodge et du Siam, jusqu'aux frontières de Chine. N'est-il pas permis de croire que l'Abacca de Manille, y pousserait aussi.

La marche est plus rapide qu'à mon premier voyage. L'eau plus forte nous aide, et nos repos sont courts. Aussi bien les hommes ayant froid s'ils s'arrêtent, ne réclament de halte que pour manger.

L'officier ne nous a pas rejoints ; il a avec lui la moitié de l'escorte.

Jusqu'au milieu du jour quelques pêcheries abandonnées, signe de vie en temps calme, ont barré la rivière. En plusieurs endroits des gens, vus de loin occupés sur la berge, ont fui à notre approche. Ce sont, supposons-nous, des Khas, des Méos, ou des Yaos.

7 *heures* 30. — Au dîner de ce soir, j'ai ajouté à mon maigre carry, un plat d'algues exquises, enlevées au fond rocheux de la petite rivière. En voyant les hommes du convoi en faire provision à chaque place favorable, mes Cambodgiens et moi les avons imités.

Après le repas je mets en ordre, ma cueillette du jour : insectes, coquilles, etc., car ce qui est collection devra rester à Theng si j'y prends la route de terre.

Sous des gourbis sur la berge, les trois quarts des rameurs fument l'opium. Ils se sont installés de façon à ce que la petite brise courant sur la rivière, n'apporte pas vers moi, l'écœurante odeur de la malfaisante drogue.

C'est à cause de l'irréparable vice qu'ils rament tout le jour : il faut bien en effet qu'ils gagnent un peu d'argent s'ils veulent le satisfaire le soir !

Dans sa barque le soldat joue toujours du Kèn cet instrument aimé des Laotiens. Quelques hommes l'entourent, la plupart, de la voix l'accompagnent.

Leur chant va m'endormir ; je pense à nos soldats que je voudrais tant joindre ! déjà je trouve au son du Kèn les accents du clairon. Je rêve de mains tendues vers moi dans le lointain !

13 *février*. — A dix heures, c'est-à-dire après deux journées pleines, de marche, nous nous trouvons au lieu où, à mon premier voyage j'ai passé la quatrième nuit de route ; nous allons donc doublement vite.

Le soleil fait évanouir la brume vers midi. Après le passage du Keng Pahn, rencontre de trois radeaux chargés de coton. D'abord leurs gens cherchent à fuir : on les rassure :

« D'où venez-vous ? »

— Du Houé Doï. »

« Que craignez-vous ? »

— Les Hos. »

« Avez-vous des nouvelles de Theng, est-ce facile d'y arriver ? »

— Oh oui, c'est plein de soldats phalangsès. »

C'est la première fois que j'entends, dans ces pays-ci, dire notre nom à l'annamite.

Je ne demande plus rien ne voulant pas que l'arrêt se prolonge. Mais quelle hâte j'ai d'en savoir davantage !

Fig. 75. — Halte au confluent du Houé Doï.

Les rapides deviennent de plus en plus rapprochés ; grâce à l'eau abondante, nous les passons sans peine. A 2 heures, le confluent du Houé Doï (rive droite), où j'ai fait ma dernière photographie de l'autre voyage, est devant nous.

A 4 heures, nous sommes au grand banc de galets de Sup Teum. C'est là que j'étais le 17 avril dernier, quand arrivèrent les fuyards de Theng. J'ai mis trois jours pour faire le trajet qu'aux très basses eaux, j'avais fait en sept !

Là s'était arrêtée ma première exploration. J'entre dans un pays nouveau. Les gens s'accordent à dire que le Houé Sup Teum est juste à mi-chemin de Theng au Nam Hou ; à ce compte je devrais être au but dans la journée du 16, j'espère y être un peu avant.

Les rapides sont si rapprochés que la marche en souffrira, disent les rameurs. Il en est où l'on doit décharger le bagage. Au Keng-Kou, le chef siamois a coulé avec sa barque lorsqu'il évacua Theng.

En de nombreux endroits l'eau est très profonde, les perches n'atteignent plus régulièrement le fond, il faut longer de près les berges pour y prendre de l'élan.

La nature reste la même ; collines à pentes roides de hauteur variant entre cinquante à deux cents mètres ou au plus trois cents mètres, couvertes d'une végétation forte, où le bambou domine, rives paraissant inhabitées laissant cependant apercevoir de temps en temps quelque indigène craintif qui fuit dès qu'il nous voit.

L'officier nous a rejoints à la halte. Il a pu remplacer son riz, noyé le onze.

14 *février*. — A 8 heures 50, de fortes détonations sont entendues vers le sud-est.

« Des coups de canon ! » disent les rameurs, en se regardant effarés.

Je les rassure : « C'est le colonel français à la poursuite des Hos ! »

Halte pour déjeuner au débouché du Houé Keng-Mai (rive gauche), et au-dessus du rapide du même nom.

De grands soulèvements calcaires paraissent ensuite, la rivière sautant de rapides en rapides circule entre eux, pittoresque à l'extrême. Ces monts comme tous les terrains de cette nature, sont couverts d'une végétation luxuriante. Des cascades tombent des roches, laissant un dépôt luisant sur leur passage. Une forte odeur ammoniacale est répandue aux alentours de certains endroits où la roche dénudée, montre les ouvertures de grottes qu'habitent évidemment des nuées de chauves-souris

2 *heures* 30. — Passage du Keng-Kou trois mètres de différence de niveau entre les bassins qu'il unit. Le Keng Ka-Kim le suit; entre ces deux gros obstacles plus d'une heure est perdue.

A 4 heures, le Keng-Nguc oblige à décharger les barques. C'est l'avant-dernier de la rivière, demain nous passerons le Keng-Ngoï. Après lui la navigation est, me dit-on, commode. En somme c'est surtout à partir de Sup Teum, passé hier soir, que les eaux sont turbulentes dans le Nam Ngoua.

Je ne puis croire qu'à mon premier voyage les hommes n'aient pas eu la consigne d'être lents, sept jours pour faire un trajet accompli aujourd'hui en trois ! cela eût donné quinze jours pour le parcours du Nam Ngoua entier. J'espère l'avoir achevé demain dans la journée. Je veux bien tenir compte de la différence de hauteur des eaux et du nombre des barques, je n'en garde pas moins l'idée qu'on aurait vu avec satisfaction que je donnasse une opinion défavorable de la rivière.

Le poisson montant vers les frayères, nous a joints hier ! à chaque instant, les bateliers lancent des cris d'admiration saluant les bandes que montre la transparence de l'eau. Ils ont tout ce qu'il faut pour en prendre, sauf le temps !

Vers cinq heures je sens une odeur singulière; je m'ingénie à en chercher l'origine, elle semble venir de l'eau. J'ai l'explication du phénomène à la halte.

Deux sources sulfureuses, chaudes, jaillissent au bord de la rivière. J'y plonge le thermomètre — 56°.

J'en bois une tasse ; les gens me regardent stupéfaits.

« Autrefois dit un rameur, il y avait là une mine de sel. Les Annamites pour nous obliger à acheter leur sel, ont jeté du soufre dans le puits et l'ont comblé. »

Cette légende erronée montre que le sel venait du nord, au temps calme.

« Nous trouverons » disent-ils, « une autre source semblable à l'entrée du Nam Youm. »

Dans un voyage au sud du Siam j'ai signalé deux sources chaudes, sulfureuses, à Bang-Phra au bord de la baie de Bangkok et à Nam-Ronn au nord de Chantaboun sur une des têtes du Stung Mongkol-Borey. J'en ai également rencontré une dans le trajet de Xieng-Maï au Mé-Khong.

Nulle part les indigènes n'ent font usage, mais à Bang-Phra, ils m'avaient dit :

« Ces eaux ont la propriété de guérir les maladies des hommes dont la conscience est pure, elles font mourir les autres. Personne par suite, n'ose en boire. » J'en avais avalé aussitôt une tasse. Ils ne purent se décider à m'imiter.

Les traces des cerfs et des chevreuils sont partout au bord de l'eau,

Fig. 76. — Tout est vert sombre, l'eau comme les monts.

l'herbe est fraîchement broutée en maint endroit ; si les journées sont solitaires dans ce pays, proie des bandits Chinois, au moins les nuits sont-elles vivantes.

La nature a pris, depuis le milieu du jour, un aspect sauvage d'une incomparable beauté. Tout est vert sombre, l'eau comme les monts. Il y a de magiques unions de lianes et de bambous, de rotins grands et d'arbres petits sur les pentes. Les berges montrent une foule de plantes des terres humides que je ne suis pas habitué à voir. Quelle récolte intéressante si mon but ne l'était davantage.

Pourrai-je pas serrer les mains de nos soldats, demain ?

15 *février*. — Départ de très grand matin. La brume, s'ajoutant aux vapeurs des sources chaudes, fait qu'à peine les barques se voient.

A 7 heures, débarquement du bagage pour passer le Keng-Ngoï, le dernier gros obstacle. Nous ne trouverons désormais que des pentes dont le peu de profondeur et le fort courant font toute la difficulté.

A 9 heures le soleil lève le brouillard ; nous dépassons les secondes sources chaudes dont j'ai parlé hier soir.

A 11 heures, entrée dans le Nam Youm, nous débouchons sur le vaste plateau lacustre de Theng. Halte pour le déjeuner.

Enfin voici des gens à qui on va causer !

Premiers habitants vus, ils se montrent au bord de l'eau : ce sont des pêcheurs qu'attire la montée du poisson.

« Parlez-nous des Français ? »

— Ils sont partis hier matin à la poursuite des Chinois vers Muong Khoaï et Muong Mouei parce qu'ils craignent de les voir aller à Luang-Prabang et veulent leur couper la route. Ils n'ont pas laissé de garnison à Theng, il y en a une à Laï. »

« Savez-vous si le chef français a chargé quelqu'un d'une lettre pour moi ? »

— Nous ne l'avons pas entendu dire. »

Sitôt le repas pris, en route.

Le Nam-Youm est une petite rivière paisible suffisamment profonde, très sinueuse. Sa largeur est de 25 à 30 mètres. Elle semblerait un canal si ce n'étaient ses coudes. Son parcours se fait sans fatigue pour les bateliers. Peu à peu les hauteurs par lesquelles nous avons débouché sont laissées en arrière. Dans une brume bleuâtre on distingue au nord les crêtes de la ligne des eaux de la Rivière Noire et du Mé-Khong.

Sur le plateau la couche végétale a un mètre d'épaisseur, elle est étalée sur un sous-sol sablonneux très mêlé de gros gravier ; point de roches. Ni cases, ni gens, les Hos ont détruit les unes et fait fuir les autres.

C'est la première plaine à cultures que je vois depuis les plateaux semblables de Xieng-Maï et de Papao. Dans tout le pays, depuis Luang-Prabang, les champs sont sur les montagnes.

A 1 heure, nous dépassons le village de Sam-Mœun. Tout y est solitaire.

A 2 heures halte devant une immense citadelle aux remparts de terre. C'est le meilleur témoin de la possession de Theng par les Annamites.

Sur le sol, trace de petits campements, cuisines, fosses d'aisances, poignées de cheveux d'Annamites, nattes, vieilles hardes, vieux souliers...

Ce sont les emplacements des postes de garde de la colonne.

Nous entrons dans le fort.

La porte est défendue par une sorte de barricade construite quand, en avril dernier, les Hos ont annoncé leur marche. Les remparts sont surmontés des restes d'une sorte de palissade ou treillage en bambou dont nos soldats ont dû faire du feu.

« La citadelle est une œuvre annamite, » me confirment les rameurs. Elle a nom Khaï Xieng-Lé (fort de Xieng-Lé). Ses remparts sont élevés de 4 mètres. Les fossés ont fourni le remblai.

Je pense qu'elle a six à huit cents mètres de côté. La face Est, a un réduit pourvu d'un rempart semblable d'environ deux cents mètres, il contient la case du chef du canton.

Celui-ci emmené à Bangkok par le général siamois, est en route pour Luang-Prabang opérant son retour.

« Ce chef est un Ho, marié à une Ho. Il n'est, » me dit l'officier qui connaît bien Theng, « point aimé dans le pays, c'est le général siamois qui lui a donné sa situation. »

Les troupes françaises ont logé dans le réduit. Le colonel et sans doute les officiers, ont habité la maison délabrée du protégé siamois. Les soldats ont vécu dans plusieurs cases auprès, dans lesquelles des lits de camp en bambous, sont dressés. Beaucoup de gourbis, de cahutes tout autour, sont sans doute l'installation des soldats annamites.

Mes hommes et les rameurs, se répandent partout.

Ils ne me rapportent que des enveloppes déchirées, à l'adresse d'officiers de la colonne et une lettre point décachetée pour le Dr Cros, médecin-major de 2e classe.

Auprès des cuisines : les plumes de quelques poulets, deux bouteilles cassées, une boîte de conserves vide ! Il est visible que les gens du pays ont nettoyé la place.

Dans la chambre où a logé le colonel, je cherche à trouver une inscription à mon adresse sur une petite table ronde, ou sur les cloisons.

Je sors pour tâcher de rencontrer des habitants. Toutes les cases sont désertes.

Au même instant un grand incendie d'herbes éclate dans les champs. Impossible de voir qui a pu l'allumer.

Traces de quelques chevaux et bœufs. Je monte sur les remparts et en fais le tour. Une immense plaine de rizières d'au moins trente kilomètres de diamètre, s'étale au dehors limitée de tous côtés par les monts des lignes des eaux de la Rivière Noire du Nam Hou et de Nam Ma et par ceux entre lesquels passe le Nam Ngoua, au sud.

L'incendie favorisé par la brise, fait un très grand bruit, nous enveloppe de fumée, nous noie sous une pluie de brindilles noires.

Quand je reviens aux barques, deux habitants chargés d'un peu de viande de porc, débouchent des hautes herbes.

« D'où venez-vous ? »

— De Xieng-Chan village à une heure au nord. »

« Donnez-moi des nouvelles des Français ? Je vais vous débarrasser de votre porc, combien le tout ? »

— Une piastre. »

« La voilà, maintenant renseignez-moi ? »

Ce sont des jeunes gens, point hardis, ils ont crainte de parler franchement, me prennent pour un Siamois, à cause du costume des Cambodgiens et des deux ou trois soldats qui m'entourent.

« Combien êtes-vous de cents ? » commencent-ils.

— Nous ne sommes que ce que vous voyez. Soyez sans inquiétude, je suis le Français qu'attendait le chef de la colonne. Je marche à sa recherche. »

« Il est parti hier matin, pour Khoai et Mouey où sont les Chinois; il va les combattre. »

— Ma lettre lui est-elle parvenue ? Savez-vous s'il y a répondu ? »

« Je n'en sais rien, je vais chercher ceux qui ont fait la course. »

Quand j'ai dîné, ne voyant pas l'habitant revenir, pensant qu'il se dérobe, j'appelle Ngin.

« Si le cuisinier ne se sent pas capable de finir le voyage, je vais le renvoyer par l'occasion des barques. »

On l'appelle : Il veut suivre !

« Nous partirons demain, chacun prendra ses armes avec sa couverture, on se partagera les vivres pour les porter.

« La colonne a deux jours d'avance sur nous, mais en forçant la marche nous pourrons la joindre avant qu'il soit longtemps.

« Je me procurerai un guide dans le village.

Je laisserai aux rameurs le choix de s'en aller ou de m'attendre, dans un cas comme dans l'autre, je leur confierai mon bagage. »

Ngin est très content, les hommes ont entendu ; l'affaire est arrangée.

Il va vers l'officier et l'amène. Je recommence mon explication.

Après avoir tout dit je ferme le roof de ma barque d'une toile, pour que rien ne me retarde, et me mets à écrire afin de faire demain, quand je m'en irai d'un côté, partir ce journal de l'autre.

Les renseignements me montrent Khoai à cinq journées de Theng. Trois montagnes de plus de 1 000 mètres à franchir.

Quoique j'entreprenne une course d'une durée incertaine, je n'annonce point à mes futurs compagnons Cupet et Nicolon, que la date de mon arrivée à Luang-Prabang est changée. J'ai marché si rapidement sur le Nam-Ngoua que j'espère être de retour dans le délai premièrement indiqué.

Ils verront sans doute de l'étonnement chez ceux qui connaissent le trajet, lorsqu'ils leur diront que j'ai, du Nam-Hou, gagné Theng en quatre jours.

Maintenant je me souhaite quelques jours de santé. J'ai observé du reste que pour les coups de collier, la fièvre, généreuse, me laissait du répit.

Vers 9 heures du soir, quand j'allais m'endormir, des habitants se présentent conduits par le porteur de ma lettre du 11 qui n'est arrivé à Theng qu'aujourd'hui !

Il est prêt à continuer sa route.

« C'est bien tu seras guide, et bonne récompense ! »

J'ai donné 5 piastres à chacun des courriers lors de notre première rencontre, cela fait qu'on ne craint pas sa peine, sûr qu'on sera payé.

Alors il dit :

« Les chefs de Theng sont dans le fort, ils attendent de savoir si vous les voulez voir ce soir ou bien demain. J'arrive tard parce que j'ai été loin, les prévenir de votre présence. »

Je ne me doutais plus que Theng fut vivant au point d'avoir des chefs.

Ils arrivent quatre, et me content très vite que le colonel m'a attendu jusqu'hier, et qu'une lettre de Khoai, venue demander aide contre les Hos, l'a forcé au départ.

Ils se mettent à ma disposition et m'offrent un poulet et un petit sac de riz.

J'accepte le poulet et les prie de garder le riz dont ils manquent. Je leur donne une douzaine de petites pièces d'argent pour leurs enfants et demande si, en payant bien, je trouverais quatre ou cinq hommes pour porter mon bagage.

« Vous les aurez demain matin. »

Le départ étant ainsi mieux réglé, j'appelle les chefs des barques.

« Une pirogue portera demain mon courrier à Ngoï. Les autres m'attendront. »

Je prendrai le strict indispensable en toutes choses et en hommes, afin de marcher vite.

J'ai prié le chef de l'escorte d'écrire au général siamois pour le mettre au courant.

Je n'ai pas manqué de parler et d'agir de façon à lui montrer que nous travaillons au même but : il assiste aux conversations, je ne lui cache rien, et j'espère qu'il m'aidera à mettre au point, son chef et tous les autres.

16 *février*. — Jusqu'à Khoai, il y a trois villages, Fang, Hang, Houoc. Cinq jours de marche. Quoique je ne pense pas que la colonne séjourne en route, j'espère la joindre à Khoai.

Des habitants de Theng arrivent vendre des cochons; ils n'ont plus de riz pour les semences ! Je leur dis de prendre confiance que l'heure de la prospérité, pour leur très beau canton, est toute prête à sonner.

Il est six heures, je me mettrai en route à neuf. Je clos mon journal.

J'allais partir quand le chef de l'escorte ne pouvant décider quelques-uns de ses rameurs à l'accompagner et à porter les vivres de ses soldats m'a fait perdre deux heures à lui en louer six.

Les barques, sauf celle emportant le courrier, restent à Theng sous la garde de six soldats.

Mon escorte sera donc de sept hommes en comptant l'officier. J'ai six Cambodgiens ou serviteurs, et huit gens du pays loués pour mon bagage, l'escorte en ayant six pour le sien, nous sommes vingt-neuf en tout, y compris le petit Bac-Pann et son père qui veulent voir les Français.

Les autorités de Theng sont venues m'assister. Elles comptent sur le prochain retour de la colonne !

« S'il n'y a point de forces dans le pays, personne n'osera travailler aux rizières ! »

L'étape devait être doublée et nous mener à Fang mais, par suite du retard, nous ne pourrons y arriver avant la nuit. Nous nous reposerons en forêt, au bord du Houé Pa, petit affluent du Nam Youm.

Autant que je m'en rends compte nous avons près de huit kilomètres à faire pour atteindre les contre-forts de hauts monts, debout du Nord à l'Est.

Le chemin est bien tracé. « Vous trouverez », disent nos guides, « sa terre damée par la colonne française ; sur tous les ruisseaux de la plaine, avant son départ, nous avons fait des petits ponts en lamelles de bambou tressées ».

Au moment de prendre mon bâton, je m'aperçois que quatre habitants se joignent à nous. Ce sont les courriers du colonel. Ils vont chercher leur récompense.

Je les engage aussi pour aider à porter, on ne sait pas à quoi je puis être réduit. Si la colonne ne fait pas de séjour j'aurai de fortes étapes à faire pour la joindre. Il est utile que les hommes ne soient chargés que légèrement. J'ajoute cependant mon appareil photographique au bagage primitif.

Derrière le guide je marche le premier, Ngin ferme la petite troupe avec deux des soldats.

A un coude du chemin, à trois kilomètres de Theng, le guide a fait un bond dans les grandes herbes à droite. Son air effrayé, une quantité de mouches sorties de gauche en même temps, m'ont fait craindre un guêpier. Je me suis reculé, arrêtant tout le monde dans le sentier étroit.

Le guide a dit : « Un homme ! »

Je me suis approché, penché, j'ai pris sa main. Il a tressailli puis demandé : « à boire » parlant en annamite.

Il était nu, couché sur l'herbe et sur ses vêtements. Une couverture de laine rouge, neuve lui servait d'oreiller. Les déjections autour montraient qu'il mourait de la dysenterie.

Il n'a pu avaler l'eau puisée au ruisseau. Son corps demi-raidi, ses yeux luisants, ses dents serrées, disaient que l'heure, la dernière pour lui, était très rapprochée.

Impossible d'obtenir une parole, sa bouche ne s'est plus ouverte devant nous. Sur sa veste de cotonnade brune, j'ai lu le n° 142. Sans doute c'est un coolie au service de la colonne.

Rien à faire ; le transporter à Theng serait le torturer. Je lui ai laissé une provision d'eau et de riz cuit pour attendre mon retour — à cause de l'impression à donner aux hommes de mon petit convoi, car je vois bien qu'il n'y pourra toucher. Quand je reviendrai nous le mettrons en terre.

Pauvre garçon : ce n'est pas le premier sans doute ni le dernier que perdra la colonne. Ses cheveux n'étaient pas en chignon. Il les avait sans doute coupés au départ du Tonkin.

Quand je reprends la route, j'entends un soldat dire : « son ventre était comme celui des gens usés par l'abus de l'opium ! »

Vers une heure nous sommes entre des éminences légères sortant comme des îlots de la grande plaine lacustre.

A un détour, nous nous trouvons à la jonction de la route de Muong Lai.

Cent mètres plus loin, des gourbis, des cabanes régulièrement dressés, montrent un campement de la colonne sur une pente de mamelon. L'effet est pittoresque, il arrache à tous les hommes des cris d'admiration.

« C'est en venant de Laï, » nous dit le guide, « que la troupe française a campé en ce lieu, ne sachant pas encore si Theng allait être défendu par les Hos ou bien abandonné ».

Le Houé Fa, un joli ruisseau va vers le nord, joindre le Nam Youm dans le haut du canton. Quand il est traversé, le sentier suit longtemps son cours à peine sinueux.

Les hauteurs entre lesquelles il passe sont d'abord dénudées, les longues herbes, seule végétation de leurs premières éminences, ont été brûlées, celles-ci sont par suite laides à voir mais donnent le paysage avec une grande clarté.

Peu à peu, la forêt se forme, ce sont d'abord les diptérocarpées des terrains secs, ces mêmes espèces si répandues dans toute l'Indo-Chine.

La plus commune est le dipterocarpus magnifolia, ses feuilles mortes couvrent totalement le sol. Ses branches, nues à cette époque, montrent sous un aspect particulier les collines qu'il peuple, concourant à une sorte de transition naturelle, point choquante, entre les coteaux brûlés et la forêt exubérante dernière partie de l'étape d'aujourd'hui.

Tout près d'arriver sous les grands ombrages, halte au bord de l'eau pour en boire.

Les gens de Theng profitant de l'arrêt, coupent de gros bambous qui leur serviront de marmites pour faire cuire le riz.

« Depuis longtemps, » disent-ils, « chez nous personne n'a plus vases en terre ou en métal. Le bambou seul nous sert pour tous les usages de cuisine ! »

A trois heures 30, traces de stationnement de la colonne française ; c'est là qu'elle a passé la nuit du premier jour de marche.

Cinq minutes après, le long du ruisseau, gourbis et cabanes comme ceux déjà vus sont alignés sur les deux berges. Là-bas le cantonnement avait la couleur des feuilles mortes, celui-ci est très vert. De grandes palmes, des feuilles de bananiers sauvages, ont servi à faire toits et cloisons, elles semblent coupées depuis une heure au plus.

Jolie photographie à prendre..... pour le retour.

Le chef de l'escorte, marchant derrière moi me fait, dès en entrant au camp, remarquer que je passe, sans le voir, devant un Annamite étendu sur une brassée d'herbes dans la première cahute.

Celui-ci peut parler ; il est d'Hanoï.

Auprès de lui, deux fruits sauvages, et du riz sec. Il montre sa poitrine, côté droit, côté gauche, et le derrière de ses épaules, disant : « J'ai chaud ici, froid là. » Puis il tousse et se lamente un peu.

Je lui fais tout de suite donner un de mes précieux œufs, du riz, du porc, de l'eau.

« Je partirai avec vous, » me dit-il, « j'ai peur de mourir seul ici ».

Le malheureux peut à peine se traîner ; je ne puis l'emmener.

« Theng, n'est qu'à quatre heures, la route n'est point pénible, je vous donnerai du riz et une lettre, vous irez petit à petit, joindre mes barques et m'y attendre. »

Pendant que je lui parle, mes hommes ont installé le bagage dans la plus belle cabane, les soldats ont pris un grand gourbi à gauche, les porteurs un autre sur la droite.

J'entends des hommes dire : « ce gourbi était pour les Français, celui-ci pour des soldats Kéos. »

Je cherche à reconnaître l'indice qui les guide et ne le vois pas.

« Les Annamites font du feu près d'eux la nuit, les Français s'en passent, » me dit-on en riant.

Réconforté le malade a quitté son tombeau et se dirige à quatre pattes vers la cuisine pour avoir chaud. Il demande de l'opium.

Personne dans la troupe ne fume cette drogue abominable. La plupart des rameurs laissés à Theng y sont au contraire adonnés, et c'est là, la raison de leur refus de venir avec nous.

Un des hommes de Theng, a pitié du misérable. « Je ne fume pas l'opium, je le mange, veux-tu faire comme moi ? »

Et d'une petite boîte en corne, il sort, au bout d'une brindille, un peu de la pâte noirâtre.

« Je ne sais pas le manger.

— Tant pis nous n'avons pas de pipe ! »

Il s'est fait un grand tort dans l'esprit de tous en parlant de l'opium ; la commisération se change en indifférence, on se moque même de lui.

Je ne l'abandonnerai pas, mais son mal ne lui fera pas grâce, aidé par le vice que le bas prix du poison, répand dans ces régions.

Les gens de Theng ont les usages des Annamites. Ils mangent avec des baguettes. Je le fais remarquer au chef de l'escorte.

« C'est drôle, » dit-il, « ces hommes se passent de marmites, de bols, et mangent sur des feuilles, mais ils ne voyagent pas sans des baguettes dont ils pourraient bien mieux ne point s'embarrasser ! »

Lui, depuis qu'il est aspirant officier, a cessé de manger avec ses doigts et il s'embarrasse en route d'une cuiller à café.

J'avais craint d'augmenter la distance entre la colonne et moi — étant parti tard ce matin — cependant voici sa première étape faite. Nous tâcherons demain de faire plus que la deuxième.

Les soldats, les porteurs et mes Cambodgiens s'endorment sitôt qu'ils ont mangé. Les gens de Theng causent tard autour du feu.

« Où iront les Hos en fuyant la colonne ? » se demandent-ils, « sans doute vers le Song Ma, à Muong Et, à Xieng Kho ?

« Qu'est-ce que le chef de Theng, nommé par les Siamois, revenant de Bangkok, va faire à son retour ? »

Puis ils parlent pour moi, voyant qu'ils m'intéressent :

« Si ce n'étaient nos femmes et nos enfants, nous aurions demandé aux Français de les suivre.

« Notre pays est beau et riche en riz ; si la tranquillité y était assurée, il serait vite peuplé, non seulement par les anciens habitants mais aussi par des gens fuyant d'autres pays troublés.

« Autrefois on venait de Luang-Prabang en barque, nous vendre du poisson, acheter la récolte. Nous n'avions pas besoin d'aller au nord chercher du sel, on savait notre canton fertile, les Méos, les Yaos, les Moïs faisaient tout le négoce, tous les transports.

« Le chef français reviendra ; nous l'attendrons pour faire nos champs aux pluies ? »

N'osant leur donner une pareille assurance, je demande :

« Que sont devenues les bandes chinoises qui de Theng menaçaient de descendre vers Luang-Prabang ? »

Ils semblent surpris : « Ne savez-vous pas qu'elles ont fui sans combattre et pris la route à l'Ouest du Nam Hou ? »

Le souvenir de la panique qu'elles ont causée sur cette rivière et que j'ai signalée le 6, me revient alors ; puis je me demande s'il n'y aurait pas un rapport quelconque entre leur choix de cette direction et les 2500 roupies dont m'ont parlé, le 25 janvier, les Nhiaus protégés anglais, et la même somme demandée de Ngoï par la lettre que j'ai reproduite le 29 décembre ?

Sans dire ma pensée, je change de sujet :

« Quel est le point principal d'approvisionnement de ces cantons et de ceux du Song-Ma ? »

— C'est Tak-Hoa, sur la Rivière Noire, d'ici pour s'y rendre, il nous faut huit jours. »

Je note ce renseignement, me rappelant que dans ma lettre traitant la question du voyage de Theng à Tak-Hoa, j'ai fait connaître que l'itinéraire du chef siamois m'indiquait dix-neuf étapes, vers le sud d'abord, vers le nord-est ensuite, pour arriver par-dessus des montagnes, à travers des forêts, sans passer par aucun village, à ce petit centre alors au pouvoir des Hos (20 mars 1887).

17 *février*. — J'ai fait en une seule, deux étapes très dures. les gens sont harassés, l'un est resté en route, je suis exténué.

Partis à 6 heures du matin nous avons fait halte à 6 heures du soir après deux ou trois petites pauses dans la route.

Je suis si fatigué par cette grande marche que je n'ai pas la force de dire grand'chose du chemin.

Nous avons gravi deux hautes montagnes de 1100 et 1400 mètres d'altitude et enjambé les trois premières sources du Song Ma.

En route, rencontre de deux Annamites de la colonne, l'un mourant, l'autre très malade. Approvisionnés de vivres, ils ont la consigne de regagner Theng et de m'y attendre.

A mi-chemin, nous croisons les guides de la colonne revenant de Hang, retournant à Theng. Je leur ai recommandé les malades, promettant cinq piastres de récompense s'ils peuvent les amener à Theng.

Ces hommes m'ont dit que nos soldats bien reçus à Hang, y séjourneraient sans doute. Cette supposition a donné du courage à tous, l'espoir de voir la course finir, a rendu les jambes aux plus faibles. L'homme resté en arrière a rejoint.

Dans la première partie du trajet, nous avons franchi les dernières sources de Nam-Youm, réunies dans le gros ruisseau Houé-Fang.

Sur le bord de ce cours d'eau se trouve le village de Fang, abandonné devant les Hos qui l'ont pour ce fait, brûlé dans leur retraite.

Un peu après Fang, deuxième campement de la colonne ; nous ne nous y arrêtons pas et escaladons une nouvelle montagne plus haute et plus abrupte encore que les autres. Elle limite le bassin du Nam Youm et par conséquent celui du Mé-Khong.

On marche alors dans le bassin du Song Ma, un des fleuves annamites ; trois torrents, séparés par deux chaînes de collines sont ses premières sources rencontrées. Elles se réunissent près de Hang pour aller à la branche principale.

Hang, où nous arrivons enfin est un village habité dont les gens nous prenant pour des Hos, se sont enfuis. Le chef seul se présente courageusement pour nous recevoir.

En nous voyant de près, en voyant qui je suis, il a pris confiance, la petite population est revenue. Il s'exprime ainsi :

« Les Hos étaient ici, quand le chef français était à Theng. Ils sont partis il y a dix jours après avoir épuisé toutes nos provisions.

« Ils sont allés à Muong Khoai où ceux de Muong Muey et de Son-La, les ont renforcés.

« L'armée des Français a dormi la nuit dernière dans nos cases nous lui avons fait un très bon accueil. C'est sur une lettre de nous, l'avisant de la présence des Hos qu'elle est arrivée.

« Elle a quitté le village ce matin pour Muong Houoc, et combattra les Hos après demain à Khoai.

« Je vous accompagnerai dans votre marche à sa rencontre. J'ai promis au colonel de le rejoindre.

« D'ici à Khoai, la distance est la même que pour aller à Theng. Il ne vous est pas possible d'y être en un seul jour. »

— Si le colonel me savait si près de lui, il m'attendrait à Houoc ; pouvez-vous me procurer un homme qui de nuit, lui porterait une lettre ? »

« C'est impossible, nous craignons de voir les Hos échapper aux

Français, et revenir. De jour ils ne prendraient pas garde à nous, la nuit, s'ils sont en marche, ils s'étonneraient que l'on circule à l'heure où tigres et panthères sont en chasse. Personne n'oserait faire la course. Si vous voulez, demain, avant votre départ, un homme partira ; n'étant pas chargé, il joindra l'armée le soir. »

— C'est entendu, je le paierai bien. »

« Oh ! pour ça nous ne sommes pas inquiets, les Français ne sont point comme les Hos, le colonel m'a acheté, et bien payé, cinq piculs de riz ! »

Il dit encore : « Si les Français tiennent garnison à Theng, j'irai y habiter. C'est un pays où la terre peut nourrir une grosse population.

« Voilà un an, que les Hos sont chez nous. Ils nous prennent tout, notre récolte, nos porcs, nos poulets, nos canards et nos chèvres. Ils veulent nos couvertures, les nattes sur lesquelles nous couchons. Quand nous n'avons rien, ils ne nous croient pas, ils nous maltraitent ou nous tuent.

« Dès qu'ils savent qu'une famille a une fille, ils se la font donner, elle devient la femme d'un Ho. Ils prennent nos femmes n'importe où ils les trouvent. Nous ne pouvons leur résister. Nos villages ne sont ni bien unis ni bien armés. La population de Khoai est dans les bois, ces voleurs sont dans ses cases. Ils sont environ mille dans nos cantons de Khoai, Mouey et Son-La. »

Je lui donne des paroles d'espoir, l'assurant que les troupes françaises rendront désormais la région tranquille.

Malgré ce qu'il m'a dit d'abord, deux hommes courageux se sont offerts et vont partir de nuit pour porter ma lettre au colonel.

18 *février*. — Il est cinq heures du matin, tout mon monde est aux feux pour cuire le repas qu'en route on mangera froid.

J'ai les jambes raidies et ne sais vraiment pas comment je reviendrai.

Le départ a eu lieu à 6 heures.

Route relativement bonne, mais porteurs fatigués, j'aurai peine à les décider tantôt à doubler cette étape.

Le chef du village ne s'est pas éveillé à temps pour être des nôtres ainsi qu'il en avait manifesté le désir hier au soir.

La végétation est surtout forte sur ce parcours, on ne saurait, sans peine, entrer sous bois en quittant le sentier.

Deux campements récents de Hos sur les bords de ruisseaux affluents du Song-Ma attirent notre attention. Près de l'un d'eux, un cadavre est sans sépulture ; vêtements chinois.

Le principal des affluents du Song-Ma rencontrés depuis hier, est celui trouvé le dernier, le Nam Kou, il est large de vingt mètres, profond de quarante à cinquante centimètres, gênant à traverser sur son lit de cailloux. Il faut le franchir quatre ou cinq fois pour atteindre Muong Houoc, beau canton dans la vallée. Rien n'est désagréable en route comme ces cours d'eau, ils glacent les pieds échauffés par la marche.

Quand nous entrons dans le premier village, ses habitants sortent de la forêt arrivent par l'autre extrémité. Ils viennent de suite vers moi.

« Hier les soldats français ont surpris ici, des Hos qui depuis plusieurs mois nous forçaient à vivre comme des sauvages dans les bois. Ces pirates ont pris tout ce que nous avions et tué nos cochons qu'ils ont mangés sans même nous en donner. Quand nous n'avons plus eu rien, ils ne l'ont pas cru et nous ont battu, nous avons fui dans les montagnes. Ayant su la marche de l'armée et le combat nous sommes accourus. Il y a deux cadavres chinois derrière cette case.

« Si vous allez jusqu'à Khoai ce soir, vous y trouverez le colonel français. Il a dû attaquer aujourd'hui les Chinois qui y sont très nombreux.

« Méfiez-vous sur la route, les Hos circulent sur tous nos chemins ; les soldats les font fuir mais ne peuvent les détruire tout d'un coup. »

Les porteurs sont fatigués, ils demandent à passer la nuit avec ces gens.

« Si nous ne joignons pas la troupe française ce soir », leur dis-je « il nous faudra pour arriver à elle, doubler l'étape demain. Finissons en ; que ceux qui sont hors d'état de marcher restent que les autres me suivent. »

Et me voilà parti. Tous se chargent mais pas le cœur content.

La plaine de Houoc est belle, très fertile, couverte de rizières, bordée des montagnes d'un énorme soulèvement calcaire tout plein de cavernes.

Quatre ou cinq groupes de cases sont épars sur les pentes des contreforts rocheux ou à leur base. Les guides nous montrent de très grandes maisons entourées de palissades, dominant les deux plus importants. C'est là qu'étaient logés les Hos avant le passage de la colonne.

Devant la dernière, les porteurs jettent à terre le bagage ; ils répètent leur prière de faire halte dans cette case immense, abandonnée.

Je refuse. Ils se mettent à manger. Quand ils ont fini, les soldats mangent à leur tour. Eux aussi sont à bout, et sans oser se plaindre, montrent leur sentiment.

Je suis bien fâché de leur peine mais je crains que les courriers partis ce matin n'aillent pas au but. Je n'ai pas vu leur trace sur le chemin. Je sens que le pays n'est pas sûr du tout. Je crains les accidents, il me faut le succès.

J'appelle mes Cambodgiens et je pars avec eux.

Les porteurs reprennent avec résignation leur charge, les soldats finissent leur repas.

A la fin des rizières, tout près de la forêt, un homme sort d'un hameau à 300 mètres à gauche ; il nous crie d'arrêter.

« C'est un Annamite traînard », disent les Cambodgiens.

Il est à quarante pas. Je vois de suite qu'il est Chinois.

Il commande : « Halte ici, posez votre bagage. Nous sommes vos amis, mes camarades et moi.

« C'est un Ho, » fait le guide, jetant à terre son paquet vivement.

Je crie : « Approche davantage » au nouvel arrivant.

Il me regarde, reconnaît un Français, ne sait plus comment faire, laisse tomber au long du corps ses bras levés pour appeler, et recule lentement.

Je me répète, il fuit!

Mes hommes le poursuivent, et les soldats se lèvent.

En se sauvant le Chinois hurle l'alarme : il arrive jusqu'aux cases d'où partent à cet instant quelques coups de fusils.

De tous côtés des Hos sortent surpris ; ils fuient en déchargeant sur nous, leurs armes sans viser.

Les soldats ont des casques qui les font évidemment prendre pour des Français. Ils s'avancent, tirent aussi, tout autant maladroits, font un feu effrayant!

Les Chinois gravissent en hâte la pente d'une colline, ripostent par des coups isolés et disparaissent emmenant un cheval qu'un instant j'ai pensé pouvoir leur enlever!

Les soldats alors entrent dans les maisons, y prennent un fusil et reviennent; ils n'ont plus de cartouches! Mes hommes retenus par moi, ont heureusement gardé les leurs.

Maintenant tout le monde a des jambes, la marche sera rapide!

L'affaire a ce bon résultat que quelle que soit l'heure, on ira jusqu'à Khoai sans souffler une plainte! J'ai peine à suivre le guide que deux soldats devancent!

C'était trois heures quand nous avons rencontré les Chinois.

Il en est quatre.

Voici que subitement les deux soldats reculent en relevant leurs armes et s'arrêtent interdits!

Me jetant devant eux, je crie: « France! » aux tirailleurs annamites dont le chemin est tout à coup rempli.

« Voici notre sergent français » me disent-ils, le montrant à deux pas.

J'embrasse le sergent.

« Avec le commandant Houdaille nous sommes tous volontaires, venus à votre rencontre !

— Merci, dites-moi votre nom, celui de votre pays ; je veux m'en souvenir ?

« Bonain, de Morlaix. »

Pendant que nous parlons, un sous-lieutenant débouche à cheval, une vingtaine de zouaves suivent avec le commandant et un second lieutenant.

« Vive la France ! »

Le commandant saute à terre. Comme on se presse les mains.

« Nous nous sommes battus toute la matinée, » fait-il, « et ça a été rude : il a fallu charger à la baïonnette pour faire fuir les pirates. Ils nous ont tué un zouave.

« Nous achevions de manger un morceau quand le colonel a reçu votre lettre.

« Personne ne pensait vous voir tenter une pareille course, nous croyions que vous étiez sans nouvelles de nous, et nous éprouvions une grande peine d'avoir eu un insuccès de ce côté.

« Votre marche courageuse nous a rempli de joie. Le colonel est content à l'extrême et vante votre énergie. Tous, nous nous sommes offerts pour venir vous chercher. Nous voici réunis c'est un très heureux jour.

« Je vous présente MM. le lieutenant Francez, officier topographe et le sous-lieutenant Holstein, chef du détachement. »

Je leur serre les mains et dis : « merci » aux zouaves, aux tirailleurs. Je puis à peine parler car je suis très ému. « Maintenant le Tonkin est uni au Mé-Khong ! »

Le Commandant reprend : « La colonne est trop loin pour que nous la puissions joindre ce soir ; nous allons retourner au val d'où vous venez. »

On se met en marche tandis qu'il répond à mes questions multiples :

« Nous sommes tous bien portants, officiers et soldats parce qu'on ne manque de rien dans la colonne. Nous avons tous les jours la ration de pain, vin, tafia et café. Il faut ça pour soutenir nos hommes. Sans doute vous en êtes privé ici et au Laos? »

— Dame : Je suis habitué depuis longtemps à m'en passer mais j'en goûterai avec grand plaisir puisque vous en avez. »

Alors il dit l'ennui qu'a éprouvé le colonel de ne pouvoir attendre à Theng davantage ; les difficultés de l'approvisionnement l'ont forcé au retour rapide vers le delta sans lui permettre de laisser en arrière un poste même provisoire.

« Le difficile dans la campagne que fait notre colonne est de nous procurer des moyens de transport; user des hommes pour porter les bagages est un fâcheux moyen auquel nous sommes astreints ; il nous reste à peine moitié de ceux amenés du delta, ou fuite ou maladie nous ont privés des autres.

« Nous avons un excellent médecin, plein de sollicitude pour tous ces coolies, les plus forts sont à sa disposition pour porter les brancards sur lesquels on place quiconque ne peut pas suivre.

« Nos provisions diminuent vite du reste, et les charges s'allègent.

« La grosse affaire, c'est l'artillerie. Pour franchir les passages que vous avez vu, sans retarder la marche, il faut des miracles de force..

« Nous avons des mules d'Europe mais elles s'épuisent avec une rapidité telle qu'elles sont presque inutiles. »

— Chers amis, » dis-je alors : « Pour les transports ici, il faut des mulets du Yunnam ou bien des éléphants, nous en reparlerons.

— Racontez votre course à travers ces pays, votre arrivée à Theng, les obstacles, le succès ? »

En quelques mots rapides, le commandant me dit la marche de Laokaï à Laï, du Fleuve-Rouge à la Rivière Noire, — dix longues étapes dans la grande chaîne des Talung Po ; — les difficultés pour gravir et franchir au « Col des nuages » à 1 700 mètres d'altitude, la ligne de partage des eaux ; l'entrée dans le canton de Laï, la résistance qu'y fit Déovantri le fils aîné du chef, au passage du Nam Na et à Bactann où on trouva après la rencontre, les culots de 3 000 cartouches brûlées contre nos soldats sans leur faire aucun mal.

Je l'interromps : « Déovantri est le nom annamite de Kam Oum qui prit Luang-Prabang en juin ? »

— Parfaitement. C'est un homme énergique et vaillant que tous dans la colonne nous avons admiré, plaint et bien regretté d'avoir pour adversaire ! Que n'a-t-il été notre collaborateur au lieu de celui qui nous guide !

— Laï était notre premier but. Après les campements dans le brouillard et sur le sol humide des montagnes désertes, nous aspirions à nous refaire — repos et vivres frais — nous nous hâtions vers ce lieu, vanté à l'avance, où nos efforts devaient tendre à rallier à nous et les gens et les chefs.

— Quand nous arrivâmes à la Rivière Noire, sur ce roc de Laï, vraie place pour château-fort, aux confluents des Nam Na et Nam Laï, tout était brûlé... le feu s'éteignait... plus un habitant !

— En même temps nous sûmes par quelques fuyards atteints dans les bois que Thuyet, l'ancien régent d'Annam et l'auteur du guet-apens de Hué en 1885, venait de s'enfuir ordonnant la destruction de tout et l'exode du peuple. »

Je souligne sa phrase : « J'avais en mars dernier signalé la présence de Thuyet à Laï ! »

— Dans ces conditions notre séjour fut court sur ces tas de cendres, le colonel y créa un poste avec garnison afin d'assurer nos ravitaillements et la marche continua.

— La belle vallée du Nam Laï prit feu devant nous ! Les récoltes mûres flambèrent sous nos pas ! Ce ne fut qu'au delà des monts que nous retrouvâmes des villages peuplés et un bon accueil !

— A Theng, nous passâmes vingt jours : les Pavillons Jaunes l'avaient évacué s'en allant vers l'Ouest, tandis que dans l'Est, les Pavillons Noirs prenaient leurs mesures pour nous arrêter. Nous avons dispersé deux compagnies de ces derniers sur la route, et ce matin nous en avons battu et poursuivi une autre. »

Pendant qu'il parle, nous avançons très vite. Pour être près les uns des autres, nous marchons de front, contre l'habitude du pays, hors de l'étroit sentier, foulant les arbustes et les herbes, le Commandant à droite, Francez à gauche.

Je dis : « suivons-nous à la file, vous écrasez les fraises et les violettes ! »

Ils rient, voient que j'ai les pieds nus, s'émeuvent, demandent pourquoi.

A mon tour je ris :

« J'y suis très habitué ; mes chaussures sont captives des Siamois avec mes provisions ! Je vous conterai cela. »

Ils me regardent surpris, s'informent de ce que sont devenus Cupet et Nicolon.

« Le général siamois, qui semble avoir pour ordre d'éviter votre rencontre, les amène lentement à Luang-Prabang, peut-être n'y sont-ils pas encore !

« Le colonel Pernot a-t-il reçu mes lettres de Ngoï et de phya Pahn ? »

— Ni l'une ni l'autre, seulement celle d'aujourd'hui ! Nous nous doutions de quelque fourberie ! Si vous saviez comme de notre côté, on fête et goberge les agents de Bangkok envoyés au Tonkin pour nous accompagner ! Par exemple ceux-là, n'ont point l'air pressés de remplir leur mission, Hanoï semble leur plaire bien plus que les montagnes.

— Nous avons eu de leurs nouvelles ; c'est à peine s'ils sont sur le point d'atteindre Lao-Kaï où ils devaient nous joindre. L'officier qui les guide est sûrement très à plaindre. Quand il fait froid ou bien qu'il pleut, halte, un ou deux jours pour se réconforter. Ils ont des bagages autant que notre colonne. Tout ne peut suivre en un convoi ! Leur chronomètre s'est un jour trouvé en arrière dans un village d'où il ne pouvait rejoindre qu'en une journée de marche. Afin de le remonter à temps pour garder l'heure de Siam, tout le monde a fait demi-tour ! »

Chacun parle à son tour, tous trois nous parlons à la fois, quand sortant du ravin très boisé, nous débouchons dans la vallée.

Je pense alors à dire à mes compagnons la rencontre que je

viens d'y avoir avec les Chinois. Je leur montre les cases d'où les Hos sont sortis.

« Sergent Bonain allez avec quatre hommes visiter ces maisons ; soyez prudents ! »

C'est le commandant qui ordonne ; les zouaves partent.

Le soleil décline rapidement, éclairant la colline au nord sur laquelle serpente le chemin argileux, rouge dans la verdure, qu'ont suivi les fuyards.

J'explique la petite affaire.

« Les bagages étaient ici, nous étions en avant les Cambodgiens et moi ; les six soldats mangeaient assis là-bas à gauche. Je n'ai point jugé utile de poursuivre les pirates ; surpris par mon passage, la pétarade des soldats avait suffi pour les faire disparaître. »

J'achève à peine, qu'avec étonnement il me faut ajouter :

« Je ne me trompe point, les voici qui reviennent, ne les voyez-vous pas descendre sur la pente ? »

— Pas possible », fait Francez, « ce serait trop d'aplomb ! »

A peine ces mots sont dits que les lueurs d'une décharge éclatent dans le petit chemin, des balles sifflent sur nos têtes.

Les coolies jettent à terre leur bagage, s'accroupissent en arrière.

M. Holstein déploie ses Annamites en tirailleurs ; ils courent en ripostant. La fusillade est générale. Les balles passent très au-dessus de nous. Nous les entendons tomber sur les paillottes où mes hommes voulaient s'arrêter tout à l'heure.

Nous regardons avec curiosité les Chinois tirer sans épauler tenant leur arme à la ceinture.

Leur feu nourri d'abord, cesse peu à peu ; ils s'échappent à un coude, poursuivis quelque temps.

La nuit commence. Les feux s'allument pour la cuisine. M. Holstein revient avec ses hommes. Nous dormirons dans les cases à côté.

19 *février*. — Je ne suis plus seul ! Je suis si content d'être avec des Français, ils sont si heureux de m'avoir trouvé que le temps se passe à

dire ou écouter ! Je ne saurais noter tout ce que malgré la fatigue j'appris d'intéressant hier soir autour des torches ! J'abrège, mais ne veux cependant pas omettre ces deux impressions :

Le colonel Pernot que je vais saluer ce matin, est bien le chef habile, prudent et d'un sang-froid parfait qu'il fallait pour cette expédition. Depuis la guerre de Crimée à laquelle il prit part comme sergent-major de zouaves, il a toujours été en campagne. Il se distingua dans une foule de circonstances dont la dernière fut le guet-apens tendu à Hué au général de Courcy par les régents annamites Thong et Thuyet le 5 juillet 1885. Commandant de la citadelle, le colonel sut prendre rapidement les dispositions vigoureuses qui parant au danger sauvèrent la situation. Dans les deux rencontres qu'il vient d'avoir avec Déovantri, il laissa l'adversaire user ses munitions sur nos troupes abritées et ne perdit pas un seul homme. Par une coïncidence curieuse, après avoir forcé le régent Thuyet à fuir de Hué, il vient de le chasser de Laï. Constamment en tête de la colonne il donne, malgré ses cinquante-sept ans, l'exemple de l'entrain et de la bonne humeur et veille, en même temps qu'à la sécurité et aux approvisionnements, avec une paternelle attention sur la santé de tous.

Le Chao de Chan dont j'ai cité à Luang-Prabang le nom et le pays, et contre qui les Siamois se montraient exaspérés en raison du rôle qu'ils lui attribuaient dans la marche française, accompagne le colonel avec le titre annamite de Quan-Phuong, et le sert dans ses rapports avec les chefs des cantons parcourus qui tous sont placés sous sa direction.

Premier des chefs thaïs venus à nous, il fut accueilli à Hanoï avec beaucoup d'égards, en particulier par le général Meunier qui pensa dès lors à l'utiliser et le fit nommer chevalier de la Légion d'honneur.

Le commandant Houdaille, chef d'État-major de la colonne, ne croit pas que ce fonctionaire soit l'homme de sa situation. Tout l'opposé d'un soldat il ne lui paraît pas davantage être administrateur. Il s'occupe surtout de négoce aux étapes, traîne une pacotille qu'il vend aux habitants aussi bien qu'à la troupe. Les approvisionnements lui semblent être une affaire. Sa haine manifeste pour les chefs de Laï, et la crainte qu'il a d'eux sont guides de sa conduite. Enfin le commandant ne croit pas qu'il ait fait tout ce que le colonel a désiré pour éviter la ruine de Laï.

Peut-être le commandant est-il sévère. J'ai éprouvé quelque déception à l'entendre. En voyant à Luang-Prabang, l'inimitié des Siamois pour ce chao, je m'étais fait de lui une idée tout à fait différente. Je vais le connaître et pourrai l'apprécier. Je prévois pour la suite tant de relations nécessaires avec lui, que je souhaite ardemment qu'il comprenne sa mission et son rôle.

Afin d'être plus libre dans la marche, j'ai arrêté mon travail topographique à Theng, ne doutant pas, d'ailleurs, que la colonne n'eût fait le nécessaire. M. Francez, chargé de ce service, dont il s'acquitte depuis Lao-kaï, m'a appris que, jusqu'au camp à Tuan-Giao (Khoai), le chemin continue à remonter au Nord vers la source du Nam Houoc en longeant de près ce torrent dans la vallée duquel je cours depuis hier.

Nous partons à 6 heures, soucieux à la pensée de l'insécurité dans laquelle le pays restera derrière nous. Nous ne nous faisons pas en effet d'illusions, la bande en fuite dans la forêt pourra se reformer dès que nous serons loin.

Bientôt le commandant me montre le défilé rocheux où les Pavillons Noirs tentèrent subitement, hier matin, d'arrêter la colonne. En les délogeant à la baïonnette, un des zouaves fut tué ! C'est la note triste de l'expédition. Fort heureusement c'est le seul Français qui ait succombé depuis le départ ; aucun autre n'est même sérieusement malade.

En suivant le sentier par où la bande a fui — allant sans doute ailleurs tendre une autre embuscade — nous parlions encore de son attaque quand les cases de Tuan-Giao se sont trouvées en vue.

Le clairon nous signale ! En un instant le détachement a traversé le camp de huttes en branches et herbes où zouaves et tirailleurs cuisinent, nettoient leurs armes ou se reposent.

Les officiers accourent auprès du colonel qui très ému m'embrasse et me les présente tous ! Avec quelle attention en leur serrant les mains, je répète leurs noms qui, avec l'image de leurs visages joyeux, et leurs chauds compliments se gravent en cet instant pour toujours dans mon cœur !

Fig. 77. — Le Colonel Pernot.

Puis il dit son bonheur de me voir près de lui, la joie qu'il éprouva et que tous ressentirent en recevant ma lettre alors qu'on s'en allait emportant le chagrin de la rencontre manquée et le souci sur mon sort incertain ; et il me félicite avec tant de bonté de ce voyage qu'il trouve hardi que j'en suis tout troublé ! Ma timidité l'emporte sur mon courage, à peine puis-je exprimer l'admiration dont je suis pénétré pour la marche magnifique qu'il a si bien conduite, que tous viennent d'accomplir, qui sera légendaire ; mon heureuse surprise de voir en bonne santé officiers et soldats après ce rude effort, et remercier encore pour l'escorte qui m'a jointe.

A son tour le commandant Houdaille rend compte de sa mission.

Son récit élogieux augmente l'émotion, provoque une effusion nouvelle.

Alors je m'excuse — ayant dû laisser mes bagages sur les bords du Mé-nam — d'arriver auprès d'eux et devant nos soldats pieds-nus, à peine couvert de vêtements usés.

Chacun aussitôt le remarque et m'offre son superflu ; cinq ou six ordonnances apportent des cantines ! Mais je me récrie : le costume blanc dont j'ai un rechange, m'est bien suffisant. Quant aux chaussures je n'en saurais garder ; je n'ai plus l'habitude ! Bottes ou souliers me gêneraient pour la marche. Mes pieds n'ont plus besoin d'aucune protection, et je montre qu'ils sont endurcis à ce point qu'en dépit des roches et des épines ils sont sans écorchures.

Les hommes du détachement répandus dans le camp ont dit aux camarades leur course à ma rencontre et ce qu'ils ont appris. En foule les gradés, les soldats s'approchent respectueux. Le colonel les voit, il me prend par la main, s'avance au milieu d'eux et d'une voix vibrante :

« Voici M. Pavie ! Demain, pour toute la colonne, repos ici en son honneur ! »

Combien de mains en un instant je serre dans les acclamations !

Le colonel fait un récit succinct de l'expédition, il dit son chagrin d'avoir rencontré, lui barrant la route, près de Bac-tan-traï puis de Chin-Nua (9 et 11 janvier), Déovantri, fils du chef de Laï dont la soumission vivement désirée, eût tout simplifié ; sa peine en trouvant le 16 janvier le petit chef-lieu tout réduit en cendres ; enfin son regret de n'avoir pas pu installer à Theng, le poste voulu par l'état de guerre ; les difficultés d'approvisionnement s'y sont opposées.

Je résume ensuite ce que j'avais su, de Thuyet en fuite, par le Surrissak et dis en deux mots, l'affaire de Laï avec les Siamois et Luang-Prabang : capture des fils de Déovanseng, descente au Laos de Déovantri pour les délivrer, mes vaines demandes de libération et d'envoi comme guides près de la colonne de ces jeunes captifs sujets de la France enfin la mission de Kam-Sam l'un d'eux de Bangkok à Laï avant l'arrivée des soldats français. Je raconte aussi les bruits répandus à Luang-Prabang sur la prise de Laï dès le 20 décembre, évidemment mis en circulation dans le haut pays comme fait accompli lorsqu'on y connut la marche des troupes et leur but certain; enfin mes tribulations pour être au courant des faits et des choses et me mettre en route.

Quand je rapproche du retard forcé de mes compagnons Cupet et Nicolon les efforts constants des autorités pour me retenir, le commandant Houdaille cite aussi ce fait : « Nous avons trouvé dans les retranchements des soldats de Laï et des bandes chinoises devant Chin-Nua, un drapeau du Siam à l'Éléphant blanc. »

Le colonel a ainsi conclu : « Le Pra Peyrath chef de la mission siamoise à Hanoï, a pu reconnaître dès son arrivée que les Annamites n'imaginaient pas qu'on pût discuter leurs droits, sur les territoires, où nous avions eu la mission formelle de nous rencontrer. Il a eu loisir et maintes occasions de se rendre compte que les chefs des Thaïs nous accueilleraient avec empressement et que, très fidèles à la tradition ils nous serviraient avec loyauté. Il a renseigné, ce n'est pas douteux, avec précision, la Cour de Bangkok. Maintenant il semble qu'il attende encore comme le Surrissak, d'être bien fixé sur le résultat du choc contre nous de nos adversaires. Il sera au point avant qu'il soit peu. Notre marche s'achève, nous ne doutons pas qu'elle fût efficace. Votre rôle commence, menez-le toujours comme à ce début. Comptez que nos vœux et tous nos efforts — à notre retour dans la colonie — tendront au succès de votre mission. »

Voulant me permettre de prendre des forces en causant à l'aise, le colonel a très aimablement ainsi prolongé le séjour ici. Il a fait fournir à mes compagnons, que je lui présente — et autour desquels tout le camp se presse — ce dont ils ont besoin, puis il déclare qu'il ne me laissera point retourner sur mes pas, dans ce pays troublé, et que, pour me refaire il m'emmène à Hanoï où il sera facile d'étudier en repos les questions à résoudre.

Derrière nous en effet le terrain n'est pas sûr, et il n'est plus urgent de s'y aventurer. Cependant je ne dois pas pour rechercher un peu plus de bien-être négliger d'accroître les résultats d'une campagne heureuse ; mes nouveaux camarades, Cupet et Nicolon, vont arriver à Luang-Prabang tout prêts pour nos études, je ne saurais les faire attendre.

J'y ai songé tout en causant, tout en marchant hier soir et ce matin et le projet m'est né de rentrer au Laos par une voie différente.

Pour chacun de nous, il a été clair que les chefs de Laï en nous résistant n'avaient pas agi sous leur idée propre, et un sentiment de grande pitié est venu à tous pour les habitants du pauvre canton cachés dans les bois. En m'en retournant je veux m'efforcer de les ramener sur le sol natal.

Accomplissant sa marche de retour, la colonne doit franchir la Rivière

Fig. 78. — Milice organisée par le Surrissak dans les « Douze cantons ».

Noire à cinq journées à l'Est. Je la suivrai, je l'y quitterai. Le mystérieux cours d'eau est encore inconnu ; je le remonterai et le relèverai jusqu'à Laï si rien ne m'arrête ; de là, après avoir fait ce que j'aurai pu, pour l'apaisement, je regagnerai mon poste par Theng.

Le colonel objecte d'abord la présence des bandes disséminées de tous côtés, puis il se rallie à mon intention, sous réserve de l'examen des chances de succès de la course en barque.

Le chao de Chan ou mieux le Quan Phuong, me présente alors les chefs du pays.

Après les saluts et les compliments viennent leurs doléances :

« Lorsque les Siamois — pour la première fois il y a deux ans — s'avancèrent en nombre dans « les Douze cantons », ils nous retirèrent titres et cachets donnés par l'Annam depuis les vieux temps, et ils nous pourvurent de timbres et diplômes au nom de Bangkok — Les Pavillons Noirs en reçurent aussi — puis leur général vint organiser, avec nos jeunes gens, une troupe de guerre ayant des fusils, cuirs et munitions, et il nous prévint en se retirant, de son retour proche. Si vous nous quittez et que lui revienne que devrons-nous faire, que lui dirons-nous? Devrons-nous pas craindre quelques représailles?

« La colonne française continue sa route pour vous libérer des Pavillons Noirs ; ses soldats s'éloignent mais d'autres viendront, ayez-y confiance. Vous êtes devenus sujets de la France comme les Annamites dont vous dépendiez. Le chef des Siamois que je vais revoir, le saura par moi. Gardez soigneusement documents et armes, nous les lui donnerons lorsqu'il nous rendra vos titres anciens. »

Les Pavillons Noirs n'entravant pas la circulation des populations qui les entretiennent, courriers et porteurs que j'amène de Theng, sans craindre ces pirates dont ils sont connus, vont rentrer chez eux bien récompensés. Ils emporteront l'ordre pour mes pirogues de s'en retourner.

Ma petite escorte de Luang-Prabang ne peut se résoudre à les imiter. Elle a tiraillé contre les Chinois et est sans cartouches. Son chef me demande de l'autoriser à suivre ma route!

Semblable mission ne lui a-t-elle pas été imposée à notre départ? Je l'ai toujours cru, je viens d'être sûr car lui ayant dit :

« Les bandes chinoises que la colonne chasse, sont en bon accord avec les Siamois qui ont accepté leur présence ici, et ont emmené dans leur capitale plusieurs délégués de leurs compagnies pour saluer le roi. Croyez-vous dans ces conditions que, si sur vos pas il se trouve encore des Pavillons Noirs, ils vous gêneront sachant qui vous êtes? »

Il a eu la crainte d'être renvoyé et m'a répondu d'un ton persuasif et en me priant : « Il m'est ordonné de vous suivre partout, jusqu'à votre retour, même près des Français ; votre décision me vaudra ainsi blâme ou récompense ! Je serais heureux que vous me gardiez ? »

Fig. 79. — Ma petite escorte de Luang-Prabang.

J'y consens sans peine. J'y vois avantage : faute des commissaires venant de Bangkok, restés en arrière, il sera témoin près de la colonne, et pourra redire aux chefs des siamois à Luang-Prabang, quand nous reviendrons, ce qu'il aura vu.

Le colonel Pernot vient prendre mon bras : « On va cuire le pain ; venez apprécier le four de campagne ? »

Dans le parcours du camp la bonne mine des soldats, leur gaieté, leur entrain rappellent à mon esprit les questions inquiètes qu'à l'arrivée à Theng je fis aux habitants : « Comment vont les Français, y a-t-il des malades? » Je songeais aux difficultés des marches en montagne, aux fatigues constantes ! Je ressens encore la joie éprouvée lorsqu'ils répondirent : « Tous sont bien portants ! »

Je dis ma pensée au chef que j'admire, alors il m'explique :

« Pour conduire au but mon expédition il fallait garder la santé à tous, c'est-à-dire : bien nourrir la troupe, vivres sains et frais ; point forcer la marche. Sans ces conditions j'étais sûr d'avoir un allongement très embarrassant de notre convoi. D'un autre côté, officiers et moi eûmes pour souci d'arriver à rendre les actions de guerre le moins meurtrières pour notre colonne qu'il serait possible, et, dans nos rencontres avec l'adversaire nous nous abritâmes en lui répondant pendant qu'il usait précipitamment son stock de cartouches. Nous n'eûmes que deux morts; c'était encore trop. »

— Des affaires semblables sont peu remarquées, mais le chef est fier de leur résultat! »

« Enfin le séjour à Theng en vous attendant nous fut profitable. »

Dans ce même moment on sort la fournée du four portatif installé la veille dans un trou creusé au bord du chemin.

L'odeur oubliée des miches farineuses me saisit de suite ; pris d'envie d'y mordre, je tâte doucement les boules trop chaudes !

Le colonel rit; un petit pain long, fait exprès pour moi, m'est alors offert, nous le partageons.

20 *février*. — Je suis devenu membre de la troupe et très au courant des dispositions passées ou à prendre. On me distribue comme à tout soldat et aux officiers, la ration de pain, vin, bœuf et café !

Dans l'après-midi un courrier léger porteur de nos lettres et de télégrammes sera expédié au poste français le plus rapproché.

La soirée d'hier et tout ce matin se sont écoulés dans l'établissement de correspondances. Elles mettront sept jours, toutes étapes doublées pour être à Bao-Hoa au bord du Fleuve Rouge. Aux mains indigènes leurs chances d'arriver ne sont pas douteuses. Nous sommes renseignés. Les Pavillons Noirs se sont retranchés en avant de nous à Muong Muey à trois jours d'ici, ainsi qu'à Son-La le principal centre vers la Rivière Noire. Tous leurs effectifs étant rassemblés pour nous résister la campagne est libre de leurs maraudeurs.

D'un autre côté, avant qu'il soit peu, nous aurons l'avis qu'un fort détachement de notre colonne, commandant Oudri, a quitté Bao-Hoa —

où il attendait de M. Pernot l'ordre de marcher à notre rencontre — et occupe Son-La.

21 *février*. — Une pluie fine et froide tombe persistante depuis le départ.

La colonne s'avance presque silencieuse dans l'allongement de l'étroit chemin bordé de grands arbres, d'épaisses broussailles et de gros bambous qui longe le cours d'eau dont je suis les bords en le remontant depuis le 18.

Après des rizières fermant la forêt et un groupe de cases bondées d'habitants aux regards timides, nous traversons l'eau au pied du Pou Thao.

Ce sommet très haut, eut ses pentes brûlées au temps des chaleurs pour des défrichements, mais, à cause des troubles, elles restèrent incultes; des herbes et des brousses et les rejetons des arbres détruits recouvrent les cendres d'un manteau vert clair.

Au col, près des sources, nous déjeunerons sur un plateau nu.

Pour mieux relever la route parcourue, le lieutenant Francez doit compter ses pas ; son cheval est libre, très aimablement il me l'a offert. J'userai surtout de son obligeance aux heures chaudes du jour.

Lorsqu'approche dix heures, les nuages dissipés dégagent le soleil qui se montre ardent, sèche nos habits et aussi le sol devenu glissant.

Près du colonel je marche à la tête répétant ma joie de la bonne chance qui m'a fait le joindre.

La montée est rude ; mon compagnon s'aide d'un bâton ferré car il va à pied — à cause de son poids il le juge prudent — son petit poney ne lui sert qu'en plaine.

Quand la pause a lieu nous nous asseyons sur un bloc rocheux d'où nos yeux reposent sur la troupe entière fêtant le soleil. Par longs groupements très peu séparés, coloniaux et zouaves, soldats annamites, tout le grand convoi de coolies porteurs l'acclament joyeux.

Sous ses chauds rayons une buée blanche s'élève de l'étendue verte où le regard plonge. Le chemin boueux est bien trop étroit pour la traînée d'hommes, sur ses deux côtés l'herbe refoulée protège les paquets que chacun y jette afin de s'asseoir.

Les zouaves au départ de l'expédition ont abandonné le pantalon rouge pour un plus léger en coutil écru. Les uniformes simples de tous les soldats ont un aspect terne ; seuls mousquets, fusils et bambous luisants servant aux porteurs, envoient jusqu'au loin, la note lumineuse qui peut signaler la colonne en marche.

Les petits canons se devinent voilés sur les grandes mules. Ces bêtes d'Europe paraissent accablées et par le climat et par le fardeau — pourtant fort peu lourd — qu'on leur ôtera dès que des coolies en nombre suffisant seront disponibles pour les remplacer.

« Les distributions pour chaque repas », dit le colonel, « diminuant les vivres, allègent les porteurs dont la charge n'est plus que de 16 kilogrammes. »

Après la section du lieutenant Holstein viennent quelques malades avec le docteur dont un soldat fiévreux monte le cheval. Les brancardiers n'ont rien à porter sur leurs trois civières.

Avant l'arrière-garde M. Gaboriau, chef de l'intendance, dirige les transports et les subsistances avec un adjoint. Six cents coolies suivent, portant deux à deux, souvent quatre à quatre, les sacs de farine, de café, de sel, tonnelets de vin, caisses de conserves et les munitions. Tout ce qui craint l'eau ou bien le soleil a été couvert de très larges feuilles, desséchées ou fraîches.

Dès que fut gravi ce col de Pou Thao — le plus élevé depuis Muong Theng (près de 1 300 mètres) — et qu'on eut mangé, la descente se fit, nous couchâmes au pied (moins de 800 mètres).

22 *février*. — Les gens de Ban Eh — village important vu presque au départ — ont eu connaissance de l'arrivée hier dans le Muong Muey, par la voie des bois, des Pavillons Noirs restés derrière nous. Leur troupe a grossi celle qui demain doit nous tenir tête.

Après le passage d'une petite hauteur (918 mètres) séparant les sources des derniers ruisseaux allant au Nam Ma, fleuve de l'Annam, le lit du torrent qui plus loin sera la rivière Nam Mao, nous tient lieu de route.

L'eau vient aux mollets. Très vite troublée par les pieds des hommes entre lesquels elle court, elle ne laisse voir dans le fond rocheux ni les gros cailloux que les souliers heurtent, que mes pieds nus tâtent avant de poser, ni les creux sans nombre où plus d'un trébuche.

Je souffre de voir nos soldats dans l'eau avec leurs chaussures où entre du sable écorchant les pieds. Ils se blesseraient sans doute davantage s'ils les retiraient. Les Annamites même, tous gens du delta où ils vont pieds-nus, ont pour parcourir ravins et montagnes taillé des sandales dans la peau des bœufs qu'abat l'intendance. Ma manière étonne, des regards me plaignent, mais à mon allure chacun comprend bien que marcher ainsi ne me gêne en rien.

Après trois quarts d'heure de ce pataugeage, rapide repas au pied du mont Wa que l'on escalade pour aller à Nga.

Là, nous apprenons que les bandes chinoises assemblées à Muey ont fui vers Son-La.

23 *février*. — De nombreux villages bordent le Nam Muey premier tributaire de la Rivière Noire sur notre chemin.

A huit heures, entrée dans le fort de Muey, œuvre des Chinois qui, en le quittant, en ont incendié les casernements en bois et paillottes.

Quand je songe aux puces qui nous tourmentèrent la nuit du 18 dans la maison sale d'où la première bande avait déguerpi, je ne regrette pas cette destruction. Tous nous préférons les petits gourbis de bambous et d'herbes à pareils logis.

Vallée bien peuplée. Des soulèvements remplis de cavernes — abri très fréquent des populations en temps de péril — sont un intermède pour nos yeux charmés.

Un beau faisan blanc gisait sur les pierres au bord du torrent. En le voyant mort, les hommes en tête, le regardaient tous mais n'y touchaient pas. J'ai vite compris à l'absence de mouches qu'il était frais tué par une de ces bêtes buveuses de sang qui pullulent ici. Nous l'examinâmes. Il était intact à part l'écorchure marquée sur la gorge. Vingt minutes plus tard il était rôti.

Vers deux heures et demie, au bord des rizières ininterrompues que la voie côtoie, apparaissent soudain quatre cavaliers vite reconnus : commandant Oudri, lieutenant Morandi et Dr Bernard avec l'interprète. Ils sont sans escorte ce qui est bon signe.

Fig. 80. — État-Major de la colonne Pernot.

Un instant après nous sommes réunis. Le commandant dit : « Le pays est libre des Pavillons Noirs. Après notre attaque du fort de Son-La sans pertes pour nous, leurs bandes en déroute se sont échappées par une tranchée unissant leur poste avec la forêt. »

Nous nous arrêtons. Le lieu est parfait pour le campement. La récolte est faite ; la paille est par tas partout dans les champs ; elle nous servira à couvrir les huttes et pour le couchage.

Il était probable que l'affreuse vermine si facilement née dans la chevelure longue et abondante de nos Annamites, tirailleurs, coolies, qui font nos gourbis, qui portent le bagage, finirait un jour par venir sur nous comme sur les soldats ! Ce fut le docteur qui, plus exposé, vint tout le premier, nous crier : « alerte », et « veillez sur vous ! »

Quand tant d'hommes en marche, se coudoient sans cesse, et, aussi longtemps, heureux qui échappe à la contagion !

Fig. 81. — Le Colonel et l'État-Major, le Quan Phuong, soldats et indigènes à Son-La.

24 *février*. — Trois monts, un cours d'eau, plateau de Son-La ! Nous entrons au fort pour le déjeuner. Accueil chaleureux de tous les soldats et des habitants.

Le lieutenant Cros est le topographe de ce bataillon ; il a relevé la belle vallée dans laquelle nous sommes et m'y a conduit pour la visiter. 45 villages en garnissent les pentes ; leurs beaux champs de riz en font le plus riche des « douze cantons ».

25 *février*. — Repos aujourd'hui. La dislocation de nos deux colon-

nes s'accomplit ici. Elles vont, partagées en trois détachements, se rendre à Bao-Hoa puis, par le Fleuve Rouge, rentrer à Hanoï.

Les chefs du pays nous ont tous paru démoralisés par la sujétion aux Pavillons Noirs dont beaucoup ont pris femme dans leurs familles. Ils nous sont, c'est vrai, très reconnaissants de leur délivrance mais sont sans courage pour nous apporter l'efficace concours qu'il aurait fallu contre les Chinois. On n'a pas pu même demander qu'ils forment la troupe auxiliaire qui aura la charge des correspondances ; leurs gens sont comme eux, ils tremblent à l'idée de notre départ.

Mon bon compagnon le phya Peunom, qui avec son fils a suivi mes pas depuis le Laos, s'est vite aperçu de la déception que j'en éprouvais ; il connaît les Thaïs des groupes divers de réputation étant de l'un d'eux ; c'est lui qui m'a dit : « Les pauvres Thaïs Noirs n'ont plus le cœur fort. Ils sont malheureux depuis très longtemps et s'y habituent. Pourvu qu'ils habitent leurs cases dans leurs champs cela leur suffit. Ils retomberaient sous le joug encore, plutôt que s'armer pour le moindre effort. Bien autrement fiers nous les Lues, nous sommes, et sont les Thaïs Blancs du pays de Laï et de ces cantons qui bordent la Chine. »

Cependant ces chefs ont dit les malheurs de tous les cantons.

« Nous avons fourni aux Pavillons Noirs ce qu'ils ont voulu vivres, vêtements, argent et cartouches, de peur qu'ils ne prennent ! Nous n'avons plus rien même pour vous vendre à vous qui payez ! Ils nous ont quittés mais c'est pour rejoindre d'autres compagnies dans d'autres villages qui vont devenir plus pauvres encore ! Nos montagnes s'étendent à grandes distances à l'Est et au Sud où sont cantonnés les Pavillons Rouges. Tous s'entendront. Vous les traquerez difficilement. Ils traînent à leur suite les nombreuses familles qu'ils se sont créées dans nos propres cases. Les gens du pays aideront vos efforts, mais avec souci ; songez que leurs filles misèrent dans ces bandes ! »

« Les Pavillons Noirs et les Pavillons Rouges étant devenus amis des Siamois, de ce côté-là leur retraite est sûre. » A ces derniers mots du porte-parole, les uns et les autres s'inquiètent de savoir comment l'attitude de résignation qu'ils ont observée vis-à-vis du Siam lors de l'invation du canton de Theng, sera appréciée par le colonel et lui parlent d'un groupe de chefs et notables partis pour Bangkok avec le Chaomoeun.

Lui, en quelques mots les tranquillisa et les mit au point. Ils ne savaient pas que nous connaissions la question mieux qu'eux, et que j'avais vu à Luang-Prabang, passer ces otages.

Je mis sous leurs yeux la carte du Chao-moeun qui place le bassin de la Rivière Noire dans les possessions du roi de Bangkok[1].

Lorsqu'ils eurent vu « Muong Chan » le propre pays de notre Quan Phuong, englobé aussi dans la même conquête, ils se mirent à rire.

Alors je leur dis : « l'ancien Chao mœun qu'on nomme aujourd'hui phya Surrissak, reconnaîtra ce n'est pas douteux, devant l'évidence que ses prétentions ne reposent pas sur une base juste, il y renoncera. »

Puis le colonel promit de montrer aux autorités de la colonie la nécessité de l'établissement de postes militaires à Theng et ici, et pour que les chefs pussent prendre confiance, il leur fit connaître qu'à cause des bandes qu'on suppose cachées dans les bois voisins, un poste de cent hommes, tirailleurs et zouaves, gardera Son-La jusqu'à nouvel ordre. Il sera relié au poste de Laï ainsi qu'à Bao-Hoa par des parcours fixes de gens du Quan-Phuong armés et payés pour ce seul service.

26 *février*. — Du fort de Son La à la Rivière Noire, fatigante étape qu'on ne peut scinder (6 heures du matin à 4 heures du soir).

Par un temps très beau, intérêt constant.

Nous avons franchi pour le suivre ensuite, le petit Nam La, ruisseau abondant aux eaux bleues et claires laissant fréquemment voir et admirer des poissons superbes remontant par bandes son courant rapide.

A droite et à gauche, auprès et au loin plusieurs gros villages sont échelonnés le long des rizières. Des soulèvements rompus en falaises

1. Page 53.

qu'effritent les pluies, limitent peu à peu le plateau lacustre et, après quatre heures, achèvent de le clore au pied du Pou Fa (570 m.).

Alors, sous nos yeux, pris par ce spectacle, le Nam La s'engouffre dans un tunnel sombre qui jette à l'écho le bruit continu des eaux entraînées dans ses profondeurs, tandis que la route bordée d'arbrisseaux sans cesse coupés pour le débroussage, gravit la montagne, étale son ruban — sable sur rocaille — parmi les palmiers, se perd en forêt sous les grands ombrages, comme l'eau ici dans le trou béant.

Courte est la montée de ce bloc calcaire que le schiste bientôt cache totalement (altitude 1000 mètres), plus longue est la descente.

On rejoint en bas l'eau fuyant l'abîme. Sur trois kilomètres, sa chute souterraine est de 400 mètres. Restée bleue et claire elle heurte rudement les rochers qu'elle use et, tumultueuse refoule les poissons comme si elle voulait leur barrer l'entrée du dédale des grottes. Conduits par l'instinct ceux-ci luttent à vaincre et, une série longue d'efforts vigoureux les amènera sur le haut plateau.

L'important Nam Bou dont le cours ensuite marquera la route, est la réunion de ce beau Nam La et du torrent Pane; il a sur sa rive les champs d'un village qui porte son nom.

C'est avec stupeur qu'en mettant les pieds dans ce joli val, nous apercevons les restes fumants des cases détruites par un incendie. Plus un habitant! « C'est un accident », nous dit un passant; « la population coupe dans les bois, bambous et feuillages pour se faire des huttes. »

Fin d'étape dure. Passages rocheux, et monts successifs d'où l'on voit enfin le but de la marche, cette Rivière Noire dont nous attendions avec impatience de jouir de la vue.

Rien en cet endroit qui soit en accord avec l'impression que ce nom évoque!

Paysage exquis! Joli bief tranquille entre des collines, des bords verdoyants, grands bambous penchés, des arbres fleuris, une eau transparente sur du sable blanc.

Traversée en barque. Campons à un poste que M. Oudri a organisé lors de sa venue.

27 *février*. — Dernier jour de marche avec la colonne ! Dès la première heure, passage du Nam Tiem sur un pont léger construit en bambous auprès d'un, plus vieux, qu'à une crue ancienne les eaux ont rompu. Chacun admira la simplicité, même l'élégance, du rustique chef-d'œuvre de la manière thaïe.

Fig. 82. — Pont thaï. — Muong Het.

On trouve l'or en poudre dans tous ces parages. Hier des habitants cherchaient des paillettes dans la Rivière Noire près du confluent de ce tributaire. Aujourd'hui, après Muong Hit, important village, nous avons compté treize puits récents, que les bandes chinoises faisaient exploiter par les riverains.

Halte à Muong Chaï. Les Pavillons Noirs occupaient ce point il y a un an. Ils sortirent un jour pour aller à l'ouest barrer le chemin à un détachement de soldats français, commandant Berkamp. Quand après échec, ils revinrent au gîte, une autre colonne était dans le fort ! Ils furent mal reçus et s'enfuirent au sud.

Muong Chaï se trouve au bord du Nam Mou. Ce gros affluent de la Rivière Noire offre du danger pour sa traversée ; un des officiers venus l'an dernier s'y était noyé.

Faute de pirogues suffisamment grandes pour ne rien risquer en passant les troupes, les gens du village, avec des bambous, forment trois radeaux solides et très larges.

Ici aura lieu la séparation. Aussitôt après je préparerai avec le Quan Phuong, ma course vers Laï.

Ce chef dont l'autorité ne va pas plus loin, reste sur son terrain.

La colonne Oudri ayant parcouru la route qui sera la voie du retour, je sais par son chef quel dur trajet reste encore à faire. La marche finira comme elle commença à travers la chaîne de partage des eaux entre le Fleuve Rouge et la Rivière Noire.

M. Cros me montre le levé qu'il fit de l'itinéraire. Tandis qu'il me parle je jette un regard en avant de nous sur ce lourd massif des monts Talungs Po, couvert de forêts. J'y crois deviner parmi des sommets perdus dans les nuages, les torrents qu'il nomme et l'étroit sentier — à peine frayé par de rares passants — ondulant sinueux de ravins en crêtes doublant les distances lues à vol d'oiseau.

Un repos d'un jour rompra la semaine de la traversée (1 000 mètres d'altitude moyenne). Dès qu'elle atteindra le bord du Fleuve Rouge la colonne ira vers les grandes jonques qui l'y attendront; quelques jours après elle verra Hanoï.

Aucun officier n'a guère le souci de m'entretenir sur cette randonnée. Mon propre voyage les intéresse mieux. Ils sont satisfaits d'avoir accompli une campagne superbe mais, déjà ils trouvent qu'elle est le passé ! Je vais partir seul pour un autre but complément du leur et chacun m'envie ! Si le télégraphe atteignait le camp tous, parmi les jeunes, solliciteraient l'autorisation de m'accompagner !

Une partie des terres vers lesquelles je vais a été foulée par le colonel et son bataillon (de Laï jusqu'à Theng) ; toujours il la voit ; il me l'a décrite. Francez m'a donné une copie réduite de l'itinéraire. Tout aussi bien qu'eux je sais maintenant ce qu'est Muong Laï et la ligne des eaux entre ce bassin et le Mé-nam Khong :

Comme un promontoire un rocher énorme dépasse le bord gauche de la Rivière Noire, plane sur ce cours d'eau rapide et profond et sur la vallée qu'arrose le Nam Laï, juste en face de lui. La rivière Nam Na a son confluent au bas de ce roc qu'elle isole au sud comme il l'est à l'ouest. Les cases de Laï aujourd'hui brûlées, s'étalaient nombreuses sur cette avancée qu'un poste français occupe à présent. De très hauts sommets dominent l'ensemble augmentant l'ampleur du site pittoresque.

La jolie vallée du petit Nam Laï dont nos soldats virent les moissons en flammes, n'est plus qu'un désert. Elle mène en un jour au pied des montagnes. Quatre autres étapes ont pour terminus : un col à mille mètres, le fameux Nam Moeuc qui par un tunnel gagne la Rivière Noire, deux très beaux villages, et la plaine de Theng.

28 *février*. — La « diane » a sonné !

Dix journées passées en la compagnie de M. Pernot et des officiers, m'ont en quelque sorte retrempé le cœur.

Très tard j'ai causé hier soir avec eux. Je les quitte fier qu'ils soient convaincus que j'accomplirai jusqu'au bout ma tâche.

Ils savent maintenant — j'en ai tant parlé — tout ce qui m'occupe.

Luang-Prabang — où, dans un mois au plus j'espère avoir joint Cupet, Nicolon — leur est familier. Ils connaissent bien mon vieux roi Ounkam et l'excellent bonze, qui aiment les Français au point de souhaiter de le devenir, et les Laotiens à qui j'ai promis de leur ramener les femmes et enfants enlevés en juin.

Ils sont persuadés que par mes efforts la libération des jeunes gens de Laï aura lieu bientôt, et que grâces à eux le calme renaîtra dans ce grand canton en guerre contre nous et si malheureux.

Ils ne doutent pas que je connaîtrai le rôle de Thuyet, celui de Kam Sam, et que j'arriverai à faire avant peu de Déovantri — qu'ils ont apprécié pour un vaillant homme — un très bon Français.

Ils ont pleine confiance que — sans nuire en rien à nos relations avec les Siamois — j'éloignerai leurs troupes des terres qu'elles conquirent aussi hâtivement.

En voyant enfin ma tranquille ardeur ils croient avec moi que tous les obstacles : Thuyet, Pavillons Noirs, Siamois, mauvaise saison sont bien affaiblis puisqu'ils sont connus.

Gardant notre foi dans la bonne issue nous rîmes à plaisir, de la façon simple dont nos prévisions arrangeaient les choses !

Le colonel m'a remis une lettre pour le capitaine qui à Laï commande le poste français. Elle lui permettra de faire reparaître tout en m'escortant, un détachement de sa garnison entre Laï et Theng.

Puis il a voulu qu'il me soit laissé du vin pour six jours ! En vain je proteste : « Les rations sont justes pour tous les soldats et la route est longue ! » M. Gaboriau vient de me donner — faute de bouteilles — un bambou rempli que j'emporterai.

Au dernier moment un homme à cheval arrive de Son La, porteur d'un message.

Après qu'il a lu le colonel dit :

« Les Pavillons Noirs se sont retirés dans cinq de leurs postes, deux sur la rivière et trois en montagne ; tous dans le sud-est[1]. La haute Rivière Noire est libérée d'eux entre ici et Laï ! »

Il me félicite pour la bonne nouvelle qui m'ôte le souci d'une attaque possible au cours du voyage, et semble indiquer que les compagnies n'ont aucun désir de prendre contact avec les Français.

Alors il m'embrasse puis, sur son signal, les clairons rappellent, les soldats se groupent et la traversée sur les trois radeaux, se fait peu à peu.

A mesure qu'ils passent tous les officiers me serrent les mains. Saint-Upéry, capitaine de zouaves, me tend sa jumelle et, me dit, ému : « Avec quel bonheur j'irais avec vous. Voici ma lorgnette, c'est tout ce que j'ai, je serais content que vous la gardiez ! »

Les soldats, cessant de causer entre eux, élèvent la main ou agitent l'arme en signe de salut. Ils crient leurs souhaits, acclament le pays, me parlent des yeux et je les comprends.

1. Tak-Hoa, Van-Yen, Muong-Wat, Maï-Son et An-Chau.

Ces encouragements me vont jusqu'au cœur ; en y répondant je songe à l'effort que chacun a fait, à la paix rendue aux populations qui désespéraient, à la date bénie qui commence ainsi l'ère de repos où sans mal pour elles le nom de la France devient bon génie de tous leurs cantons.

La chaleur est écrasante; je cherche les grands arbres de la rive, debout sous leur ombrage je vois s'éloigner l'admirable colonne qui sans avoir perdu de soldats, achève d'accomplir une marche sans précédent en Indo-Chine, glorieuse plus encore par les obstacles naturels et les difficultés d'approvisionnements qu'elle a surmontés que pour la dispersion des adversaires qui ont tenté de l'arrêter.

Son rôle ainsi achevé rend le mien facile, et je me promets avec plus de force de mettre sans répit en le conduisant, toute mon énergie et tout mon courage à grandir encore le prestige acquis dans tous ces pays par ses officiers et par ses soldats,

Zouaves et tirailleurs ont disparu. Sur la plage du Nam Mou le silence des bois remplace le bruit des voix, des armes, des pas sur les galets, et succède au dernier cri de « Vive la France » !... Mes hommes et les chefs du pays qui m'entourent me regardent ; ils n'osent brusquement arrêter le cours de mes pensées ; ils disent bas, mais pour que j'entende, que j'ai une longue étape à faire, qu'il est l'heure de partir !

Les figures de ce volume ont été exécutées d'après des photographies de M. Pavie sauf celles ci-après, communiquées par MM. Macey 7 et 9, Mahé 41 à 45, H. d'Orléans 20, Vitry 57, 58, 61, 64, Capitaine Zeil 62 et 80, divers 48, 49, 50, 51, 76.

APPENDICE

Nommé vice-consul de deuxième classe au Siam le 11 novembre 1885, j'arrivai à Bangkok le 19 mars 1886.

C'était le moment de nos difficultés avec la Chine au Tonkin, il était nécessaire d'être renseigné sur les régions voisines de nos premiers postes où les Pavillons Noirs étaient établis, où le Siam envoyait des soldats, installait des agents. Il était indispensable également de rechercher les voies de communication unissant à l'Annam et au Tonkin les régions dont nous revendiquions la possession.

J'avais pour mission de gagner Luang-Prabang qui serait mon poste d'attache et d'où je rayonnerais vers nos confins.

Le Siam qui venait d'occuper militairement cette région ne consentit pas à reconnaître ma qualité. Cependant, après six mois de retard, je pus le 30 septembre me mettre en route en simple voyageur.

Dans l'intervalle la Cour de Bangkok avait proposé à l'acceptation du gouvernement de la République une convention qui était la reconnaissance de l'autorité siamoise sur les pays que j'avais pour but de visiter.

Elle considérait évidemment en me laissant partir à ce moment que la ratification de cet acte serait accomplie avant mon arrivée sur le terrain que j'avais mission de parcourir.

Cependant mes premiers avis et l'annonce des dramatiques événements de Luang-Prabang parvinrent en temps utile.

Comme il a été souvent question, dans les pages qui précèdent, de cette convention dont la ratification fut abandonnée, j'ai pensé qu'il serait à propos d'en faire connaître ici le texte des articles [1].

1. Ce texte est extrait du *Journal officiel* du 19 mars 1887, annexe n° 103.

Art. 1er. — Les autorités siamoises à Luang-Prabang donneront aide et protection aux Français et protégés français qui viendront commercer ou s'établir sur le territoire de cet Etat ; et les autorités françaises en Annam donneront, de leur côté, aide et protection aux Siamois qui viendront de Luang-Prabang pour commercer et s'établir en Annam.

Art. 2. — Les Français ou protégés français qui entreront sur le territoire de Luang-Prabang devront être munis d'un passeport, délivré par les autorités françaises en Annam, c'est à-dire par le résident général de France à Hué, ou par les fonctionnaires qu'il aura autorisés à cet effet. Ce passeport énoncera le nom, le signalement et la profession du porteur, et indiquera la nature et le nombre de ses armes. Il sera renouvelé pour chaque voyage et devra être exhibé à toute réquisition des autorités siamoises. Les personnes munies de passeports et n'introduisant aucun article prohibé par les traités en vigueur entre la France et Siam, continueront librement leur voyage. Les personnes qui ne seraient pas munies de passeports pourront être arrêtées et renvoyées à la frontière, mais sans être autrement molestées.

Des passeports pourront être aussi délivrés par le consul général de France à Bangkok et le consul ou vice-consul de France à Luang-Prabang, en cas de perte du passeport primitif, ou en remplacement d'un passeport périmé, ou pour autre cause semblable.

Les Français et protégés français qui voudront circuler, faire des voyages dans l'intérieur du territoire siamois, devront être munis de passeports émanant des autorités siamoises.

Les Siamois qui passeront du territoire de Luang-Prabang en Annam devront être munis d'un passeport délivré par les autorités siamoises de Luang-Prabang. Ce passeport énoncera le nom, le signalement et la profession du porteur et indiquera la nature et le nombre de ses armes. Il sera renouvelé pour chaque voyage et devra être exhibé à tout réquisition des autorités françaises. Les personnes munies de passeports et n'introduisant aucun article prohibé par les traités en vigueur continueront librement leur voyage. Les personnes qui ne seraient pas munies de passeports pourront être arrêtées et renvoyées à la frontière, mais sans être autrement molestées.

Art. 3. — Les Français et protégés français passant de l'Annam sur le territoire de Luang-Prabang seront tenus de payer les taxes exigibles, conformément aux lois et coutumes du pays, sur toute marchandise soumise aux droits qu'ils voudraient introduire.

Les Siamois passant du territoire de Luang-Prabang en Annam seront tenus de payer les taxes exigibles, conformément aux lois et coutumes de l'Annam, sur toute marchandise soumise aux droits qu'ils voudraient introduire.

Le tarif des droits exigibles sera imprimé et publié.

Il est entendu que les droits ainsi perçus au Luang-Prabang ne pourront être supérieurs à ceux qui sont perçus à Bangkok, en conformité du traité du 15 août 1856.

Art. 4. — Si des individus accusés d'avoir commis sur le territoire de Luang-

Prabang l'un ou plusieurs des crimes suivants : assassinat, meurtre, incendie, pillage à main armée, vol avec violence, vol sans violence, enlèvement, séquestration, viol, faux en écriture, contrefaçon de sceaux officiels et fabrication de fausse monnaie, se réfugient en territoire annamite, les autorités et la police françaises s'efforceront de les arrêter. S'ils sont Siamois, ils seront livrés aux autorités siamoises à Luang Prabang; s'ils sont Français ou protégés français, ils seront, soit livrés aux autorités siamoises, soit jugés par les tribunaux français, suivant ce qu'en décidera le résident général de France à Hué, ou tout autre fonctionnaire dûment autorisé par lui à cet effet.

Si des individus accusés d'avoir commis en Annam l'un ou plusieurs des crimes suivants : assassinat, meurtre, incendie, pillage à main armée, vol avec violence, vol sans violence, enlèvement, séquestration, viol, faux en écritures, contrefaçon de sceaux officiels et fabrication de fausse monnaie, se réfugient sur le territoire de Luang-Prabang, les autorités et la police siamoise s'efforceront de les arrêter. S'ils sont Français ou protégés français, ils seront livrés aux autorités françaises. S'ils sont Siamois ou sujets d'une puissance n'ayant pas de traité avec le Siam, ils seront, soit livrés aux autorités françaises, soit jugés par les tribunaux siamois, suivant ce qu'en décideront les autorités siamoises, après consultation avec le consul ou vice-consul de France.

Art. 5. — Les intérêts des Français et protégés français qui viendront commercer ou s'établir sur le territoire de Luang-Prabang seront placés sous la surveillance et la protection d'un consul ou vice-consul qui sera désigné pour résider à Luang-Prabang.

Cet agent aura, en matière de juridiction civile et criminelle, les pouvoirs attribués au consul, par le traité du 15 août 1856, sauf les modifications énoncées à l'article 6 qui suit.

Art. 6. — S. M. le roi de Siam désignera un ou plusieurs fonctionnaires d'un rang convenable, pour remplir à Luang-Prabang, en qualité de juges et de commissaires, les fonctions ci-après spécifiées, aux conditions et dans les limites déterminées par la présente convention. Les juges ainsi nommées exerceront la juridiction, tant au civil qu'au criminel, dans toutes les affaires qui se présenteront à Luang-Prabang et dans lesquelles des Français ou protégés français seront parties les uns contre les autres, ou dans lesquelles un Français ou protégé français sera intéressé comme plaignant ou demandeur, défendeur ou accusé. Ils rendront leurs jugements conformément à la loi siamoise. Il est entendu, toutefois, que, dans toutes les causes, le consul ou vice-consul aura le droit d'assister aux débats, d'exiger copie de la procédure et, en général, des pièces du procès. Ces pièces lui sont délivrées sans frais, lorsque l'accusé ou le défendeur sera Français ou protégé français. Il aura aussi le droit de donner aux juges les conseils et indications qu'il estimera utiles dans l'intérêt de la justice.

Le consul ou vice-consul aura le droit d'évoquer devant son tribunal, s'il croit devoir le faire dans l'intérêt de la justice, toute cause dans laquelle les deux parties seront des Français ou des protégés français, ou dans laquelle un Français ou protégé français sera accusé ou défendeur, pourvu que le jugement ne soit pas encore intervenu. Sa demande faite par écrit et signée sera adressée au juge siamois. La cause sera alors jugée par le consul ou vice-consul, conformément aux lois françaises.

Le juge siamois ne pourra rendre ses décisions sans que le consul ou le vice-consul soit présent ou qu'il ait été prévenu en temps utile.

Le consul ou vice-consul aura toujours accès, à toute heure raisonnable, auprès d'un Français ou protégé français, qui serait emprisonné, en vertu d'un jugement ou d'un mandat du juge ou commissaire siamois et il pourra requérir son transfert dans la prison consulaire. Il sera fait droit à cette requête, et le prisonnier subira le reste de sa peine dans la prison consulaire.

Le tarif des frais de justice sera publié, et il sera applicable à tous les intéressés, qu'ils soient Français ou Siamois.

Art. 7. — L'appel à Bangkok des causes civiles et criminelles, jugées par le tribunal siamois de Luang-Prabang, sera ouvert à toutes les parties. A cet effet, les Français ou protégés français devront obtenir l'autorisation du consul ou vice-consul, qui apposera sa signature sur la déclaration d'appel. Les autres parties devront obtenir l'autorisation du juge qui aura siégé au procès.

Une copie des pièces de la procédure, accompagnée d'un rapport du juge qui aura connu de l'affaire, sera alors, par ce même juge, transmise en temps convenable, à Bangkok, où le fonctionnaire siamois compétent et le consul général de France examineront conjointement l'affaire et statueront sur l'appel. Dans tous les cas où les défendeurs et accusés seront sujets siamois, la décision finale appartiendra à l'autorité siamoise ; et dans tous les cas où les défendeurs et accusés seront Français ou protégés français, la décision finale appartiendra au consul général de France.

L'appel suspendra l'exécution du jugement rendu par le tribunal de Luang-Prabang, pendant l'intervalle de temps et aux conditions qui auront été fixées d'un commun accord par le juge et le consul ou vice-consul de France.

Art. 8. — Les autorités siamoises à Luang-Prabang et les autorités françaises en Annam s'efforceront d'obtenir et de transmettre tous renseignements et témoignages, et de fournir tous témoins qui pourraient être requis pour le jugement des causes civiles ou criminelles pendantes devant les tribunaux siamois et les tribunaux consulaires, soit à Bangkok, soit à Luang-Prabang, lorsque l'importance des affaires justifiera ces démarches.

Art, 9. — Les Français ou protégés français pourront acheter et vendre des terrains dans le territoire de Luang-Prabang, y demeurer et y construire des habitations, en se conformant aux lois du pays. Ils seront assujettis, en ce qui concerne leurs propriétés, aux mêmes impôts que les Siamois eux-mêmes, mais ils n'auront à supporter aucun autre impôt.

Les Siamois, venant de Luang-Prabang, pourront acheter et vendre des terrains en Annnam, y demeurer et y construire des habitations. Ils seront assujettis, en ce qui concerne leurs propriétés, aux mêmes impôts que les Annamites eux-mêmes, mais ils n'auront à supporter aucun autre impôt.

Art. 10. — Tout Français ou protégé français qui voudra acheter, couper et écorcer des arbres dans les forêts de Luang-Prabang, exploiter des mines, établir des usines pour une industrie quelconque, faire des plantations, devra passer, avec le propriétaire des forêts, des mines ou des terrains, un contrat pour une période déterminée. Ce contrat sera fait en double original et chacune des parties en gardera un exemplaire ; il sera revêtu du sceau du gouverneur de la province et de celui du consul ou vice-consul de France, et visé par le commissaire siamois désigné à l'article 6.

Les deux exemplaires du contrat seront enregistrés au tribunal siamois de Luang-Prabang et au consulat ou vice-consulat de France.

Tout Français ou protégé français qui aura acheté ou coupé des bois dans une forêt, exploité des mines, établi une plantation ou une usine, sans avoir rempli les formalités énoncées ci-dessus, ou après l'expiration de son contrat, pourra être condamné à des dommages-intérêts, dont le montant sera fixé par le consul ou vice-consul de France à Luang-Prabang.

Le transfert des baux sera soumis aux mêmes formalités.

Les droits de sceau, de visa et d'enregistrement seront modérés et le tarif en sera publié.

Art. 11. — Les juges et commissaires siamois désignés à l'article 6, s'efforceront, de concert avec les autorités locales, d'empêcher les propriétaires de forêts, de mines ou de terrains, de passer des contrats avec plusieurs personnes à la fois, pour le même temps et pour la même forêt, la même mine ou les mêmes terrains. Ils prendront également des mesures pour empêcher de marquer illégalement, les bois, et d'effacer les marques qui auraient été légitimement apposées par d'autres personnes.

Ils donneront toute facilité aux commerçants qui achètent des bois ou exploitent les forêts pour établir l'identité des pièces qui lui appartiennent.

Si les propriétaires ou les agents des propriétaires, contrairement aux stipulations du contrat qu'ils auront passé conformément aux dispositions de l'article 10, s'opposent à la coupe des arbres ou à l'exploitation de la forêt, de la mine ou du terrain, ils devront payer à la partie lésée des dommages-intérêts dont le montant sera fixé par les juges ou commissaires siamois, conformément à la loi siamoise.

En outre, les juges ou commissaires veilleront à ce que ces contrats reçoivent leur pleine et entière exécution.

Art. 12. — Sauf en ce qui concerne les dispositions expressément mentionnées aux articles précédents, la présente convention n'affecte en rien les stipulations du traité d'amitié et de commerce du 15 août 1856.

Art. 13. — La présente convention ayant été rédigée en français et en siamois, et les deux versions ayant la même portée et le même sens, le texte français sera officiel et fera foi, sous tous les rapports, aussi bien que le texte siamois.

Art. 14. — La présente convention entrera en vigueur aussitôt après l'échange des ratifications. Elle aura une durée de sept années, à compter de l'échange des ratifications, à moins que l'une des hautes parties contractantes n'ait fait connaître son intention d'en faire cesser les effets avant l'expiration de cette période.

Dans ce cas, elle continuera à être en vigueur pendant une année, à compter du jour de la dénonciation.

Les hautes parties contractantes se réservent, d'ailleurs, le droit d'y introduire, d'un commun accord, les modifications dont l'expérience leur aurait démontré l'utilité.

Art. 15. — La présente convention sera ratifiée et les ratifications seront échangées à Bangkok, aussitôt que possible.

En foi de quoi, etc.

Les manuscrits, sur feuilles de palmier, des chroniques du Laos dont il est parlé au cours de ce récit[1], parvinrent en France avec leur traduction le 20 novembre 1887. Offerts à la Bibliothèque Nationale ils y figurent au « Fonds laotien » avec d'autres ouvrages que je donnai en même temps, sous les n°s 1 à 15. Leur traduction a été publiée dans le présent ouvrage (Études diverses, vol. II. Recherches sur l'Histoire du Cambodge, du Laos et du Siam, 1898. Pages 1 à 166). L'Introduction du même volume fournit à leur sujet toutes les indications utiles (pages XXV et suivantes).

L'expédition conduite par le colonel Pernot comprenait :

Etat-major, MM. Houdaille, chef de bataillon ; Gaboriau, sous-intendant militaire ; Parat, officier d'administration ; Cros, Bernard, Baptiste, médecins-majors ; Francez, lieutenant officier topographe.

Troupes : 700 fusils et 2 canons (Légion étrangère, Zouaves, Artillerie et Tirailleurs annamites) sous les ordres de MM. Oudri, Lavallée, chefs de bataillon : Cornu, Saint-Upéry, Fraissine, Kuntz, Gallois, capitaines : Méhouas, Cros, Jacquemin, lieutenants : Deniel, Morandi, Holstein, sous-lieutenants...

1. Pages 111, 124, 126, 130 à 132, 134 à 142.

TRADUCTION

DE

TERMES EMPLOYÉS DANS LE TEXTE

Ban. Hameau, village.

Chao ou Chau. Titre des chefs de province et de principauté, et des membres de leur famille. Généralement héréditaire, se dit aussi du territoire : Luan Chau, canton de Luan.

Déovan. Nom annamite de la famille des chefs du pays de Laï, auquel chaque membre ajoute son petit nom : Déovanseng, Déovantri, etc.

Dienbienphu. Nom annamite du canton dont le nom thaï est Muong Theng.

Hat. Petit rapide.

Hos. Nom généralement donné aux Chinois au Laos.

Kaluong. Titre siamois : envoyé royal, commissaire.

Kam. Titre des familles des chefs thaïs de l'Ouest du Tonkin. On y ajoute le petit nom : Kamseng, etc.

Keng. Rapide.

Khmer. Cambodgien.

Koun. Titre des fonctionnaires siamois ou laotiens de 4e rang.

Louang. Titre des fonctionnaires siamois ou laotiens de 3e rang.

Mé-nam. Mère eau, fleuve.

Mé-nam Chaophya. Fleuve royal. C'est le fleuve du Siam.

Mé-nam-Khong. Fleuve de Khong, du nom du petit village thaï de Khong sur sa rive droite à sa sortie de la Chine, où il est connu sous le nom de Kiéou-loung-Kiang. Dans la pratique on supprime généralement *nam* dans Mé-nam Khong.

Nam. Eau, ruisseau, rivière.

Nang. Appellatif poli des femmes et des jeunes filles.

Nang Kangrey. Héroïne d'une légende populaire du Cambodge et du Laos. Voir Études diverses, vol. I, pages xxix et suivantes.

Nhiou ou Nhiau. Nom de la famille thaïe peuplant le petit royaume de Xieng-Tong (Birmanie).

PAK. Confluent.

PHALANGSÈS. Français.

POU EUN. Nom de la famille thaïe habitant le Traninh pays à l'Est de Luang-Prabang.

PRA. Titre des fonctionnaires siamois ou laotiens de 2e rang.

PHYA. Titre des fonctionnaires siamois ou laotiens de 1er rang.

QUAN. Titre annamite.

QUANG-SI. Province chinoise.

QUANG-TONG. Province chinoise.

RATCHA. Royal, prince.

ROTHISEN. Héros de la même légende populaire que Nang-Kangrey.

SHANS. Nom de la famille thaïe peuplant la région au Nord de Xieng-Tong, rive gauche du Mé-Khong.

SAO. En langage populaire, vingt, et par extension jeune fille, jeune peuple, les Sao-Thaïs sont les Thaïs du Siam.

SATOU. Titre de prêtre bouddhiste, chef de bonzerie.

SIP SONG. Douze. Muong Sip song chau thaïs : pays des douze cantons ou principautés thaïs. Muong Sip song Pohn na : pays des douze mille rizières.

THAÏ. Nom de la race répandue notamment du Yunnam au golfe de Siam. Elle comprend un grand nombre de familles dont plusieurs sont citées dans ce volume. Les Shans, les Nhious, les Youns, les Lues, les Laos, les Thaïs blancs, les Thaïs noirs, les Thaïs rouges. Ces *trois dernières* qui habitent l'Ouest du Tonkin sont distinguées par la couleur de leurs vêtements (blanc, indigo foncé et rocou).

THAO. Titre laotien équivalant à Chao.

WAT. Bonzerie.

TABLE DES CHAPITRES

TABLE DES CARTES

CHARTRES. — IMPRIMERIE DURAND, RUE FULBERT.

www.ingramcontent.com/pod-product-compliance
Ingram Content Group UK Ltd.
Pitfield, Milton Keynes, MK11 3LW, UK
UKHW020303230726
13925UKWH00001B/203

9 782013 3743